쉽게 쓴 자기심리학

최영민 저

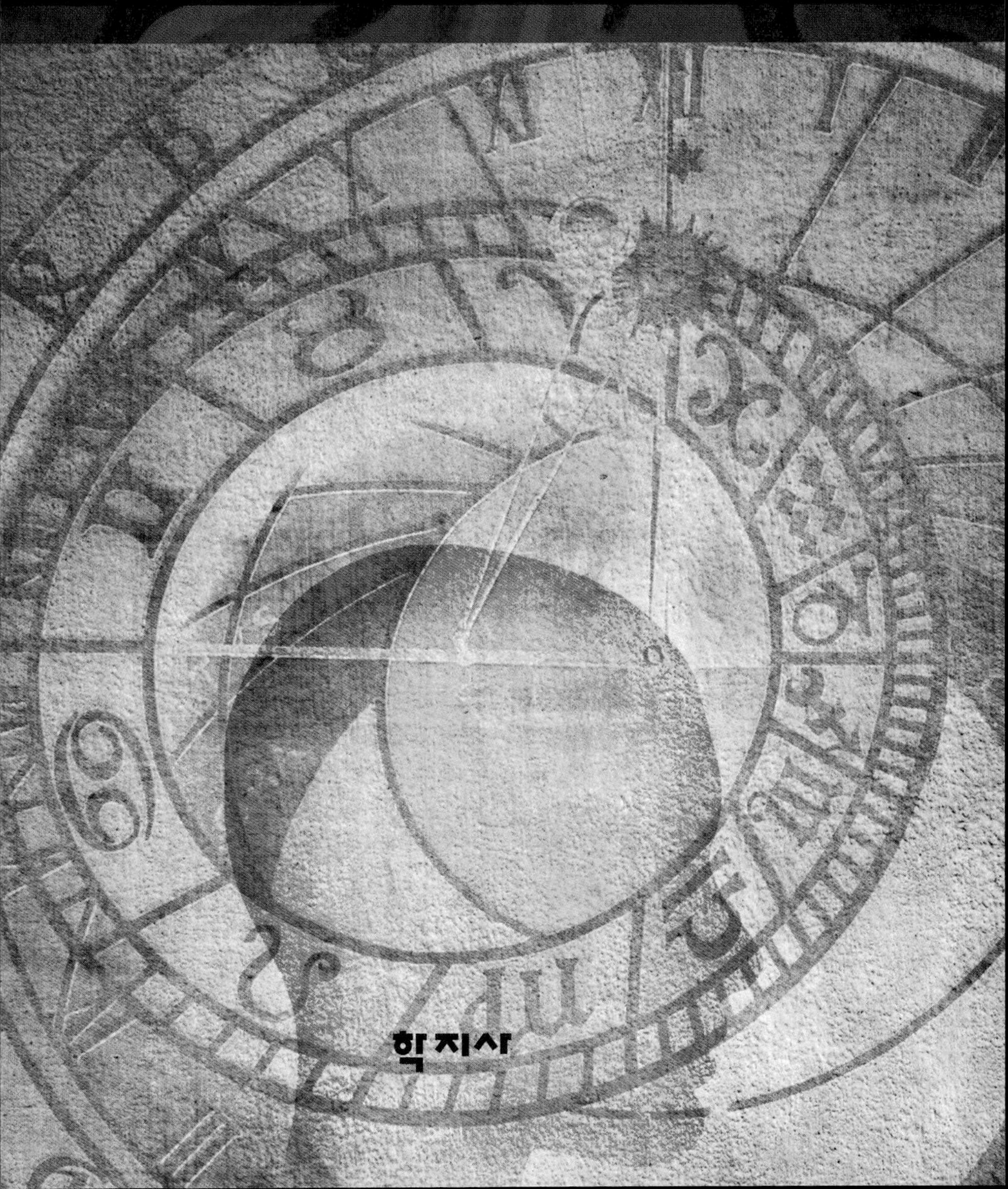

학지사

머리말

정신분석적 자기심리학은 Heinz Kohut이 명명한 정신분석이론과 치료 체계다. 자기심리학이 다른 정신분석이론 혹은 치료 체계와 다른 점 중 하나는 치료 상황에서 공감적 태도를 강조한다는 것이다. Kohut이 1959년에 발표한 논문 「내성, 공감, 그리고 정신분석」을 계기로 하여, Kohut과 그의 동료들은 환자에 대한 치료자의 깊은 공감적 조율을 강조하게 되었다. 이것은 치료자의 절제를 강조하던 이전의 정신분석적 태도와는 상반되는 것이다. 이렇게 상이한 분석 태도를 강조하게 된 것은 인간 심리의 근본적인 동기와 성장발달을 바라보는 시각이 서로 다르기 때문이다. Freud는 인간 심리의 근본 동기가 타고난 성적 욕동이고 심리구조를 형성하는 데에도 성적 욕동이 가장 깊이 관여한다고 생각한다. 반면에 자기심리학은 인간 심리의 근본 동기가 건강하고 행복한 자기로 발달하려는 욕구라고 생각한다. 그렇기 때문에 두 학파는 생애 초기 유아의 상태를 전혀

상이하게 바라본다.

Freud는 생애 초기에 유아는 홀로 생을 시작한다고 보았다. 즉, 초기 유아는 홀로 있는 상태에서 성감조성대의 본능적 만족만을 추구하는 자가-성애(auto-erotism)적인 존재라고 보았다. 그리고 환상적인 소원 성취를 통하여 성애를 만족시킨다고 보았다. Mahler 또한 신생아의 가장 초기 상태를 정상 자폐기로 분류하였다. 그녀는 생애 초기에 어린 유아가 홀로 생을 시작한다는 Freud의 견해를 받아들여, 자폐기를 유아가 혼자 있는 단일 체계의 상태로 보았다.

Freud나 Mahler가 생애 초기를 자폐적으로 홀로 있는 상태라고 이해한 것과 달리, Kohut은 생의 초기부터 유아는 외적 대상과 항상 함께 연결되어 있는 존재, 즉 이원 체계 속에 있는 것으로 보았다. 생애 초기에 유아가 어머니와 긴밀한 연합체를 이룬다는 것은 이미 다른 분석가들에 의해서 언급된 개념들이다. 예를 들어, Balint는 출생 후 초기 유아의 심리가 자기애적이지 않고, 유아는 대상-관계 속에 있다고 보았다. 또 Winnicott도 '홀로 있는 아기'라는 것은 없고 아기는 항상 '어머니와 관계 모체' 속에 존재한다고 보았다. 그리고 어머니는 초기 신생아에게 필요한 경험을 제공해 주기 위해 아이에게 극히 민감하게 반응하며 몰두하게 된다고 생각하였다.

Kohut에 의하면, 아기가 신체적으로 생존하기 위해서 적절한 용량의 산소를 필요로 하듯이, 정신적으로 생존하기 위해선 공감적이고 반응적인 인간 환경이 필요하다. 또 아기의 호흡기가 필요로 하는 것에 맞춰 공기 중의 산소가 공급되어야 하듯이, 공감적인 환경 또한 아기의 필요와 소망에 맞춰 적절하게 반응해 줘야 한다. 이렇게 아기가 필요로 하는 심리적 기능을 충족시켜 주는 양육자를 Kohut은 자기대상(selfobject)이라고 불렀다. 초기 유아는 자기대상으로서 어머니가 유아의 타고난 잠재력에 깊이 반응해 주는 더 없이 행복한 상태다. 그러나 이러한 완전한 행복은 깨질 수밖에 없다. 아무리 완벽한 어머니라 하더라도 아이의 생리적이고 심리적인 욕구를 완전히 만족시켜 줄 순 없기 때문이다. 최초의 완전했던 행복을 다시 찾길 바라는 아이의 욕구를 Kohut은 인간 심리의 근본 동기라고 보았다. 최초로 가장 행복했던 시기의 두 주인공은 아기와 엄마다. 그러므로 아기는 '가장 완벽했던 자기'와 가장 '이상적이었던 엄마'를 다시 회복하기를 바란다. Kohut은 이를 자기애적 욕구라고 이름 지었다. 결국 아이의 자기가 얼마나 건강하게 성장할 수 있느냐 하는 것은 자기대상인 어머니가 얼마나 아기의 자기애적 욕구에 공감적으로 반응해 주느냐에 달려 있다. 이 부분에서 Kohut의 자기심리학은 Winnicott의 대상관계이론과 쌍을 이뤄 한 인간의 성장과정 전체를 잘 조명해 준다. 자기대상인 어머니의 공감적인 역할을 세밀하게 설명한 것이 바로 Winnicott이 말한 '안아 주기 환경(Holding environment)'이고 '참 좋은 어머니(Good enough mother)'의 개념이다. 그리고 그런 참 좋은 어머니와의 관계에서 아이의 자기(self)가 어떻게 성장하는가를 자세히 설명한 것이 Kohut의 자기심리학이다. Winnicott은 참 좋은 양육에 대해 설명하고, Kohut은 그런 양육 속에서 성장하는 아이의 자기에 대해 설명함으로써 두 사람은 한 인간의 성장과정 전체를 우리에게 보여 준다.

욕동심리학과 자아심리학은 환자들의 정신 병리가 갈등(conflict)에서 비롯된다고 본다. 반면에 자기심리학은 정신분석을 받게 되는 대부분의 환자들의 정신병리 핵심이 자기 결손(defective self)이라고 간주한다. 즉, 환자들의 자기는 약하고 조화롭지 않으며 파편화되기 쉬운 경향을 보인다는 것이다. 그리고 그러한 자기 결손의 원인은 어린 시절 자기-자기대상 관계에 문제가 있었기 때문이다. 분석을 받는 환자들은 성장과정에서 최적의 좌절을 경험하지 못하고 아이로서는 감당하기 어려운 과도한 좌절을 경험한 사람들이다. 그 결과, 건강한 자기를 형성하지 못한 채 자기의 성장이 멈춰지거나 왜곡된 상태가 된 것이다. 그러므로 정신분석을 통해 치유를 얻기 위해서는 성장과정에서 방해받은 성장이 분석과정에서 다시 진행되어야 한다. 즉, 분석가와 자기-자기대상 관계를 다시 형성할 수 있어야 하는 것이다. 자기심리학은 이를 '자기대상 전이(selfobject transferences)'라고 부른다. 다시 말해서 환자는 분석가와의 관계에서 자기대상 전이를 형성하고, 분석가가 자기대상으로서 적절하게 반응해 줄 때, 환자는 방해받았던 발달과정을 다시 활성화하고 건강한 자기를 형성하게 된다.

그렇기 때문에 Kohut은, 분석을 수행할 때 어떤 이론의 전통적인 경직성에 얽매이는 것은 위험하며, 환자의 경험에 공감적으로 몰입할 때 최적의 분석 환경을 창출할 수 있다고 강조하였다. 그렇다고 Kohut이 분석이론 체계 자체를 무시하는 것은 물론 아니다. 오히려 분석가는 자신이 듣고 경험한 것들을 정리하고 체계화할 수 있는 이론 체계를 가져야만 한다고 당연히 생각한다. 하지만 분석이론은 분석에 도움을 주는 것이지 분석을 주도하는 것이 아니라는 점(helper, not master)을 경고한다. 분석이론은 뒤에서 체계화하는 것을 도와주는 역할을 하고, 분석가는 마음을 열고 환자의 경험을 공감적으로 들을 수 있어야 한다는 것이다.

자기심리학에서 가장 강조하는 것 중의 하나가 공감이다. 우선 공감적 태도가 없이는 자료를 얻을 수 없다. 공감받지 못하는 환자가 자신의 깊은 내적 이야기를 하기는 어려울 것이다. 그러나 분석가가 공감에만 머무른다면 얻은 자료를 가지고 가설을 세우고 설명할 수 없다. 즉, 공감을 넘어서야만 자료에 대한 이해에 도달할 수 있다. 또한 타인을 한눈에 척 알아채는 방식만으로는 정신분석을 지속해 나갈 수 없다. 분석가에게 요구되는 것은 피분석자의 복잡한 심리구조를 분석 기간 내내 이해할 수 있는 지속적인 공감의 유지다. 만약 공감을 못하면서 타인의 내적 심리세계에 참여한다면 매우 기계적이고 생명력이 없는 관계가 될 것이다.

Freud에 의해 창시된 정신분석은 이드심리학(id psychology), 자아심리학(ego psychology), 대상관계이론(object relations theory), 자기심리학(self psychology) 등으로 꾸준히 그 이론이 확대되거나 수정 · 발전되어 왔다. 그 결과, 현대 정신분석학은 일치된 하나의 사상이라기보다 많은 이론과 지식들이 정교하고 복잡한 관계 속에 공존하면서 진화해 온 집합체의 모습을 갖게 되었다. 이미 출간된

『대상관계이론을 중심으로 쉽게 쓴 정신분석이론』을 통하여 저자는 이드심리학과 자아심리학 그리고 대상관계이론에 대하여 자세히 기술한 바 있다. 이 책은 그 후속작업으로 현대 정신분석의 주요 이론 중 하나인 자기심리학을 소개함으로써, 앞서 출간한 『대상관계이론을 중심으로 쉽게 쓴 정신분석이론』과 함께 현대 정신분석이론 전체에 대한 소개를 마무리하는 의미가 있다.

현대는 그 어느 때보다 다양한 분야에서 광범위한 심리치료가 제공되고 있다. 아무쪼록 이 책이 심리치료에 종사하고 또 심리치료에 관심을 갖고 있는 많은 분들에게 도움이 되기를 기대한다. 특히, 인간의 심리에 대해 관심을 갖고 공부하고자 하는 분들에게 좋은 안내서가 될 수 있기를 바란다.

2011년

북한산, 도봉산, 수락산, 불암산이 보이는 연구실에서

최영민

차 례

⊙ 머리말 _ 3

1 Heinz Kohut의 생애 • 13

2 자기애에 대한 새로운 이해 • 29

Freud의 자기애 개념 _ 31

Kohut의 새로운 자기애 이해 _ 39

3 자기의 발달과정 • 49

자기의 기원 _ 51

자기대상 _ 58

최적의 좌절 _ 64

변형 내재화 _ 69

4 양극성 자기 • 77

이상화 부모 이마고 _ 82

과대 자기 _ 88

중간영역: 쌍둥이 자기대상 욕구 _ 91

5 자기의 장애 • 109

자기의 일차장애와 이차장애 _ 112

자기-병리의 원인 _ 117

정신 병리와 증상론 _ 120

손상된 자기와 행동 양상 _ 133

6 자기애적 인격장애의 치료 • 137

고전적 정신분석과 자기심리학 정신분석에서 치유의 차이 _ 139

자기애적 인격장애의 정신분석과 공감 _ 144

자기대상 전이 _ 155

쌍둥이(분신) 자기대상 전이 _ 215

7 자기심리학 정신분석의 고유한 개념들 • 223

자기 해체의 불안과 자기-상태 꿈 _ 225

자기애적 분노 _ 229

자기심리학 정신분석에서의 저항 _ 231

자기심리학 정신분석에서의 해석 _ 233

8 자기심리학 분석 사례 • 241

X씨에 대한 자기심리학 분석 _ 243

Z씨에 대한 두 가지 분석 _ 258

⊙ **참고문헌** _ 293

⊙ **찾아보기** _ 297

1 Heinz Kohut의 생애

1. Heinz Kohut의 생애

정신분석의 역사에서 Kohut만큼 흥미롭고 중요한 인물도 흔치 않다. 그는 타인에게 자신을 각인시키는 방법을 잘 알고 있는 사람으로, 매우 총명하고, 생기 있으며, 진정한 카리스마를 갖고 있었다. 그 모임이 세 사람이든 혹은 삼십 명이든 간에 그는 언제나 대화의 중심에 있었고, 그를 만난 사람은 뭔가를 얻었다는 느낌을 받았다. 그러면서도 그는 믿기 어려울 정도로 자기중심적이었고 지나치게 과대감을 나타내기도 했다. 한마디로 말해서 그는 매우 모순된 모습을 보이는 사람이었다.

Kohut은 1913년 5월 3일 비엔나에서 아버지 Felix Kohut과 어머니 Elsa의 외동아들로 태어났다. 유대인이었지만 그의 가족은 자유로운 유럽 문화에 익숙한 중상류층 비엔나 가정을 이루고 있었다. Kohut의 아버지는 특히 유대 전통과 유럽 문화를 모두 갈등 없이 받아들였다. 그의 어머니는 종교적 경험에 개방된 면이 있었고 그렇기 때문에 두 가치관 사이에 갈등을 겪었다. 그의 어머니는 나중에 가톨릭교회에 합류하였다(Siegel, 1996). 두 사람은 Kohut을 출산하기 2년 전인 1911년에 결혼하였다. 매우 정감 어리고 아름다운 그의 어머니는 예술에 관심이 많았고 다양하게 사회활동을 하는 활발한 여성이었다. 그의 아버지는 피아노 독주자로서의 경력을 활발하게 쌓아 가기 시작하던 시기였다. 어머니는 아버지의 연주에 맞춰 근사한 파티 석상에서 노래를 부르곤 했다(Strozier, 2001).

Kohut의 생애 첫 1년은 매우 축복받은 시기였다. Kohut은 태어난 지 8일 만에 할례를 받았다. 20대 초반의 부모는 사랑으로 Kohut을 양육하였다. 어머니와 Kohut의 관계는 매우 강렬하고 긴밀하였다. 어린 Kohut은 어머니에게 '눈에 넣어도 아프지 않은 자식'이었다. 어린 시절의 이러한 양육 경험이 Kohut의 '생기 넘치고, 활기차며, 진취적인 성격의 핵심'을 형성하게 된 것으로 보인다. Strozier (2001)는 Kohut의 성격의 핵심을 열정과 열의라고 생각하였다. 그리고 Kohut이 말하는 응집적 자기가 형성되기 위해선 그러한 열정이 중심에 있어야 한다고 보았다.

행복했던 Kohut의 어린 시절은 한 살을 겨우 넘기면서 산산이 부서졌다. 1914년 여름 Kohut이 막 16개월이 되었을 때, 유럽에서 전쟁이 터졌다. 독일은 전선을 확대하였고, 프랑스와 영국 그리고 러시아가 그에 대항하여 연합군을 형성하였다. Kohut의 아버지는 군에 입대하였다. 가정의 흐름이 급변하는 전주였다. 어머니는 비엔나를 떠나 친정 부모님이 있는 시골마을로 내려갔다. 러시아 전선에서

3년 동안 정신적으로 고통스럽게 지내던 아버지는 느닷없이 짧은 휴가를 나오곤 하여 어머니를 정서적으로 불안정하게 만들었다. 1916년 이탈리아가 전쟁에 참여한 이후 아버지는 이탈리아 전선에 투입되었다. 1918년 군 입대 4년 만에 집으로 귀향할 때 아버지는 이탈리아 포로수용소에 있었다. 어린 Kohut은 아버지를 보려고 어머니와 함께 이탈리아로 여행한 기록이 있다. 수년간 부재했다가 이상한 포로 복장을 한 사람으로 불쑥 나타난 아버지는 어린 Kohut에게 매우 혼란스러운 대상이었을 것이다(Strozier, 2001).

이미 가정은 회복하기 힘들 정도의 상태였다. 아버지와 어머니는 함께 생활을 하였지만, Kohut이 8세 때부터 두 사람은 각자 자기의 길을 가기 시작하였다. 아버지는 음악을 포기하고 가족을 먹여 살리기 위해 사업에 열중하였으며, 어머니는 사회활동에 빠져 방황하였다. 두 사람은 각각 서로 다른 정부와 연인들과 관계를 맺기도 하였다. Wolf(1996)는 Kohut의 부모님들이 상류 부유층에 들어가려는 사회적 야망이 있었던 것으로 생각하였다.

무엇보다 최악인 것은 Kohut이 마치 어머니만의 아이처럼 살게 되었다는 점이었다. 어머니는 그의 삶의 지배적인 중심이었다. 아버지는 권위를 잃고 Kohut의 어린 시절 내내 희미한 존재로만 남아 있었다. 마치 아들을 포기한 사람 같았다. Kohut의 어린 시절은 집 밖의 아이들과 단절되어 집에 홀로 있으면서 느끼는 무서운 외로움 그 자체였다. 어머니는 그의 아들을 집에 두고 그녀가 직접 돌보기로 결심하였다. 그리고 Kohut을 6세부터 10세까지, 4년간 학교에 보내지 않았다. 그 당시 비엔나에서 흔한 일은 아니었지만, 초등학교 처음 1년 동안 아이를 집에서 가르치는 것이 아주 이상한 일은 아니었다. 하지만 4년 동안이나 아이를 집에서 가르치는 것은 정상적인 양육방식을 명백하게 벗어나는 것이었다. 요즘 계산으로 초등학교 5학년에 해당하는 시기가 되어서야 Kohut은 비로소 학교에 갈 수 있었다. 즉, 10세가 넘어서야 Kohut은 다른 아이들과 사회적으로 어울리는 건설적인 경험을 하게 된 것이다. 나중에 성인이 되었을 때 Kohut은 August Aichhorn에게 분석을 받았는데, 그가 카우치에 누워 있을 때 분석가의 강아지가 Kohut의 배 위에 자주 올라와 눕곤 하였다. 나중에 이를 회상하며 Kohut은 "독자였던 나는 강아지가 매우 친밀하게 느껴졌으며, 이 강아지를 형제처럼 동일시하였다."고 말했다. Kohut이 어린 시절을 얼마나 외롭게 보냈는지 짐작케 하는 대목이다(Strozier, 2001).

Kohut의 어머니는 그를 간섭하고 지배하며 자신의 불안을 처리하였다. 그는 커다란 어머니의 그림자 속에 있을 수밖에 없었다. 어머니는 Kohut이 뛰어나기를 바랐기 때문에 그를 교육시키기 위해 개인 교사를 고용하였다. 1924년 봄 혹은 여름경으로 추측되는 시기에 Kohut은 Ernst Morawetz라는 대학생을 만나게 된다. Morawetz는 당시 19세에서 23세 사이였을 것으로 추정되는 마음씨 따뜻한 대학생이었다(Strozier, 2001). Morawetz는 많은 문화적인 경험을 할 수 있도록 Kohut을 인도하였다. 당시 비엔나의 학교는 오후 1시면 모든 수업이 끝났다. Morawetz는 방과 후 Kohut을 데리고 여러 미술관, 박물관들을 방문하였고, 일주일에 두세 차례 비엔나의 유명 무대에서 공연되는 오페라를 감상하였다. Kohut의 인생에서 이 시기의 문화적 경험과 예술가의 존재는 결정적으로 중요한 것이 되었다. 이 시기에 알게 된 두 사람의 예술가에게 Kohut은 그의 마지막 저서인 『분석은 어떻게 치유하는가』를 헌정하였다(Siegel, 1996). Kohut에게 개인 교사는 정서적으로 결핍된 아버지의 빈자리를 메워 주었고 멘토의 역할을 해 주었다. 또 어머니와의 관계에서도 어느 정도 떨어져 숨 쉴 공간을 마련해 주었다. Kohut은 후에 그와의 관계를 "심리적으로 내 생명을 구해 준 것"이라고 기술한 바 있다.

1932년 그의 나이 19세 때 Kohut은 의학 공부를 시작하였다. 그에겐 어느 때보다 좋은 시절이었다. 의학 공부 외에 그는 다양한 지적 활동을 지속하였다. 아메리칸 재즈에 해박했으며, 문학과 철학부터 사회, 정치의 문제까지 두루 섭렵하였다. Kohut의 성장에 가장 중요한 영향을 주었던 곳은 비엔나풍의 카페였다. 그곳에서 친밀한 몇몇 친구들과 끝없이 대화를 나누면서 유럽의 주옥 같은 문화를 깊게 이해할 수 있었다(Siegel, 1996).

이 시기는 어머니와의 관계에서도 점점 정서적으로 강해지는 시기였다. 차갑고 삭막했던 아버지와의 관계에도 변화가 생겼다. 아버지는 아들의 지적인 성취를 인정해 주었고, 의과대학에서 학문적인 성공을 자랑스러워하였다. 이를 통해 젊은 Kohut은 행복감을 느낄 수 있었다. 그에게 행복이란 감정은 그전까지 매우 낯선 것이었다. 그러나 아버지와의 새로운 관계는 짧고 잔인하게 끝을 맞았다. 백혈병으로 약 6개월간 투병하던 아버지가 49세로 돌아가신 것이었다. 불과 24세였던 Kohut은 깊은 슬픔에 잠겼다. 그의 절망은 어린 시절 아버지로부터 단절되었던 경험과 연결되어 유아 시기의 절망이 다시 활성화된 것으로 보인다.

성인이 된 그에게, 이제 어머니와의 관계는 더 이상 그를 편안하게 해 주는 융합이 아니었다. 아버지를 상실한 뒤 삶의 공허감에 빠진 Kohut은 정신 치료적 도움을 찾았고, Walter Marseilles라는 사람에게 치료를 받기 시작하였다. 그러나 그와의 치료는 효과가 없었고 몇 달 지나지 않아 곧 종료되었다. Marseilles와 치료가 끝난 직후인 1938년 초에 Kohut은 August Aichhorn에게 분석을 받기 시작하였다. Aichhorn은 정신분석 분야에선 좀 특이한 인물이었다. 그는 사랑이 매우 많은 사람이었다. Aichhorn은 교육과 특수교육 분야에서 일하다가 정신분석가가 되었다. 그는 비행 젊은이를 전통적이지 않은 분석 방법으로 치료하는 것으로 알려졌었다. 전체적으로 볼 때, Aichhorn은 분석 치료에 대한 깊은 믿음을 가진 따뜻하고 마음이 열려 있는 사람이었다. 비전통적이고 인간적인 분석 방법을 숙련된 기법으로 적용하는 그는, 아버지를 상실하고 남겨진 Kohut의 영혼에 산소를 공급하며 새로운 불길을 지피는 존재였다(Siegel, 1996).

다음의 예는 두 사람이 매우 깊고도 광범위한 영향을 주고받았다는 것을 말해 준다. 나치에 의해 비엔나가 점령되자 Kohut은 서둘러 도시를 빠져나가려고 하였다. 갑작스럽게 헤어지게 된 Aichhorn은 그의 젊은 환자인 Kohut에게 다음과 같이 말하였다. "나는 오랫동안 네가 저 카우치에 누워 있는 것을 보아 왔다. 이제는 네가, 내가 저기 누워 있는 것을 볼 시간이 되었구나." 며칠 후 Aichhorn은 자신이 분석 카우치에 누워 있는 그림을 이별의 선물로 Kohut에게 선물하였다. Kohut에게 Aichhorn은 정서적으로 얼어 죽을 것 같은 자신을 살려 준 생명의 은인이었다. Kohut은 훗날 그의 외동아들 이름을 Thomas August Kohut으로 지음으로써 그에 대한 무한한 감사의 마음을 표현하였다. Thomas는 그가 존경했던 작가 Thomas Mann의 이름에서 따 온 것이고, August는 물론 Aichhorn의 이름에서 따 온 것이다.

독일 점령하에서 비엔나라는 정신적 세계가 몰락하고 유럽 문화가 쪼개지며 많은 지식인들과 마찬가지로 Kohut도 삶의 생기와 방향성을 잃게 되었다. 지옥 같은 상황에서 그를 견디게 한 것은 오직 Aichhorn과의 분석이었다. 1938년 마침내 Kohut은 의사 면허를 획득하였다. 그는 1939년 3월 말에 비엔나 탈출에 성공하여 구사일생으로 영국에 도착하였다. 다음 해 1940년, 어릴 때 가장 가까웠던 친구가 몇 달 전에 미리 가 있던 미국 시카고로 향했고, 그곳에서 Kohut은 남은 일생을 보내게 된다.

유대인이었기에 Kohut은 유럽을 떠나 신천지인 미국으로 향할 수밖에 없었다. 하지만 Kohut의 유대인으로서 정체성은 복합적이었고 뒤틀려 있었다. 그는 '유대인의 특성을 가진 자기됨'을 부인하는 경향을 보였다. Kohut의 아버지는 그가 유대인임을 망설임 없이 받아들였다. 그러나 그의 어머니는 나중에 기독교로 마음이 기울어졌다. Kohut 역시 어머니를 따라 기독교 쪽이었는데, 이를 통해 그가 아버지를 동일시할 수 없었음을 알 수 있다.

시카고에 도착했을 때 Kohut은 이미 비엔나 대학의 의사 자격증을 가지고 있었다. 그는 시카고 대학병원에서 신경과 전공의과정을 시작하였다. 당시 신경과 과장은 저명한 Richter였는데, 그의 밑에서 수련을 받는다는 것은 미래를 약속받는 것과 마찬가지였다. 하지만 Kohut의 마음 깊은 곳은 그의 일생의 직업인 정신분석을 향하고 있었다. 1944년 봄, Kohut은 그의 인생의 흐름을 바꾸는 매우 중요한 결정을 하게 된다. 그의 전공을 신경과에서 신경학과 정신과로 바꾼 것이다. 그리고 시카고 연구소의 정신분석 훈련에 지원하여 Ruth Eissler에게 개인 분석을 받기 시작하였다. 1950년, 그는 마침내 분석가로서 자격증을 취득하게 된다. 무엇이 Kohut으로 하여금 정신분석가로서의 길을 가게 했는지 알 수 없다. 아마 Kohut은 잔인무도한 인간의 잔인성에 의해 말살된 문화의 이미지를 정신분석이 보존할 수 있다는 생각을 가졌던 것으로 보인다. 물론 Aichhorn의 영향 또한 고려할 수 있다.

Wolf(1996)에 의하면, Kohut은 한편으론 냉담하고 귀족적이며 거의 청교도적으로 엄격한 측면과, 다른 면에선 따뜻하게 관심을 가져 주고 사려 깊은 측면이 공존하는 묘한 사람이었다. 그는 매우 사적인 사람으로 사람들 앞에 어떻게 보일지 항상 주의를 기울였다. 대충 단정치 못한 옷차림을 한 모습을 보인 적이 없었고, 그가 쓴 글을 출판을 할 때도 만족할 때까지 여러 번 반복해서 수정하고 편집하였다. 건강에도 상당히 조심하여 요즘처럼 운동이나 조깅이 보편적이지 않은 시기였음에도 불구하고 일주일에 서너 번씩 조깅 수준을 넘어서는 러닝을 하였다.

1948년 Kohut은 Elizabeth (Betty) Meier와 결혼하였다. Kohut의 집에서 나누는 저녁은 미식가들이 즐기는 요리의 향연으로 그야말로 축복이었다. Kohut은 좋은 와인을 감별할 줄 아는 전문가였다. 식사 전 담소를 나눌 때 특별한 모젤 와인으로 시작하여, 식사 중엔 음식에 잘 어울리는 부르고뉴나 보르도 산 빈티지 와인이 제공되었다. 식후에는 달콤한 소테른 백포도주나 라인 지방의 스파트레제 급의 백포도주를 마셨다. 이에 맞춰 그의 부인은 맛있는 초콜릿 케이크의 일종인 사커 토르트를 내놓았다. Kohut은 음악을 즐겨 들었고 심포니 오케스트라 공연을 즐겼다. Kohut에게 가장 관심을 끈 것은 바로 와인이었다. 그러나 무엇보다 그에게 소중한 것은 바로 자신의 아들이었다. 결혼 후 2년이 지난 1950년에 그는 외동아들을 얻었는데 Kohut에게 아버지 노릇은 너무나 중요한 것이었다. 그는 스스로에게 결핍되었던 좋은 아버지가 되기 위해 매우 노력하였다. 의도적으로 아들이 문화와 예술 그리고 과학 등에 접할 수 있게 노력하였다.

정신분석 훈련을 마치자마자 그는 연구소에 남았고 곧 창의적이고 뛰어난 존재로 부각되어, 1953년 교육 분석가가 되었다. 훌륭한 교수로서 명성을 얻었고, 그를 모델로 삼으려는 지망생들이 점점 늘어 갔다. 거의 모든 수련생들은 Kohut이 연구소에서 가장 훌륭한 교수라고 생각하였다. 그의 정신분석이론 강의는 가장 수준 높은 강의로 정평이 나 있었다. 그는 미리 읽어 올 자료를 주었고, 강의는 간단한 몇 마디 질문으로 시작하였다. 점점 토의를 주고받으며 1시간 반 혹은 그 이상을 진행하였다. 그의 수업을 들은 사람들은 Kohut의 엄청난 지식에 놀라워하였다. 모두 그를 현대 정신분석의 지적인 리더로 생각하였다. 그가 'Mr. Psychoanalysis'로 불린 이유가 바로 이것이다(Siegel, 1996).

1959년 정신분석에서 공감(empathy)의 위치에 대한 그의 논문 「내성, 공감 그리고 정신분석」은 많은 반향을 일으켰다. 1964~1965 미국정신분석협회의 회장으로 선출된 것은 당연한 일이었다. 자연스럽게 국제적 명성을 얻게 되었고, 1965년엔 국제정신분석협회의 부회장직을 맡았다.

1960년대 중반 Kohut은 큰 변화를 맞이한다. 1966년에 발표한 논문 「자기애의 형태와 변형」을 시작으로 그의 이론은 근본적으로 새로운 시각을 제시하였다. 앞서 발표한 「내성, 공감 그리고 정신분석」과 함께, 이 두 논문은 당시 정신분석학계에 커다란 파장을 불러일으켰다. 많은 사람들이 그의 이론에 매료된 반면, 저항도 그만큼 극심하였다. 너무나 적의에 찬 공격이 심했기 때문에 1969년 국제정신분석협회 회장 후보를 사퇴하고 시카고에서도 수장의 위치를 사임하였다. 1970년대 초 시카고분석연구소는 Kohut의 지지파와 반대파 사이에 풍성하면서도 격렬한 논쟁이 일어났던 시기로 남아 있다. 그러나 Kohut에겐 매우 고통스러운 시기였다. 오래된 친구들을 잃었고, 창조적인 생각을 가진 사람들이 흔히 겪게 되는 외로움에 직면해야 했다. 그리고 삶의 자연스러운 원칙으로서 인생의 무상함에 대해 깊이 묵상하였다. 무엇보다 최악의 상황이 벌어졌는데, 1971년 그가 임파선 암 진단을 받고 죽음의 여정을 시작해야만 했던 사실이다.

Kohut은 정신분석의 주류에서 벗어남으로써 주도권 다툼에 빠져들지 않았다. 대신 그의 의견을 더욱 깊게 하고 지평을 넓혀 독자적인 흐름을 갖게 되었다. 1970년대는 Kohut에게 가장 창조적이고 풍요로운 시기이기도 하다. 1971년 그는 첫 번째 저서인 『자기의 분석』을 출간하였다. 여전히 대부분 전통적인 정신분석이론에 머물러 있었지만, Kohut은 다음과 같은 다섯 가지의 매우 새롭고도 중요한 입장들을 나타냈다. 첫째, 독자적인 자기애의 발달과정을 제시하였다. 이것은 정신분석이론의 역사에서 처음 있는 일이었다. 그가 제시한 자기애의 발달과정은 자기애가 꼭 병리적인 것이 아니라, 인생의 주기에 적합하게 자기를 강화하려는 욕구라는 것을 알게 해 주었다. 둘째, 임상경험을 통해 자기대상(selfobject) 개념을 수립하였다. 그리고 이상화 자기대상 전이와 거울 자기대상 전이라는 두 종류의 자기대상 전이(selfobject transferences)를 개념화하였다. 이전까지는 자기애적 성격장애와 경계선 성격장애는 전통적인 정신분석기법으로 치료가 잘 되지 않았다. 그러나 자기대상 전이는 이들이 성공적으로 치료될 수 있는 길을 열어 줌으로써 성격장애의 치료에 큰 영향을 주었다. 또 자기대상 전이를 통해 Kohut은 분석 상황에서 정서적 발달이 일어나야 한다는 견해를 밝힌 셈이다. 셋째, 전통적인 정신분석은 자기애적 병리의 원인을 갈등에 근거하여(conflict-based) 설명한 반면, Kohut은 자기애적 병리는 심리구조의 결핍 혹은 상실(deficit or missing)이라고 생각하였다. 넷째, 자기애적 분노(narcissistic rage)를 인간 공격성의 원형(prototype)으로 보았다. 마지막으로, 치료과정에서 공감의 역할을 재조명하였다(Kay, 1990).

1977년 『자기의 회복』을 출판함으로써, Kohut은 실질적으로 Freud의 욕동이론을 버렸다. Freud가 묘사하는 고립되어(자신의 심층심리인 무의식에 붙들려) 강렬하게 욕동에 매달리는 인간을 Kohut

은 약화된 혹은 파편화된 자기가 보이는 현상이라고 보았다. 이 시기에 약 50명의 학생들이 열렬한 지지자로 Kohut의 학문적 뜻을 따르는 연구를 하기 시작하였고, 1978년엔 '자기심리학(Self Psychology)'이 거의 공식적으로 선언되었다. 그해 시카고에서 열린 첫 번째 자기심리학 연례 컨퍼런스에는 500명 이상이 참석하였다. 이후 매년 자기심리학 컨퍼런스가 열리는 전통이 수립되었다. Kohut의 뛰어난 제자인 Arnold Goldberg에 의해 『자기의 심리학: 사례집』이 출판되었고, 또 다른 핵심 구성원이었던 Paul Ornstein에 의해 Kohut의 논문들을 집대성한 처음 2권이 『자기의 탐색』으로 출판되었다.

Kohut 자신은 자기심리학의 등장에 매우 만족하였지만, 마지막 10년은 병마에 시달려야 했다. 백혈병 외에도 1979년 심장혈관 수술을 받았고 그의 신체는 상당히 쇠약해졌다. Kohut은 그의 질병을 경건하고 영감이 충만한 자기존중 속에서 홀로 짊어지고 갔다. 핵심적인 자기로서 살기만 한다면, 비록 죽음을 앞둔 상황일지라도 반드시 비극적인 것이 아니라는 것을 Kohut은 알고 있었다. 죽어 감(Dying)은 그에게 특별한 의미로 다가왔다. 그 핵심은 죽어 가는 과정에도 자기대상과 그 역할이 절대적으로 중요하다는 것이다. 누군가 죽어 가는 과정에 함께하며, "당신은 죽어 가는 과정에 있다. 나는 이 과정에 함께하며 너의 어려움을 함께 나눌 것이다. 그런데 네가 이 과정을 이겨 나가는 모습이 나에게 큰 영감을 준다. 이런 너의 모습을 보는 것만으로도 나는 큰 힘을 얻는다."라고 말할 때, 자기 존재를 확신할 수 있을 것이라고 Kohut은 생각하였다.

인생의 마지막 시기, Kohut의 삶과 창조성의 중심에 하나님이 자리 잡고 있었던 것으로 보인다. 사실, 종교나 영성에 대한 논문이나 책을 쓰진 않았지만, Kohut은 그런 주제에 언제나 관심을 갖고 있었다. 개인적으로 그는 집 근처 하이드 파크에 있는 유니테리언 교회에 규칙적으로 출석하였다. 그는 그곳 목회자인 Hayward와 친밀한 관계를 맺게 되었고, 때론 회중에게 설교를 하기도 하였다(Strozier, 2001). 그가 종교나 영적 주제에 지속적인 관심이 있었다는 것은 젊은 신학자였던 Robert Randall과의 인터뷰에서 뚜렷하게 나타난다. 인터뷰는 1981년 3월 22일과 4월 12일 두 번에 걸쳐 이뤄졌다. Kohut은 독단적이고 교조적인 형태의 종교를 경멸하였다. 그러나 그의 아들이 그렇게 굳게 믿고 있었듯이, Kohut은 분명히 믿음을 가진 기독교인이었다(이 부분에 대한 자세한 내용은 이 책 pp. 101–102 참조).

그는 많은 자기대상인 동료들에 둘러싸여 1981년 10월 엄숙하게 생을 마감하였다. 버클리에서 열린 제4회 자기심리학 연례 컨퍼런스에서 마지막 강의를 한 3일 후였다. Kohut의 사후에도 그의 연구를 집대성하는 작업이 지속되어, 1984년엔 『분석은 어떻게 치유하는가』가 완료되었다. 1985년 Charles Strozier는 Kohut의 생전에 간행되지 않은 놀라운 논문들이 담겨 있는 『자기 심리학과 휴머니티』를 출판하였다. 1990~1991년에 Ornstein은 후반부 2권까지 포함하는 『자기의 탐색』을 완간하였다. Jeffrey Cocks는 1994년 Kohut의 교신서를 모은 『삶의 굴곡』을 세상에 내놓았다.

2 자기애에 대한 새로운 이해

2. 자기애에 대한 새로운 이해

Freud의 자기애 개념

자기애(narcissism)는 Freud가 Paul Nacke와 Havelock Ellis로부터 차용하여 사용한 용어다(Gay, 1989). 1914년에 발간된 『자기애에 관하여: 서론』은 다음과 같이 시작한다.

> "자기애란 용어는 1899년 Paul Nacke가 자신의 몸을 마치 성적 배우자의 몸처럼 취급하는 성도착적인 행동을 임상적으로 묘사하기 위해 선택한 용어다. 그는 자신의 몸을 보면서 완전한 만족에 도달할 때까지 어루만지고 애무한다."(Freud, 1914)

Freud의 설명처럼, 처음 자기애는 성도착적인 행동으로 간주되었다. 그러나 정신분석가들은 리비도가 자신에게 투입되는 자기애적인 현상들이 훨씬 광범위하게 나타나는 것을 관찰하게 되었다. 특히 동성애를 비롯한 다양한 질환에서 자기애적인 태도들이 관찰되었다.

Freud의 『성 이론에 관한 세 에세이』의 초판은 1905년에 발간되었다. 1910년에 3판이 나왔는데, Freud는 이 책의 각주에서 처음으로 자기애란 용어를 사용하였다. 이후 「레오나르도 다 빈치와 그의 어린 시절의 기억」, 슈레버 사례 등의 설명에서 자기애에 대한 보다 세밀한 설명을 덧붙여 갔다.

『토템과 터부』에서 Freud(1913a)는, “자기애는 성도착이 아니라, 자기 보존의 욕동이라는 이기주의에 리비도가 덧붙여진 것”이라고 설명하였다. 이런 내용들은 Freud가 대개 이 시기를 전후하여 자기애를 성도착으로 보지 않고 발달 단계의 한 시기로 보기 시작했다는 것을 의미한다. 『본능과 그의 변천』(1915a)에서 Freud는 초기 유아의 심리상태를 다음과 같이 기술하였다.

> “본래, 정신적 삶의 아주 초기에, 자아(ego)는 본능에 의해 부착되어 있으며, 자아는 어느 정도 그 자체로 만족할 수 있다. 우리는 이 상태를 ‘자기애’라 부르고, 이런 식으로 만족을 얻는 방식을 ‘자가-성애적(auto-erotic)’이라고 표현할 수 있다.”

이 글에 대해 설명하면서, Vincent(2004)는 자기애를 자가-성애(auto-eroticism)와 대상 사랑의 중간 단계로 보는 것으로 이해하고, 자가-성애는 만족을 얻는 방식으로 보는 것이 적절하다고 해석하였다.

보편적인 의미에서 자가-성애는 타인의 개입 없이 성적 만족을 얻는 행동을 지칭한다. 자위행위가 대표적인 예가 될 수 있다. Freud는 Havelock Ellis로부터 이 용어를 빌려 왔다(Perron, 2004). 그는 1899년 12월 9일 Fliess에게 보낸 편지에서 처음 이 용어를 사용하였다(Masson, 1985).

> "성적 단계(sexual strata) 중 가장 낮은 단계가 자가-성애다. 자가-성애는 어떤 심리-성적인 목적도 없이 단지 부분적인 만족만 요구한다. 자가-성애는 타자-성애(allo-eroticism)로 이어지는데 동성-성애일수도 있고 이성-성애일 수도 있다. 하지만 자가-성애는 사라지지 않고 타자-성애와 별도로 암묵적으로 지속되는 것이 분명하다."

Freud(1905)는 빨기를 자가-성애의 근본적인 형태로 보았다. 그는 아기의 입술이 성감조성대처럼 작용하며, 따뜻한 우유가 흘러갈 때 자극을 받아 쾌감을 얻게 된다고 생각하였다. 그러므로 초기에는 성감조성대를 통한 만족이 영양분을 공급받는 만족과 연결된다. 즉, 성적 행위 자체가 독립적으로 이뤄지는 것이 아니라, 자기 보존을 목적으로 하는 행위(젖 빨기)에 의존한다. 이 시기의 아기는 자기가 조절할 수 없는 다른 신체 부위나 대상을 사용하지 않고 자신의 피부나 점막(입술)만을 사용한다. 그것이 가장 간편한 방법이 되기 때문이다. 간단히 말해 자가-성애는 단지 욕동의 만족 그 자체를 의미한다.

Freud(1914)는 『자기애에 관하여: 서론』에서, 성적 만족을 얻는 보다 발전된 개념을 제시하였다. 아이가 자기만족의 '대상'으로 자신을 사용한다는 것이다. 자가-성애에서는 국한된 성감조성대(입술 주위)의 욕동 만족이 전부였다. 즉, 대상이 필요 없었다. 그러나 이제는 '자신'이 '만족의 대상'이 됨으로써 욕동과 대상의 연합이 시작되게 되었다.

> "발달시기 중 어느 순간, 지금까지 자가-성애적 활동에 관여하던 성적 본능들이 연합하여 사랑-대상(love-object)을 얻게 된다. 그리고 그 자신의 신체를 마치 사랑-대상처럼 취하기 시작한다." (Freud, 1914)

이는 성적 본능들이 하나로 합쳐져서 자아라는 대상에 부착된다는 의미다. 이러한 본능들이 합쳐지고 대상에게 부착되는 움직임은, 초기 대상 선택을 할 때, 다른 사람에 대한 리비도 부착으로 이어진다.

일차 자기애(primary narcissism)는 초기 자아에 리비도가 부착된 것을 말한다. 이차 자기애(secondary narcissism)는 대상에게 부착되었던 리비도가 자아에게 되돌아오는 것을 의미한다. 1915년 Freud는 『성 이론에 관한 세 에세이』 개정판에서 리비도 이론에 관한 내용을 추가하면서, "자기애적 리비도는 커다란 저장소와 같다. 그로부터 리비도가 나가 대상에 부착되고, 대상에 부착되었던 리비도는 다시 자기애적 리비도로 돌아온다."라는 잘 알려진 표현을 사용하

성적 단계: Freud는 자기-성애가 가장 낮은 성적 단계라고 생각하였다. 자기-성애는 어떤 심리-성적 목적 없이 단지 성감조성대의 만족만 요구한다. 자기애에선 성적 본능들이 합쳐져 자아에게 부착된다. 즉, 자신이 욕동 만족의 대상이 된다.

였다. Freud는 대상에 리비도를 부착했다가 다시 자기에게 가져오는 것을 아메바가 위족을 뻗쳤다가 다시 움츠리는 것으로 비유하기도 하였다.

Freud(1914)가 『자기애에 관하여: 서론』에서 말하고자 했던 것은 (1) 성도착으로서의 자기애, (2) 발달단계로서의 자기애, (3) 자아의 리비도 부착으로서의 자기애 그리고 (4) 대상-선택으로서 자기애다(Vincent, 2004). Freud는 대상을 선택하는 서로 다른 두 방식이 있다고 설명하면서, 다음과 같이 요약하였다. 본래 책에는 도표처럼 요약되어 있는데, 그 내용을 풀어 쓰면 다음과 같다.

- 자기애적 대상-선택(narcissistic object-choice)을 하는 경우: 그는 (a) 현재 그 자신인 것, (b) 과거 그 자신이었던 것, (c) 그가 되었으면 하는 것, (d) 자신의 일부였던 어떤 사람을 사랑한다.
- 의존적(애착) 대상-선택(anaclitic or attachment object-choice)을 하는 경우: (a) 그를 양육하는 여성, (b) 그를 보호해 주는 남성을 사랑한다.

Freud는 자기애적 대상-선택의 예로 늑대인간의 사례를 예로 들었다. 어린 세르게이(늑대 인간 사례의 본래 이름)가 그의 유모로부터 아버지로 대상 선택을 바꾼 것이 그 예라는 것이다. 어린 세르게이가 유모로부터 거절당했다고 느낀 것이 최초이면서 동시에 가장 원초적인 대상이었던 아버지를 다시 새롭게 선택할 수 있는 기회를 제공하였고 그것은 조그만 어린아이의 자기애와 일치하는 것이었기 때문에 아버지를 선택할 수 있었다고 해석하였다. Freud(1923a)는 『자아와 이드』에서 자기애적 대상-선택 방식의 선택에 대해 다시 언급하면서, 어머니에 대한 대상-선택과 다시 구분하여 설명하였다.

> "아주 초기 남자 아이는 어머니에 대한 대상-부착을 하게 된다. 본래는 어머니의 젖가슴이 그 대상이 되는데, 의존적 대상-선택의 원형이 된다. 아이는 그 자신을 아버지와 동일시함으로써 아버지와의 관계를 처리한다. 이 두 관계는 어머니에 대한 성적 욕구가 보다 강렬해져서 아버지가 두 사람에게 장애가 된다고 느낄 때까지 나란히 지속된다. 이 시점부터 오이디푸스 콤플렉스가 시작된다." (Freud, 1923a)

『자기애에 관하여: 서론』에서 Freud는 자아 이상(ego ideal)의 개념을 처음으로 제시하였다. (Freud는 'ideal ego'와 'ego ideal'의 두 가지 용어를 다 사용하였는데, 끝까지 둘 사이를 명확하게 구분하지 않았다.) 그는 유아적 자기애가 어른이 되면 자아 이상으로 대치된다고 생각하였다. Freud에 의하면, 부모나 선생님 혹은 사회의 의견으로부터 비난을 받게 되면 아이들은 자기애를 포기하고 그런 견해를 받아들인다. 즉, 부모를 내재화한다. 그리고 불완전한 자기 대신 새로 내재화한 대체물에 경의를 표하는데, 그것이 바로 자아 이상이다. 자아 이상은 세상의 비판적 소리를 자신의 것으로 만든 것이다. 정상적인 형태에선 양심이 자아 이상의 후견인 역할을 하기 때문에 자아 이상은 양심의 사촌인 셈이다. (초자아는 협의의 초자아와 자아 이상으로 구분된다.) 병적인 상태에서는 슈레버 사례에서처럼 자아 이상에 의해 감시받는다는 망상의 형태가 나타날 수 있다.

Freud는 욕동의 개념을 확장하면서, 인간의 욕동(본능)을 자아 욕동(ego drives)과 성 욕동(sexual drives)으로 뚜렷하게 구분하였다. 자아 욕동은 배고픔이나 목마름 그리고 개인의 자기 보존 등과 연관되며, 성애적인 것과 무관하다. 성 욕동은 성애적 만족을 얻도록 압박하고 종족 보존에 기여한다.

> "성 본능(혹은 성 욕동)과 자아 본능(혹은 자아 욕동)은 대조를 이룬다. 이것은 흔히 말하는 배고픔과 사랑이 세상을 돌아가게 만든다는 것과 같은 맥락이다(저자 주: 1880년 이후 Freud는 '사랑과 배고픔이 세상을 움직인다.'는 Schiller의 표현을 즐겨 인용하였다). 리비도는 사랑의 힘이 표현된 것이고 배고픔은 자기 보존의 본능이 나타난 것으로 볼 수 있다. 그동안 자아 본능의 성질은 오랫동안 규명되지 않은 채 지나쳐 왔다." (Freud, 1923)

이 인용문은 1923년의 논문에서 발췌한 것이지만, 자아 본능과 성 본능을 구분한 것은 1910년 이전의 생각이다. 그런데 자아 자체에 리비도가 투입된다면, 자기 보존의 본능을 성적 리비도의 자기애적 부분으로 간주해야 한다. 즉, 리비도는 자아에게 향하는 리비도와 대상에 향하는 리비도로 나눌 수 있고, 그중에 자아에게 향하는 리비도가 자기 보존의 본능이 되는 셈이다. 이 의견은 자아 욕동이 성적이지 않다는 Freud의 기존 의견을 뒤집는 것이다. 또한 신경증의 뿌리가 자아 본능과 성 본능(리비도) 사이의 갈등에 있는 것이 아니라, 자기애적 리비도와 대상 리비도 사이에 있다는 것을 의미한다. 이에 대해 Ernest Jones는 "지금까지 정신분석의 본능이론을 삐거덕거리게 만드는 받아들이기 힘든 이론이었다."라고 회상하였다. Freud의 『자기애에 관하여: 서론』은 Jones와 그의 동료들을 불안하게 만들었다(Gay, 1989).

당시까지 Freud와 그의 동료들은 모든 것을 다 성적인 것으로만 몰아 간다고 비난받았다. 이에 대해 신경증의 초점은 성적 충동과 성적이지 않은 충동, 즉 리비도와 자아 본능 사이의 갈등이라고 설명하며 그들을 방어해 왔었다. 그런데 자기 보존의 본능이 성적 리비도의 자기애적 부분이라면, 이제 신경증적 갈등 또한 리비도 사이(자기애적 리비도와 대상 리비도 사이)의 갈등이 된다. 또다시 정신분석은 인간의 영혼 속에서 성적인 것 외에 아무것도 보지 않는다는 비난을 피할 수 없는 상황이 되었다.

Freud도 그 자신의 욕동 이론에 대해, 초기든 후기든, 결코 아주 만족한 적이 없었다. 『자기애에 관하여: 서론』의 내용 중 Freud는 '심리학자들이 의지할 수 있는 믿을 만한 욕동 이론이 전혀 없는'

것에 대해 한탄하였다(Gay, 1989). 그러나 Freud의 입장에서 보면, 비로소 자기애를 특정한 성도착이 아니라 성적 자기애로 보게 된 것이다. 자연히 20년 이상 유지해 오던 자아 본능과 성 본능이라는 욕동의 이분법을 주장할 수 없게 되었다. 왜냐하면, 자기 사랑이나 대상 사랑이 그 성질의 내용에서 차이가 나는 것이 아니라, 대상만 다를 뿐이기 때문이다. 즉, 성 본능만 의미를 갖게 되었다.

Kohut의 새로운 자기애 이해

Freud 이론에서 일차 자기애는 자가-성애와 대상 사랑 사이의 중간 단계다. 이 시기의 유아는 자신이 전능하다고 경험하며 대상 세계와 미분화된 상태로 경험한다. Freud에게 이차 자기애는 리비도가 대상으로부터 자아에게로 되돌아온 병적인 상태다(Maj et al., 2005). 이 상태에선 리비도가 자신에게만 집중하기 때문에 대상과 성숙한 관계를 형성하거나 유지할 수 없다. Freud는 이차 자기애 상태의 환자들, 예를 들어 정신병 상태나 심한 우울증 환자들은 자기-몰입상태에 있고 전이의 해석으로부터 도움을 받을 수 없기 때문에 분석이 불가능하다고 생각하였다.

Freud는 리비도에 초점을 두었기 때문에 자기애를 리비도가 어디에 부착하는가라는 관점에서 설명하였다. 그리고 리비도가 자아에 부착된 상태를 자기애라 하고 이는 대상 사랑(리비도가 대상에 부착된 상태)으로 발전하지 못한 초기 원초적 상태라고 보았다. 그렇기 때문에 자기애 상태는 미숙한 상태로 간주되고 은연중에 조롱거리가 된다. Kohut은 이런 현상을 서구 가치관이 정신분석에 침입해 들어온 결과라고 보았다. 그 결과, 정신분석을 환자를 위한 것이 아니라, 사회를 위한 것으로 변질시켰다고 비판하였다.

Kohut은 기존의 관습적인 과학적 방법론을 '경험과 먼(experience-distant)' 방법이라고 표현하였다. 실제 관찰한 것과는 동떨어진 결과를 도출한다는 뜻이다. 그에 대한 대안으로 Kohut은 '경험과 가까운(experience-near)' 접근 방식을 제안하였다. 그것은 공감(empathy)과 내성(introspection)으로부터 직접 자료를 얻는 방식을 뜻한다. 과학적 추구가 '인간의 삶으로부터 점점 소외된 상태로 나아가고 있는데' 그렇게 되지 않기 위해 공감은 결정적으로 중요하다고 생각하였다. 과학으로부터 공감을 제외하는 것은 냉혹하고 무관심한 합리성만 낳을 뿐이다. 그리고 잔혹한 전체주의적 제도만 발전시켜 인류가 미처 알지 못했던 가장 비인간적인 목표를 추구하게 할 것이다. 그는 과학의 새로운 이상을 다음과 같은 인상적인 한 줄의 구절로 요약할 수 있다고 제안하였다. "우리는 과학적 공감(scientific empathy)을 추구해야 할 뿐만 아니라, 공감적 과학(empathic science)도 추구해야 한다." 참고로 Freud는 「정신분석을 시행하는 임상의들을 위한 권고」(1912)에서, 이상적인 분석가는 외과 의사처럼 객관적인 전문성과 감정적인 무심함 그리고 권위를 가지고 행해야 한다고 기술하였다.

Kohut이 1966년에 발표한 「자기애의 형태와 변형」은 기존의 자기애와 다른 개념과 이해를 제공해 주었다는 점에서 매우 중요한 논문 중의 하나다. Kohut은 치료자들이 환자의 자기애 상태를 대상 사랑으로 대체시키는 것에만 주로 관심을 가지고 있지, 자기애가 적절한 목적을 위해 변화되는 것, 즉 환자의 자기애적 리비도를 재배치하거나 자기애적 리비도를 사용하여 원초적 심리구조를 성숙한 인격으로 통합하는 것 등에 대해선 관심을 기울이지 않고 있다고 생각하였다. 이론적인 측면에서도 자기애가 건강이나 적응 혹은 성취 등에 어떻게 기여하는지에 대한 연구가 빈약하다고 지적하였다.

Kohut은 자기애를 전혀 새로운 관점으로 바라보았다. 그에게 자기애는 일차 자기애와 같은 원초적 상태도 아니고 이차 자기애와 같은 병적인 상태도 아니다. Kohut은 자기애가 성장과정에서 필수적인 것이며 평생 지속되는 것이라고 보았다.

Kohut은 생애 아주 초기부터 어머니가 공감적으로 아기에게 반응한다고 생각하였다. 그렇기 때문에 초기 아기는 더할 수 없이 행복한 상태에 있다. 이러한 일차 자기애 상태는 아직 나-너 분화가 이뤄지지 않은 상태이기 때문에 어머니와 그 돌봄을 '너'와 그의 행위로 인식하지 못한다. 또 어머니를 통제하는 것도, 대상을 통제한다는 것보다는 자신의 몸과 마음을 조절한다고 느끼게 된다. Kohut은 이렇게 매우 행복한 자기의 상태를 유지하려는 욕망이 곧 자기애라고 설명하였다. 말할 수 없이 행복한 그 상태를 구성하고 있는 것은 아기와 어머니 두 사람이다. 완전한 사랑을 경험하며 완벽하게 행복한 자기와 그런 사랑을 주고 있는 이상적인 어머니다. 이렇게 자기를 사랑하고 자신의 행위나 성취를 즐길 수 있으며 이상적인 좋

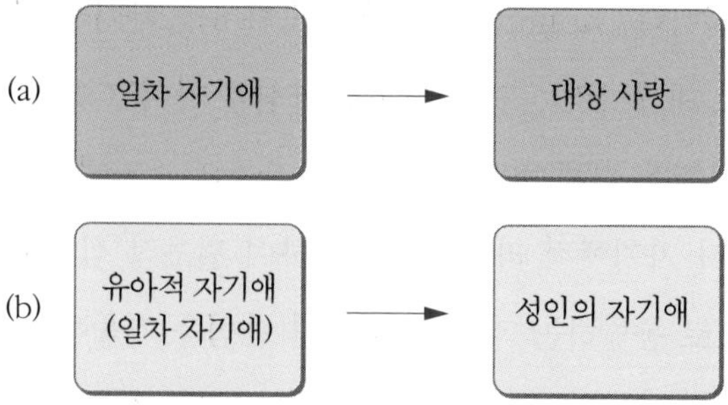

Kohut의 새로운 자기애 개념:
(a) Freud의 자기애는 대상 사랑으로 발전하지 못한 원초적 상태를 말한다. 일차 자기애는 포기되고 대상 사랑으로 발전해야 한다.
(b) Kohut은 자기애를 인간 심리의 기본적인 잠재력으로, 성장발달에 꼭 필요한 것으로 보았다. 자기애는 포기되어야 하는 것이 아니라 성인의 자기애로 건강하게 성장발달하여야 한다.

은 대상과 관계를 나누려는 욕망은, Freud의 일차 자기애처럼 포기해야 하는 것이 아니라 오히려 잘 발전시켜 나가야 할 건강한 욕망이다. Kohut은 이를 기본적인 자기애적 긴장이라 보았고, 유아적 자기애 상태로부터 성인의 성숙한 자기애 상태로 발전시켜 나가야 할 건강한 잠재력이라고 생각하였다. 물론 유아적 자기애로부터 성인의 자기애로 발달하는 과정에서 다양한 좌절을 경험하게 된다. 이때 좌절이 개인의 대처 능력 내에서 이뤄지는 최적의 좌절일 경우 강한 자기를 형성하게 된다. 반대로 개인의 대처 능력을 넘어서는 심한 좌절을 겪게 될 때, 개인은 유아 수준의 자기애에 머무르게 되고 취약한 유아적 전능감의 상태를 보이게 된다.

Freud에 의하면, 자기애적 상처를 받은 유아는 두 가지 방향에서 상처를 처리하려고 노력하게 된다. 하나는 좋고 쾌감을 주고 완벽한 모든 것이 자신에게 속하고, 불쾌하고 나쁘고 불완전한 것들은 '외부'에 있다고 경험한다. Freud는 이를 '순수 쾌락자아(purified pleasure ego)'라고 불렀다. 이것은 이드의 과시적인 측면으로 나타나고 자아는 이에 대해 수치심을 느끼게 된다. 또 다른 방향은 자기애가 초자아에 전달되어 자아는 자아 이상을 좇아 살려고 노력하게 된다. 그 결과, 자아는 자아 이상에 따라 자신을 평가하고 자아 이상이 아무리 완벽하더라도 그것을 충족시키려고 애쓴다.

Kohut 또한 대상이 내재화되어 자아 이상으로 기능하는 것을 수긍하였다. 그러나 Kohut은 자기애 상태로부터 새로운 자기애적 심리구조가 형성된다는 새로운 견해를 피력하였다. 그는 자기애가 점진적으로 분화되어 자기애로부터 '자기애적 자기(narcissistic self)'와 '이상화 부모 이마고(idealized parental imago)'가 형성된다고 설명하였다. 이상화 부모 이마고는 자아 이상과 유사한 기능을 하기 때문에 초기 Kohut은 자기 대상과 자아 이상 그리고 자아 사이의 상호작용을 중요하게 생각하였다.

적절한 환경이 주어질 때, 자기애로부터 자기애적 자기와 자아 이상이 형성된다. 자기애적 자기로부터 나오는 중성화된 힘들은 자아의 틀 안으로 서서히 통합되어 자신의 활동과 성공을 건강하게 즐길 수 있게 된다. 만약 실패하더라도 약간의 분노와 수치심으로 적절한 수준에서 실망할 수 있다. 자신의 결점에 대해서도 실패했을 때와 같이 처리할 수 있다. 자아 이상은 소망하고 존경했던 대상의 완벽함이 내재화된 것이다. 자아 이상은 자아에 동조적인 가치(ego-syntonic value)의 핵으로서 자아가 활동하고 목적을 추구할 때 방향을 제시하는 신호등과 같이 작용한다. 강하고 굳건하게 이상화된 초자아는 자기애적 에너지를 상당 부분 흡수하여 인격이 자기애적으로 균형을 잃지 않도록 도와준다. 수치심은 자아가 자기애적 자기의 과시적인 욕구를 적절하게 처리해 주지 못할 때 발생한다. 실제 임상에서 보다 많이 보게 되는 경우는, 초자아의 이상화가 제대로 이뤄지지 않아서 자기애적 리비도를 충분히 흡수해 주지 못할 때, 즉 자기애적 리비도가 자기애적 자기에 여전히 집중해 있을 때 수치심을 잘 느끼는 성격이 된다. [Saul은 죄책감(guilt)과 수치심을 구분하였다. Hartmann과 Loewenstein은 자아 이상과 초자아의 다른 부분들을 구분하는 것을 너무 강조하는 것이 바람직하지 않다고 주장하였다. Sandler 등은 초자아의 범주 내에 자아 이상을 유지하였다.]

Kohut은 자기애적 자기와 자아 그리고 초자아 사이의 상호작용이 자기애적 균형과 항상성 유지에 중요하다고 생각하였다. 자기애적 자기가 적은 양의 자기 과시적 리비도를 방출할 때 그것은 은연중에 자기애적 불균형의 표시로 변형될 수 있다. 즉, 부지불식간에 수치심을 느낄 수 있는 상황이 발생할 수 있다는 신호로 변형된다. 이에 따라 자아는 목표를 성취하려 하거나 외부 대상을 모방하고 순응하려 한다. 특히 초자아의 이상과 기준에 따라 살려고 노력하게 된다. Kohut은 이를 다음과 같이 표현하기도 하였다.

> "엉뚱하게 표현해 보면, 자기애적 자기는 자아에게 완벽함을 과시하려고 노력한다. 외부 세계나 초자아에게 자아를 매개로 하여 간접적으로 완벽함을 과시하고 싶어 한다. 그 결과, 실수로 리비도가 조금 방출하게 되고, 자아는 고통스러운 수치심의 가능성에 대

해 경계하게 된다." (Kohut, 1966)

Kohut은 자기애적 자기와 자아 그리고 초자아 사이의 상호작용이 한 사람의 인격의 특징적인 양상을 결정하기 때문에 이 셋 사이의 내적 균형이 그 사람의 개성을 나타내는 시금석이 된다고 보았다. Kohut에 의하면, 저명인사들은 자아 이상보다는 잘 통합된 자기애적 자기가 지배적인 경우가 많다고 생각하였다. 왜냐하면, 자기애적 자기는 욕동을 방출하는 통로가 되는 반면, 자아 이상은 욕동을 인도하고 조종하기 때문이다. 쉽게 설명하면 욕동을 잘 조절하기보다 잘 밀고 나가야 뛰어난 인물들이 될 가능성이 높다는 뜻이다. 그는 처칠의 예를 들었다.

> "처칠은 평범한 방법으로는 도저히 탈출할 수 없는 상황으로부터 탈출하는 기술을 반복해서 확대 발전시켜 왔다. 보어 전쟁에서 포로로 잡혔다가 탈출한 유명한 이야기를 예로 들 수 있다. 처칠이 마음속 깊은 곳에 모든 방향이 막힐 경우 자신은 날아서 탈출할 수 있다는 은밀한 믿음을 갖고 있었다고 해도, 나는 놀라지 않을 것이다. 그의 자서전에는 다음과 같은 사건이 소개되고 있다. 어린 시절 그는 가족들과 함께 시골에서 휴가를 보내고 있었다. 어느 날 어린 처칠은 남동생과 조카와 함께 놀이를 하고 있었다. 처칠이 도망가고 조카와 동생이 잡으려는 게임이었다. 처칠이 계곡 사이에 걸려 있는 다리를 지나려는데 다리 양쪽에서 각각 동생과 조카가 잡으러 오는 것을 발견하였다. 꼼짝 없이 잡힐 상황이었다. '순간

적으로 놀라운 계획이 내 머리를 스쳐갔다.' 그는 다리 밑에 있는 어린 전나무를 쳐다보았다. 그리고 뛰어내리기로 결심하였다. 나름 계산을 하고 그중 한 나무를 목표로 정하였다. '순식간에 나는 뛰어내렸다. 그리고 전나무 꼭대기를 잡으려고 팔을 힘껏 펼쳤다.' 그는 3일이 지나서야 의식을 되찾았고, 침대에서 기어 나오기까지 3개월이 필요했다."

어린 처칠의 행동은 무의식적인 과대 환상을 수행하고자 하는 자기애적 욕구가 아직 자아나 초자아에 의해 통합되지 못한 것을 보여준다. 그러나 그가 수상이 되고 높은 책임감을 발휘해야 할 때, 다행스럽게도 그의 자기애적 자기와 자아와 초자아 사이의 내적 균형은 적절한 방향으로 변화되었다.

"이 정부에 참여한 장관들에게 이야기했던 대로 의회에 말합니다. 내가 바칠 것은 피와 땀과 눈물밖에 없습니다. 우리는 가장 호된 시련을 앞에 두고 있습니다. 기나긴 투쟁과 고난의 세월이 우리를 기다리고 있습니다. 여러분은 우리의 정책이 무어냐 묻습니다. 나는 답할 수 있습니다. 그것은 땅에서 바다에서 하늘에서 전쟁을 수행하는 것입니다. 신께서 우리에게 허락한 모든 힘과 우리의 모든 능력을 다하여, 인류가 저지른 개탄스런 죄악의 목록 가운데에서도 가장 극악한 폭정(暴政)과 맞서 싸우는 것입니다. 이것이 우리의 정책입니다. 여러분은 우리의 목적이 무어냐 묻습니다. 나는 한마디로 답할 수 있습니다. 그것은 승리입니다. 어떠한 대가를 치르고서라도 반드시 승리합니다. 모든 공포를 이겨 내고 반드시 승리합니다. 승리에 이르는 길이 아무리 길고 험난해도 반드시 승리합니다. 승리하지 않으면 생존할 수 없습니다. 기필코 승리를 쟁취합시다. 승리하지 않으면 대영제국이 존속할 길이 없고, 대영제국이 지탱해 온 모든 것들이 존속할 수 없습니다. 승리하지 않으면 인류가 그 숭고한 목표를 향해 전진하게 만드는, 시대의 추동력도 존속할 수 없습니다. 나는 활기와 희망으로 나의 과업을 떠맡습니다. 나는 확신합니다. 우리의 대의(大義)와 소명은 결코 실패하지 않을 것입니다. 이 시점에서 나는 모든 이에게 도움을 호소해야겠습니다. 자! 단결된 힘으로 우리 함께 전진합시다!" (Kohut, 1971에서 재인용)

자기애에 대한 새로운 시선을 갖게 된 Kohut은 유아적 자기애 상태에서 성인의 자기애 상태로 나아가는 과정에 대해 설명할 필요가 생겼다. 유아적 자기애 상태가 성인의 자기애로 발달하는 과정에서 일어나는 구체적인 변화는 무엇인지, 일차 자기애에 포함되어 있는 건강한 자기애적 욕망은 어떤 것인지, 양육자인 어머니는 어떤 역할을 하고 어떤 기능을 담당하는지 등 전반적인 자기의 발달과정에 대해 이해하고 설명할 필요가 생긴 것이다.

3 자기의 발달과정

3. 자기의 발달과정

자기의 기원

Kohut은 생의 아주 초기부터 공감적이고 반응적인 어머니가 유아에게 반응한다고 생각하였다. 초기 유아는 생각을 통하여 자신을 인식할 수 있는 능력이 없다. 뿐만 아니라, 자기 자신에 대해 의식 수준에서 경험할 수 있는 능력도 없다. 그러나 어머니는 아기를 마치 이미 어떤 자기를 가지고 있는 존재처럼 대한다. Kohut은 아무리 조그만 아기라도 어머니가 어떤 실질적인 자기를 가진 것처럼 대하는 점을 강조하였다. 이 말은 어머니가 아이에 대해 알게 모르게 어떤 기대와 꿈과 소망을 갖고 대한다는 것을 의미한다. Kohut은 이런 어머니의 기대와 유아의 타고난 잠재력이 만나는 순간이 바로 초기 자기(rudimentary self)가 시작되는 기원(origin)이라고 설명하였다.

"어머니가 아기를 처음 보는 순간 그리고 아기를 처음 접촉하는 순간(촉각이든 후각이든 혹은 운동감각을 통해서든), 이런 접촉의 과정이 한 사람의 자기를 실질적으로 탄생시킨다. 이런 접촉과 자기의 탄생 과정은 아동기 내내 지속되고, 정도는 덜하지만, 인생의 후기까지 지속된다." (Kohut, 1977)

달리 표현하면, 유아는 일정한 잠재력을 갖고 태어난다. 공감적인 어머니는 태어나는 순간부터 유아와 일차적인 융합을 이룬다. 상호 공감하는 융합 안에서 유아의 타고난 잠재력이 아기에 대한 어머니의 기대와 소망과 만나게 되는데, 바로 이 순간 초기 자기가 시작된다.

인생의 초기 상태를 바라보는 Kohut의 시각은 Freud의 그것과 뚜렷한 차이를 보인다. Freud는 생애 초기 유아가 홀로 생을 시작한다고 보았다. 즉, 초기 유아는 홀로 있는 상태에서 성감조성대의 본능적 만족만을 추구하는 자가-성애적인 존재라고 보았다. 그리고 이러한 자가-성애를 환상적인 소원 성취를 통하여 만족시킨다고 보았다. Mahler 또한 신생아의 가장 초기 상태를 정상 자폐기로 분류하였다. 그녀는 생애 초기에 어린 유아가 홀로 생을 시작한다는 Freud의 견해를 받아들여, 자폐기를 유아가 혼자 있는 단일체계(monadic system)의 상태로 보았다. 또 이 시기의 유아는 환상적인 소원 성취를 통하여 욕동을 만족시킨다는 Freud의 의견을 그대로 받아들였다. 그래서 Mahler는 참을 수 없는 분리의 고통을 방어하기 위하여 융합의 망상을 갖게 된다는 이론을 제시하기도 하였다.

뿐만 아니라, 초기 유아에게는 환상이 일차적이고 현실은 이차적이라는 Freud의 설명에 초점을 맞춰 자폐기를 설명하였다.

Kohut의 생애 초기 자기에 대한 이해는 Klein의 견해와도 차이가 있다. Klein은 신생아가 태어날 때부터 언어로 표현할 수 있는 특정한 환상들을 갖고 태어난다고 생각하였다. Kohut이 생각할 때, 초기 자기는 객관적으로 관찰하거나 기술할 수 있는 것이 아니다. 그는 아기가 자기를 갖고 있다고(획득했다고) 볼 수 있는 나이를 콕 집어서 이야기하는 것은 쉽지 않은 일이라고 말하였다. 그러면서 엄격하게 말해서, 신생아는 아직 자기가 없는 상태라고 보는 것이 안전하다고 덧붙였다(Kohut & Wolf, 1978). 즉, 아주 초기 유아는 전-심리적인(pre-psychological) 상태로, 생리적인 욕구와 긴장 상태로 묘사되어야 한다고 생각하였다.

> "중추신경계가 충분히 발달하기 전 상태나 이차과정이 확립되기 전 상태의 초기 유아의 상태는 언어화할 수 있는 환상의 관점이 아니라, 긴장(tension)의 관점에서 묘사되어야 한다. 즉, 유아의 긴장이 증가하였다 혹은 긴장이 감소하였다 등으로 설명해야 한다."
> (Kohut, 1977)

그렇기 때문에, 초기 신생아의 자기는 그렇게 있을 것이라고 기대하는 가상의 자기이지만 동시에 처음부터 실질적인 자기(virtual self)라는 점을 강조하였다. 평행선은 그 정의상 아무리 길게 뻗어 나가도 만나지 않는다. Kohut은 평행선이 무한 공간에서 만나는 기하학적 점(은 없는 것)과 반대로 신생아의 자기는 처음부터 가상의 자기이며 동시에 실질적인 자기라고 표현하였다.

Freud나 Mahler의 자폐기 이해와 달리, Kohut은 생애 아주 초기부터 유아는 외적 대상과 항상 함께 연결되어 있는 존재, 즉 이원 체계(dyadic system) 속에 있는 것으로 보았다. 생애 초기 유아와 어머니가 긴밀한 쌍을 이룬다는 것은 이미 다른 분석가들에 의해서 언급된 개념들이다. Kohut보다 앞서 Balint는 생애 초기 상태를 어머니-유아의 이원 단일체(dual unit)로 보았다. Winnicott도 홀로 있는 아기(a baby)라는 것은 없고 아기는 항상 어머니와 관계 모체(matrix of infant-mother relationship) 속에 존재한다고 보았다. 그리고 어머니는 초기 신생아에게 필요한 경험을 제공해 주기 위해 아이에게 극히 민감하게 반응하며 몰두하게 된다고 생각하였다. Winnicott(1956)은 이를 일차 모성 몰입(primary maternal preoccupation)이라고 부르면서, "어머니가 신생아의 자리에 들어가서 그의 욕구를 만난다고밖에 표현할 수 없다."고 서술하였다.

Kohut 또한 생애 아주 초기부터 유아와 자기-대상(self-object) 사이의 상호 공감의 모체(matrix of mutual empathy) 속에 유아가 존재한다고 생각하였다. 이런 모체 속에서 유아와 자기-대상 사이에 수없이 많은 상호작용이 반복된다. 이때 공감적인 자기-대상, 즉 어머니는 아이의 특정한 잠재력에 특히 공감적으로 반응한다. 아이가 갖고 있는 특정한 잠재력이란 유아의 과대 자기, 특정 대상의 이상화 이마고, 타고난 재능들에 대한 잠재력을 말한다. Kohut은 이를 '무의식의 자기애적 구조(unconscious narcissistic configuration)'라고 생각하였다. [Siegel(1996)은 Kohut이 'structure'와 'configuration'을 동의어로 생각하여 상호 교환하여 사용했다고 설명하였다.] 무의식의 자기애적 구조는 무의식적 오이디푸스 갈등 구조 같은 것이다. 무의식적인 근친상간적 소망과 감정 그리고 그와 연관된 공포와 환상들이 오이디푸스 갈등 구조를 이루듯이, 자기애적 구조 또한 자기애적 소망과 감정 그리고 그와 연관된 환상들로 구성된다.

자기애적 구조는 Kohut의 자기를 이해하는 데 핵심적인 개념이다. 초기 유아의 상태는 어머니가 유아의 타고난 잠재력에 깊이 반응해 주는 더 없이 행복한 상태다. 자기애적 구조는 이렇게 더 없이 행복한 상태의 완전한 자기 환상으로부터 형성된다. 이렇게 형성되는 자기애적 구조를 Kohut은 자기애적 자기(narcissistic self)라고 불렀다. Kohut은 리비도가 자아(ego)가 아닌 자기(self)에게 부착되는 것이라는 Hartmann의 견해를 받아들였다. 그러므로 자기애적 리비도가 자기에게 부착되는 상태라는 점에서 자기애적 자기라고 명명한 것이다. Siegel(1996)에 의하면, Kohut은 그의 이론을 전개해 가는 과정에서 Freud의 전통적인 정신분석 맥락에서 기존의 용어를 사용하여 자신의 새로운 이론을 설명하려고 노력하였다. 미국정신분석협회 회장까지 지낸 Kohut은 그 사회의 경직성에 대해 잘 알고 있었기 때문이다. 또한 가급적 Freud의 이론을 대체하기보다 확대하려고 노력하였다.

그러나 자기애적 구조에 대한 새로운 이해는 Kohut으로 하여금 결국 자기애를 새롭게 정의할 수밖에 없게 만들었다.

"전반적인 내 관점 안에서, 자기애는 본능이 투입되는 대상(그 자신인가 혹은 다른 사람인가)에 의해 정의되는 것이 아니라, 본능적으로 충전되는 것의 본성과 특질에 따라 정의되어야 한다. 예를 들어, 조그만 아이는 타인에게 자기애적 부착을 하여 그를 자기애적으로 경험한다. 즉, 자기-대상(self-object)으로 경험한다." (Kohut, 1971)

Kohut에게 자기애는 무의식의 기본적인 구조로서 자체 발달단계를 가지며 발달의 최종적인 목적을 갖는다. 무의식에 고태적인 자기애적 구조가 존재하며, 최적의 발달 조건이 주어지면, 고태적인 자기애적 구조는 점진적으로 성인의 인격으로 통합된다. Freud의 자기애는 대상 사랑으로 전진하기 위해 포기해야 하는 것이었다. 반면, Kohut의 자기애는 지속적으로 발달하고 통합해 가는 자연스러운 성장의 시작이다.

고태적 자기애적 구조는 최초의 완전했던 자기 경험을 보존하기 위하여 기능한다. 생애 아주 초기에 더할 수 없이 행복했던 삶의 두 주인공은 자기와 어머니이다. 그렇기 때문에 발달 조건이 적절하면, 과대 자기(grandiose self)의 자기애적 구조와 이상화 부모 이마고(idealized parental imago)의 자기애적 구조가 형성된다.

생애 초기 시절 자기의 형성과정을 요약하면 다음과 같다. 아기는 생의 초기부터 공감적이고 반응적인 환경(어머니) 속에서 생을 시작한다. 어머니는 아기를 마치 어떤 실질적인 자기를 가진 존재처럼 대한다. 아기의 잠재력이 이런 어머니의 기대와 만나는 순간 초기 자기

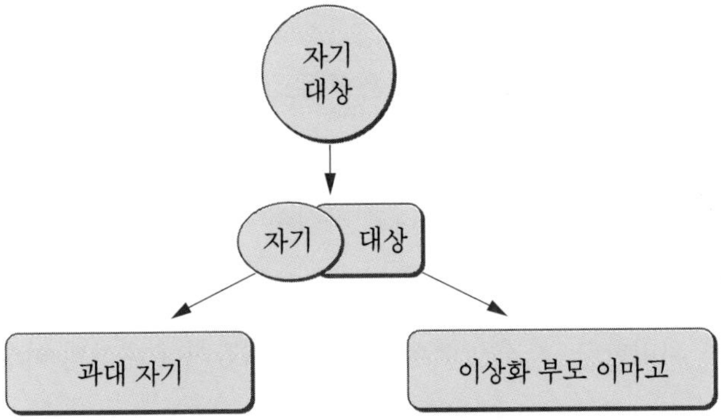

자기애적 구조의 형성: 생애 초기 아기는 자기와 대상을 구분하지 못한다. 점차 자기와 대상이 구분되며, 생애 아주 초기 행복했던 두 주인공은 자기와 어머니가 된다. 발달 조건이 적절하면, 자기와 어머니로부터 각각 과대 자기와 이상화 부모 이마고라는 자기애적 구조가 형성된다.

가 출현한다. 어머니는 아기의 초기 자기와 수없이 많은 상호작용을 계속한다. 이 상호작용 속에서 어머니는 아기의 어떤 잠재력에는 반응하고 격려해 주지만, 어떤 잠재력에 대해선 무시하고 좌절시킨다. 이런 과정을 거치면서 핵심 자기(nuclear self)가 형성된다. Kohut은 핵심 자기가 형성되는 시기를 약 2세로 보았다(Kohut & Wolf, 1978). 특히 더할 수 없이 행복했던 생애 초기 상태를 지속해서 누리고자 하는 잠재력(과대 자기와 이상화된 대상 이미지)에 반응해 줌으로써, 양극 구조를 가진 핵심 자기가 형성된다. 1971년 『자기의 분석』에서 Kohut은 초기 자기의 형성과정을 Freud의 자기애 단계와 비교하여 표현하였다. Freud의 자기애가 자가-성애(autoerotism)의 단계로부터 자기애(narcissism) 단계로 진행하듯이, Kohut은 파편화된 자기[fragmented self, 자기 핵(self nuclei) 단계라고 병행하여 표기하였다] 단계로부터 응집 자기(cohesive self) 단계로 진행한다고 표현하였다.

핵심 자기가 형성되었다는 것은 비로소 자기 자신이 신체와 정신이 하나가 되어 공간과 지속되는 시간 속에 존재한다는 것을 경험할 수 있게 되었다는 것이다. 그리고 자신이 주도성을 갖고 있고 사물을 인식하는 독립적인 중심이라고 자신의 존재됨을 느끼게 되었다는 것을 의미한다. 하지만 핵심 자기의 과대감이나 대상의 이상화는 아직 너무 고태적이고 원초적이다. 이후 성장과정을 통하여 성인의 삶에 적절하게 점차 변형되어야 한다.

자기대상

Kohut에 의하면, 아기가 신체적으로 생존하기 위해서 적정한 용량의 산소가 포함된 환경에 태어나듯이, 정신적으로 생존하기 위해서 공감적이고 반응적인 인간 환경 속에서 태어나야 한다. 또 아기의 호흡기가 필요로 하는 것에 맞춰 공기 중의 산소가 공급되듯이, 공감적인 환경 또한 아기의 필요와 소망에 적절하게 반응해 줘야 한다. 자기-대상(self-object)은 본래 아기가 필요로 하는 심리적 기능들을 충족시켜 주는 양육자를 뜻하였다. 이때 자기대상은 특정한 한 개인으로 인식되지 않고, 그가 수행하는 기능의 관점에서 경험된다. 그리고 자신의 일부로 경험된다. 유아가 어머니를 하나의 독립적인 인격체로 파악하기보다 그의 불편감 혹은 필요성을 만족시켜 주는 기능으로 느낀다는 것은 대상을 그 자체의 고유한 자율성을 가진 존재로 지각하기보다 자기의 욕구와 관련된 존재로 주관화한다는 것을 의미한다.

좀 더 자기심리학적으로 표현하면, 미숙한 유아의 자기는 약하고 아직 뚜렷한 형체를 갖지 못한다. 그래서 그런 자기에게 응집성(cohesion), 항구성(constancy), 그리고 탄력성(resilience)을 느낄 수 있도록 해 주는 타인의 참여가 필요하다. 이와 같이 나중에 성숙했을 때 자신의 정신구조(성장한 자기)가 스스로 담당해야 하는 기능을 지금 대신 제공해 주는 대상을 자기대상이라고 한다. 아이의 입장에서 보면 자기대상은 자기로부터 아직 분화되지 않은 대상이기도 하다. 그러면서 자기대상은 아이의 욕구에 공감적으로 반응해 줌으로써 자기가 점진적으로 발달하는 데 필요한 경험들을 제공해 준다. 존중해 주고 담아 주는 관중(양육자) 없이, 유아가 지속적이고 응집력 있게 자기됨(selfhood)을 경험할 수는 없다.

Bacal(1998)은 "관계를 맺으며, 자기 감각을 촉진시키고, 유지시키고, 긍정적으로 영향을 준다고 심리내적으로 경험되는 것은 자기대상"이라고 정의하였다. 때로는 그것이 어떤 경험이든 "구조화된 자기(자기됨의 경험으로 표현된다)를 촉진시키거나 자기됨의 영속성을 유지시켜 주는 모든 기능은 자기대상 경험이다."라고 표현하였다.

자기-대상의 개념은 1968년 논문 「자기애적 인격 장애의 정신분석적 치료」에 처음 등장한다. 이 논문에서 Kohut은, 환자의 자기애적 전이에서 분석가는 고태적인 자기-대상의 기능을 하게 된다고 언급하였다. 1971년 『자기의 분석』에서 자기-대상은 정상적인 자기애 발달과정에 필요한 자기애적 기능으로 이해된다. 이 책에서

Kohut은 자기의 일부로 경험되는 자기-대상(self-object)과 주도성을 가진 독립된 존재로 인식되는 정신분석적 의미에서 참 대상(true object) 그리고 심리적 구조를 구분하였다. 이때 심리적 구조는 자기애적으로 경험하던 고태적 대상에 대한 탈부착화가 점진적으로 이뤄지면서 형성하게 된 것이다. 외적 대상이 수행하던 욕동-조절이나 통합과 적응의 기능들을 수행한다.

1978년 Kohut은 'self-object'에서 하이픈을 제거하고 'self object'로 사용하기 시작하였다. 하이픈을 뺀 이유는 기능을 제공하는 대상이 자기와 별개의 대상으로 경험되지 않기 때문이다. 하이픈이 없는 자기대상은 1978년 Wolf와 함께 쓴 「자기의 장애와 그 치료: 개요」에 처음으로 등장한다. (이 책에서 '자기대상'은 Kohut의 이론이 전개되는 시기와 의미에 따라 '자기-대상'과 혼용하여 사용하였다.)

자기대상 이름 변화: 1978년 Kohut은 'self-object'에서 하이픈을 제거하고 'selfobject'로 사용하기 시작하였다. 하이픈을 뺀 이유는 기능을 제공하는 대상이 자기와 별개의 대상으로 경험되지 않기 때문이다.

1979년 Kohut은 자기대상이 자기와 분리되어 경험되지 않는다는 점을 보다 일반화하여 자기/자기대상은 존재적으로 연결되어 있으며 자기대상은 자기의 근원이 된다고 주장하였다. 1980년 「자기심리학 이론의 선택적 문제」에서 Kohut은, 자기대상이 과대자기-전지전능한 자기대상이라는 고태적 고착에 뿌리를 두고 있다고 설명하였다. 성숙한 자기/자기대상 관계에서도, 고태적 자기대상은 깊은 곳에 존재하며 반복적으로 나타나는 주제가 된다고 말하였다.

1984년 『분석은 어떻게 치유하는가?』에서 Kohut은, 자기대상을 그 사람의 기능이 자기와 연관되어 있다고 경험되는 타인으로 확대하였다. 그러므로 자기대상은 고태적일 수도 있고 성숙할 수도 있다. 또 그 시기에 부적절하기도 하고 적절할 때도 있다. 취약한 자기에게 지지가 된다면 삶에 필요한 산소처럼 건강한 자기에게 적절한 자기대상이 된다. 1977년부터 Kohut은 심리적으로 건강한 성인도 자기대상의 반영을 지속적으로 필요로 한다고 언급하였다.

Kohut은 자기대상 관계가 어린 시절뿐만 아니라 일생 동안 항상 꼭 필요하다는 것을 강조하기 위하여, "태어날 때부터 바로 죽기 직전까지 자기대상의 적절한 반응을 필요로 한다."라는 식의 표현을 즐겨 사용하였다. 물론 초기 성장과정이나 병리적 상태에서 필요로 하는 고태적 자기대상과 성숙한 성인이 심리적으로 필요로 하는 성숙한 자기대상을 혼돈해서는 안 된다는 점을 지적하였다. 즉, 원초적인 초기 자기, 핵심 자기, 그리고 성숙한 성인의 자기는 각각의 시기에 따른 자기애적 욕구가 있고, 자기대상(어머니 혹은 아기의 환경)이 이러한 자기애적 욕구에 대해 적절한 반응을 해 줄 때, 건강하고 응집적인 자기가 형성된다는 뜻이다.

처음 자기대상 개념은 아기를 돌보는 양육자, 즉 어머니였다. 아기는 원초적인 초기 자기 상태이고, 어머니는 성숙한 심리조직을 갖고 있다. 초기 아기는 주위의 다양한 자극들을 충분히 처리할 만한 심리적 힘이 없기 때문에 환경에 의해 쉽게 불안해진다. 그래서 아기

(자기)가 공격적 욕동을 느낄 때 어머니(자기대상)는 아기를 들어서 품에 안고 토닥거리거나 말로 어른다. 자기대상(어머니)의 안정된 정서 상태는 신체 접촉이나 말소리의 운율 등을 통하여 자기(아기)에게 전달되고, 자기/자기대상이 미분화된 아기는 이를 자기 것으로 경험한다. 이 과정을 Kohut은 다음과 같은 일련의 과정으로 설명하였다.

> "아기가 자기/자기-대상 단위에 의해 경험하는 감정들—그것이 자기 자신의 것이든 혹은 자기-대상의 것이든—의 순서는 다음과 같다. 자기의 가득 찬 불안, 뒤따르는 자기-대상의 안정되고 약화된 신호 불안(공황 상태가 아니다), 그에 뒤따르는 자기-대상의 평온함과 불안의 사라짐. 결국 아기가 경험했던 심리적 와해 상태는 사라지고(초기 자기가 다시 형성되고), 어머니는 음식을 먹이고, 온도를 조절해 주고, 기저귀를 갈아 준다." (Kohut, 1977)

Kohut은 자기대상이 자기에게 관여하는 과정을 또 다른 관점에서 연속적으로 행해지는 두 단계 과정으로 설명하였다. 첫 번째 단계는 미숙한 자기가 성숙한 자기대상에 의해 공감적 융합이 이뤄지는 단계다. 이것은 아기(자기)가 자기대상(어머니)으로부터 공감적 이해를 받는다는 것을 의미한다. 두 번째 단계는, 이런 이해를 전제로 자기대상에 의해 자기가 필요로 하는 요구를 만족시키는 행위가 이뤄지는 것을 말한다.

Kohut은 이를 분석 상황에서 해석과 동일하다고 생각하였다. 즉, 해석도 환자가 이해받는 단계 그리고 해석과 설명이 주어지는 단계

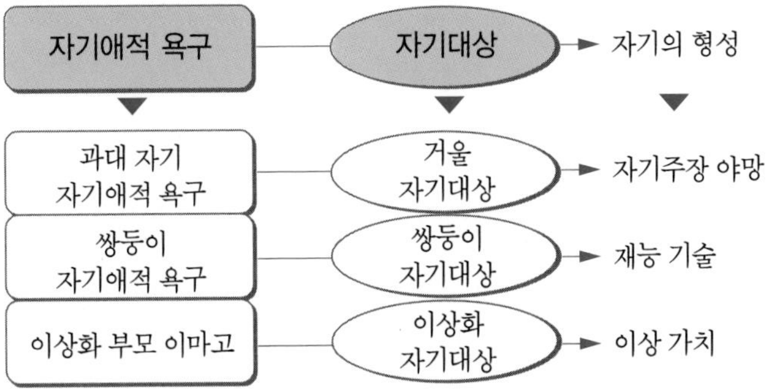

자기애적 욕구와 자기대상 그리고 자기의 관계: 세 가지 자기애적 욕구는 각각에 해당하는 적절한 자기대상 반응을 통하여 자기가 형성된다.

로 구분된다고 설명하였다. 이 부분은 나중에 치료 부문에서 자세히 다룰 것이다.

Kohut은 자기가 응집적이고 조화롭게 잘 발달하기 위해선 아이의 세 가지 자기애적 욕구에 대해 적절하게 반응해 줄 수 있는 세 가지 자기대상을 필요로 한다고 설명하였다. 첫째, 과대 자기라는 자기애적 욕구에 대해 확신을 갖게 하고 인정해 주는, 즉 거울반응(mirroring)을 해 주는 자기대상(거울 자기대상)이 필요하다. 둘째, 이상화 부모 이마고의 자기애적 욕구, 즉 위대하고 강하면서도 한편으론 자기를 진정시켜 주는 대상과 융합하고자 하는 욕구를 수용해 주는 이상화 자기대상을 필요로 한다. 마지막으로, 쌍둥이(분신) 자기애적 욕구, 즉 공통성과 연대감의 욕구에 대해 궁극적으로 우리는 하나라고 반응해 주는 쌍둥이(분신) 자기대상이 요구된다.

최적의 좌절

심리적 상처란 아이의 심리가 의식에서 통합해 낼 수 없을 정도로 심한 정서적 사건을 말한다. 정서적 사건의 강도가 너무 강하면, 미숙한 아이의 심리구조로선 그것을 처리할 수 없기 때문이다.

Freud는 외부 세계가 무의식의 내용에 영향을 준다는 생각에 반대하였지만, 한편으론 현실적인 좌절로부터 신경증 증상이 시작된다고 생각하였다. 사랑의 좌절, 실직, 심각한 질병 등에 의해 증상이 형성되기 시작한다는 것이다. Freud는 좌절 자체가 증상을 만드는 것은 아니지만, 증상 형성에 피할 수 없는 첫 단계라는 데에 동의하였다. Freud에 의하면, 좌절에 대한 반응으로 사람의 심리는 전의식의 공상을 활성화시킨다. 제한적이고 융통성 있는 공상은 현실의 타격을 완화시키는 건강한 노력일 수 있다. 공상(daydreaming)은 자아의 작용하에서 이루어지는 퇴행이다. 공상이라는 퇴행에 의해 고통스럽고 좌절을 주는 현실로부터 문제가 없던 본래 상태를 회복하려고 한다. 공상은 좌절의 상태에서 현실의 상태로 돌아가기 전 원기를 회복하는 막간과 같은 역할을 한다. Freud는 공상의 상태를 '발현 퇴행(manifest regression)'이라고 불렀다(저자 주: 꿈의 무의식 부분을 '잠재몽'이라고 하고, 나타난 부분을 '발현몽'이라고 하였던 것과 유사하다.). 신경증 증상이 형성된다는 것은, 이 회복과정이 실패하고 퇴행이 더 진행되어 '참된 퇴행(regression proper)'에까지 이르렀다는 것을 의미한다(Siegel, 1996).

리비도는 성적 본능에 붙어 있는 에너지다. 참된 퇴행은 리비도가 성숙한 위치로부터 초기 발달단계의 지점으로 후퇴했다는 것을 의미한다. 이를 설명하기 위해 Freud는 전투 상황에서 군대가 배치되는 비유를 사용하였다. 군대가 전진해 갈 때 후방에 아직 진행되고 있는 소규모 전투가 남아 있으면, 주력 부대는 전진하지만 소규모의 부대를 남겨 후방 전투를 담당하게 한다. 그러나 후방 전투가 점점 커지고 오히려 가장 시급한 큰 위협이 되면, 주력 부대를 다시 후방으로 재배치한다. Freud는 리비도 발달단계에서도 초기 고착된 시점에, 후방에 일부 부대가 배치되듯이, 일부 리비도가 남아 있다고 생각하였다. 만약 어린 시절에 발달상의 큰 상처를 받았다면 상당한 양의 리비도가 상처를 받은 시점에 남아 있게 될 것이다. Freud는 이런 사람은 건강한 발현 퇴행을 할 수 있는 능력이 약하기 때문에 참된 퇴행으로 후퇴할 가능성이 높다고 보았다.

참된 퇴행이 이뤄지면 초기 고착된 상태로 리비도가 몰려들어 어린 시절의 근친상간적 감정을 다시 활성화시킨다. 그 결과, 현재 접촉하는 사람들과 현실에 대한 관심은 줄어들고 무의식적인 어린 시절의 근친상간적 사랑에 대한 홍미가 다시 나타나게 된다. 마치 현실과 무의식의 균형이 다음의 (a) 상태에서 (b) 상태로 변하는 것과 유사하다.

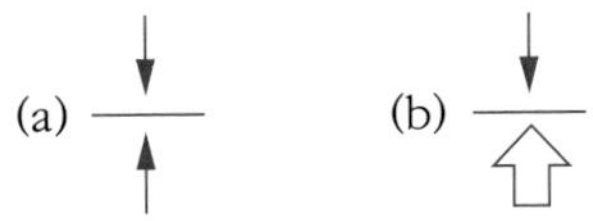

그 결과, 무의식의 내용물이 전의식을 침범하는 위협에 직면한다.

결국 균형이 깨지면서 '억압된 대상 리비도'(repressed object libido)가 증가하게 된다. Freud는 이런 에너지의 불균형 상태를 '실질 신경증'(actual neurosis)이라고 불렀고, 이것이 바로 신경증의 핵심이라고 보았다(Siegel, 1996).

실질 신경증은 구조화되지 않은 불안이 전의식을 위협하는 상황에서 생기는 힘의 불균형에 기인한다. 신경증 증상이 형성되는 것은 불안으로부터 전의식을 보호하려는 시도다. 기저의 갈등이 해소되지 않은 채 신경증 증상이 제거된다면 불안이 다시 나타나게 된다. 만약 신경증 증상이 계속된다면 불안은 나타나지 않게 된다.

신경증 증상의 최종 단계는 절충 형성(compromise formation)이다. Freud는 증상이 억압된 무의식의 욕동과 그를 억압하는 무의식적인 힘 사이의 절충이라고 주장하였다. 절충이 이뤄지는 장소가 전의식이고 바로 실제 증상으로 나타난다(Siegel, 1996).

Kohut은 아이가 겪는 좌절을 두 가지로 분류하였다. 아이의 감당할 수 없는 좌절과 아이가 감당할 수 있는 좌절이다. 전자는 아이에게 상처가 되는 심한 좌절을 말하고, 후자는 아이에게 상처가 되지 않는 좌절을 의미한다. 비록 좌절이긴 하나 아이가 감당할 수 있어서 아이에게 상처가 되지 않을 때, Kohut은 이를 '최적의 좌절'(optimal frustration)이라고 불렀다.

상처가 되는 좌절과 최적의 좌절이 어떻게 다른지 예를 들면 다음과 같다. 어머니가 아이에게 "절대 안 돼!"라고 사납게 소리치는 것이 전자에 해당한다면, "그건 안 돼요~" 라고 부드럽게 금지하는 것은 후자에 속한다. 분노 발작을 일으키는 아이에게 똑같이 분노 발작하듯 소리치고 때리는 아버지와, 흥분한 아이를 품에 안고 엄격하나 공격적이지 않게 또 따뜻하나 자극적이지 않게 진정시키는 아버지가 서로 다른 예가 될 수 있다. 아이의 행동을 제지할 때, 타협이나 절충 없이 오직 무엇을 해서는 절대 안 된다고 단호하게 금하는 것과, 금하는 행동 대신 받아들일 만한 대체 행동을 제시하는 것이 둘의 차이를 나타내는 또 다른 예가 된다(Kohut & Seitz, 1963).

Kohut은 상처가 되는 좌절과 최적의 좌절이 아이의 심리구조에 매우 중요한 차이를 가져온다고 생각하였다. 상처가 되는 좌절, 즉 아이의 심리가 견뎌 낼 수 있는 한도를 넘어서는 좌절에 부딪쳤을 때 유아의 욕동과 좌절당한 기억은 무의식 속으로 차단된다. 좌절된 유아의 욕동을 의식에서 경험할 때 생기는 불안과 절망감을 막기 위해서다. 무의식에 차단되어 있다고 해서 유아의 욕동은 가만히 있는 것이 아니라, 쾌락원리에 의해, 즉 일차과정의 법칙에 따라 즉각적인 만족을 추구한다. 이것은 Freud가 설명했던 구조이론의 상태와 동일하다. 즉, 이드(id) 욕동은 자아(ego)의 억압과 방어에 의해 무의식에서 억압된다.

Freud는 좌절에 의해 무의식에 억압된 욕동이 앞서 설명한 것과 같이 신경증 형성에 기여하지만, 분석 상황에서는 전이(transference)를 통해서 또 다른 출구를 찾게 된다고 설명하였다. Freud(1895)는 환자의 과거 기억과 치료 상황 사이에 '잘못된 연결' mésaliance (false connection)이 형성된 것을 전이라고 보았다. 이 과정에서 분석가에게 연결되는 것은 억압된 과거 소망의 내용이다. 과거 소망과 연관된 기억과 감정들은 동반되지 않고, 단지 소망의 내용만 연결되는 것이 일차적으로 이뤄지는 과정이다. 억압된 소망이 분석가에게 연결될 수 있는 것은, 분석가와 관계는 이미 적절하다는 것이 입증되었기 때문이다. 무의식에 차단되어 있으나 일차과정에 의해 즉각적인 만족을 추구하던 과거의 소망(욕동)이 눈앞에 있는 합법적인 대상인 분석가에게 무조건 연결되어 버린 것이다. Freud의 표현대로 잘못 연결된 것이다. 일단 연결이 잘못 이뤄진 다음엔 과거 억압되었던 기억과 정서가 생성되어 전이 감정을 형성하게 된다.

Kohut은 상처가 되는 좌절이 가져오는 이런 결과와 달리, 최적의 좌절은 '점진적인 중성화(progressive neutralization)'를 가져온다고 설명하였다. 최적의 좌절이란 부모의 태도가 비록 좌절을 주지만, 아이에게 상처가 되지 않는 경우를 말한다. 최적의 좌절 상황에서, 유아는 자신을 진정시키고 안정시켜 주는 부모와 그 태도를 내재화(internalization)하는 과정을 통하여 점진적인 중성화를 진행해 간다. 그 결과, 욕동을 억제할 수 있는 심리구조, 즉 중성화된 기억들과 중성화된 내적인 힘들로 구성된 중성화된 심리영역이 형성된다(Siegel, 1996).

유아의 건강한 심리구조가 형성되기 위해선 상처를 주지 않는 적절한 부모의 양육이 절대적으로 필요하다는 뜻이다. 그렇기 때문에 Kohut은 잘 기능하는 유아의 심리구조를 형성하는 데 가장 중요한 원천이 부모의 인격이라고 생각하였다.

변형 내재화

초기 자기는 핵심 자기로 발달하고 궁극적으로 성인의 응집된 자율적인 자기로 성장하여야 한다. 자기의 발달은 곧 나이에 적합한 심리구조가 형성된다는 것을 의미한다. 본래 Kohut은 두 가지 심리과정이 항구적인 심리구조를 형성하는 데 관여한다고 생각하였다. 대상 통과(passage through the object)와 변형 내재화(transmuting internalization)가 그것이다.

대상 통과는 아이가 부모의 실제적인 한계를 조금씩 알게 되는 과정을 통하여 부모에 대한 이상화가 점진적으로 수정되는 과정을 의미한다(Kohut, 1971). 아이는 점차 성장하게 됨에 따라 자신의 현실적인 연약함을 부정할 수 없는 시점에 이르게 된다. 환상 속의 전지전능감을 유지하기 위하여 아이는 자기애를 부모에게 투사한다. 그리고 부모를 신과 같은 전능한 존재로 간주하고, 자신은 부모의 전능감을 받는 친밀한 수혜자로서 자기애적 완벽감을 느낀다. 그러나 현실 속에서는 환상 속의 부모의 완벽함도 상실할 수밖에 없는 경험을 하게 된다. 예를 들어, 아이가 조그만 거짓말을 하였는데 부모가 이를 알아차리지 못하였다. 아이는 부모가 자신의 생각뿐만 아니라 모든 것을 다 알고 있는 전능한 존재가 아니라는 것을 알게 되고, 자신이 전지전능한 부모를 갖고 싶다는 소망이 좌절된다. '완벽한' 부모를 상실하는 것을 피하려고, 아이는 '완벽한' 부모를 내재화하여 자아-이상을 형성하게 된다.

Kohut에 의하면, 이보다 늦은 단계에서는 욕동을 금지하는 부모가 전능한 부모로 간주된다. 본래 자기애는 아이가 원하는 것을 다 얻을 수 있다는 전능감이 포함되어 있다. 그러므로 아이의 전능한 욕동을 금하는 부모 또한 전능한 부모가 된다.

> "자아-이상의 강력한 영향력과 도덕적 완벽성은 (부모에게) 투사되었다가 다시 내재화된 자기애의 표현이다. 자아-이상이란 '부모 통과'라는 특정한 방식에 의해 수정된 아이 자신의 자기애다. 중성화된 초자아 구조의 발달은 아이의 자기애가 부모를 통과하는 것에 달려 있다. 만약 부모의 요구가 합리적인 경우, 아이가 그의 자기애를 재내면화할 때 전보다 중성화되어 내재화된다. 만약 부모 자신의 자아-이상이 대부분 중성화되지 않은 상태로 있을 때, 부모를 통과하는 과정에서 아이의 자기애는 별로 중성화되지 못한다. 그 대신 성급함과 짜증 등의 구강기적 측면을 나타내거나 타협을 모르는 독선적인 완벽성을 드러내게 된다."(Kohut & Seitz, 1960)

결과적으로, 대상 통과를 통하여 아이가 내재화하는 것은 진정시키고 위로해 주는 부모의 속성, 즉 갈등이 없는 부모의 속성이다. Kohut에 의하면, 그러한 부모의 속성들은 갈등이 없는 부분이기 때문에 '안으로 가져오고' 전이가 일어나지 않고 점진적으로 중성화가 일어나는 영역에 '머물게 된다.' Kohut은 대상 통과 이론을 더 이상 발전시키지 않았다. 1963년 한 번 더 언급한 이후 Kohut은 심리구조가 형성되는 과정을 변형 내재화 이론으로 국한하여 설명하였다.

변형 내재화는 자기의 심리구조 형성에 관여하는 또 다른 심리과정이다. Kohut(1971)은 변형 내재화 과정에 관여하는 세 가지 중요한 요소들을 다음과 같이 열거하였다.

1. 심리 장치가 심리를 형성할 수 있는 준비가 되어 있어야 한다. 즉, 심리가 특정 내사체를 수용할 수 있을 정도로 성장한 상태여야 한다. 이렇게 내적으로 기능하는 잠재력이 독립적으로 출현하는 것을 Hartmann은 일차 자율기능이라고 하였다.
2. 대상으로부터 에너지 부착이 철수함에 따라 대상 이마고의 일정 측면들이 분할되어 내재화된다. 만약 이상화 대상이 한꺼번에 갑자기 완벽함을 상실한다면, 즉 전체 대상에 대해 실망한다면, 어린아이는 통째로 대상을 내재화할 수 없다. 대상에 향했던 자기애적 리비도가 조금씩 분할되어 철수해야만, 아이는 그에 해당하는 만큼씩 내재화할 수 있다. Kohut은 이를 최적의 좌절이라고 불렀다.
3. 대상이 분할되는 것과 함께, 대상은 탈인격화되고 그 대신 특정한 기능이 강조된다. 그 결과, 내재화된 구조는 자기-대상이 수행하던 기능을 수행하게 된다. 즉, 아이의 자기가 자기-대상이 하던 기능을 수행할 수 있게 된다(Kohut, 1971).

변형 내재화를 통하여 자기-대상에 부착되었던 자기애적 에너지는 자기의 인격에 재투입된다. 내재화된 에너지는 중립적인 기본 심리구조를 강화하고 확장하는 데 직접 투입된다. 이상을 형성하거나 강화하는 데에도 투입된다. 동시에 자기애적 에너지를 사용하는 보다 분화된 심리적 속성들을 얻는 데에도 사용된다.

변형 내재화는 Freud의 애도 과정과 유사하다. Freud(1917)에 의하면, 자기애적 대상 선택을 했던 대상을 상실한 경우 대상에 투입되었던 리비도는 자신의 내면으로 철수하여 무의식적인 기억으로 형성된다. 그 결과, 무의식에 있는 대상의 특성은 자아의 한 부분으로 내재화된다.

Kohut은 1984년 『분석은 어떻게 치유하는가?』에서 심리구조가 형성되는 과정을 더욱 명료하게 기술하였다.

> "건강한 자기를 형성하는 좋은 자기/자기대상 과정은 어떤 것인가? 우리는 그것이 두 단계로 일어나는 것을 볼 수 있다. 첫째, 자기와 자기대상 사이에 기본적인 조화가 있어야 한다. 둘째, 상처가 되지 않는 수준의 자기대상의 실패(즉, 잘못된 공감에 바탕을 둔 반응)가 일어나야만 한다. 우리는 아이의 자기대상 쪽에서 일어나는 이러한 실패의 결과를 '최적의 좌절'이라고 말한다. 초기 생애에 수없이 반복되는 이러한 두 단계의 심리적 사건들은 중요한 두 가지 결과를 가져온다. (1) 그것은 내가 '변형 내재화'라 이름 붙인 과정을 통하여 심리구조 형성을 가져온다. (2) 그것은 자기/자기대상 관계가 변화되는 토양을 제공한다. 이는 매우 중요한 변화로서, 자기애적 영역에서 고태적 양식으로 접촉하던(특히 거울 자기대상과 융합, 이상화 자기대상과 융합, 그리고 쌍둥이 융합에 의

존하던) 자기가, 성인의 삶에서 만나는 자기대상의 공감적 반향에 의해 자신을 지탱할 수 있는 방향으로 점진적인 변화가 일어나게 된다." (Kohut, 1984)

"어떻게 심리구조가 축적되는가? 이 질문에 대한 자기심리학의 일반적인 대답은 매우 단순하다. 심리구조는 (a) 최적의 좌절을 통하여 그리고 최적의 좌절의 결과, (b) 변형 내재화를 통하여 형성되고 축적된다." (Kohut, 1984)

자기와 자기대상 사이의 기본적인 조화가 의미하는 것을, Kohut은 아이의 거울반영의 욕구와 이상화 욕구가 충분히 응답받는 것이라고 풀어 쓴 적이 있다(Kohut & Wolf, 1978).

변형 내재화의 핵심은 최적의 좌절을 전제로 한다는 점이다. 앞서 설명하였듯이, Kohut은 최적의 좌절은 '점진적인 중성화(progressive neutralization)'를 가져온다고 설명하였다. 최적의 좌절이란 부모의 태도가 비록 좌절을 주지만, 아이에게 상처가 되지 않는 경우를 말한다. 최적의 좌절 상황에서, 유아는 자신을 진정시키고 안정시켜 주는 부모와 그 태도를 내재화하는 과정을 통하여 점진적인 중립화를 진행해 간다. 그 결과, 욕동을 억제할 수 있는 심리구조, 즉 중립화된 기억들과 중립화된 내적 힘들로 구성된 중립화된 심리영역이 형성된다.

Kohut은 변형 내재화를 통하여 심리구조가 형성되는 과정이 갑자기 큰 덩어리가 형성되듯이 되는 것이 아니라, 대상의 분할된 아주 작은 측면들이 매우 조금씩 심리구조를 형성한다고 강조하였다. Kohut은 이를 표현하기 위하여 심리적 '미세구조(microstructure)'라는 용어를 차용하여 설명하였다. 미세구조에 대조되는 심리적 거대구조(macrostructure)는 이드, 자아, 초자아 같은 심리 장치를 의미한다. 또 오이디푸스 갈등에서의 대상들과 관계를 거대관계라 한다면, 자기대상과의 관계는 미세관계라고 설명하였다. Kohut이 말하고자 하는 핵심은 최적의 좌절, 즉 '미세-좌절(micro-frustration)'에 발맞추어, 조금씩 조금씩 '미세-내재화(micro-internalization)'가 무수하게 일어나면서 심리구조가 형성되는 과정이 변형 내재화라는 것이다.

Kohut은 변형 내재화를 통하여 자기대상의 기능이 자기에게 내재화된다고 해서 자율적인 자기가 자기대상의 복제가 되는 것은 아니라고 설명하였다. 그는 이종 단백질을 섭취하여 자기 자신의 단백질을 만들 때 이종 단백질이 곧 자기의 단백질이 아니듯이, 자기대상이 그대로 자기의 심리구조가 되는 것이 아니라고 말하였다.

자기의 성장과정을 자기대상 관계와 최적의 좌절 경험이란 관점에서 다시 한 번 요약하면 다음과 같다. 초기 자기는 아직 자기라고 할 만한 것이 없는 상태다. 즉, 일정한 응집 형태를 갖추지 못한 파편화된 자기일 뿐이다. 초기 파편화된 자기가 자기대상의 공감적 반응을 받으면서 응집된 초기 자기로 형성된다. 초기 자기는 과대 자기와 이상화 부모 이마고라는 자기애적 욕구를 갖는다. 부모는 자기대상으로서 아이의 초기 자기애적 욕구에 적절히 반응해 줄 때 아이의 자기는 지속적으로 성장한다. 그러나 부모가 아이의 자기애적 욕구를 완전히 만족시켜 줄 수는 없다. 필연적으로 아이는 좌절을 경험하게 되는데, 이때 좌절의 정도가 아이가 감당할 수 없는 상처가 되는 좌절인 경우 아이의 자기 발달은 방해받게 된다. 자기대상의 공감적 반응이 지속되는 가운데 아이가 경험하는 좌절이 최적의 좌절일 경우 아이의 자기는 성숙한 자기로 성장한다. 뿐만 아니라, 자기대상이 제공해 주던 기능이 내재화되어 아이 자신의 심리구조로 형성된다. 즉, 자기대상이 제공해 주지 않더라도 자신이 스스로 기능할 수 있는 자율적인 존재가 된다. 그렇지만 Kohut은 생존하기 위해서 산소가 필요하듯이, 심리적으로 건강한 성인도 자기대상의 반영을 지속적으로 필요로 한다고 생각하였다.

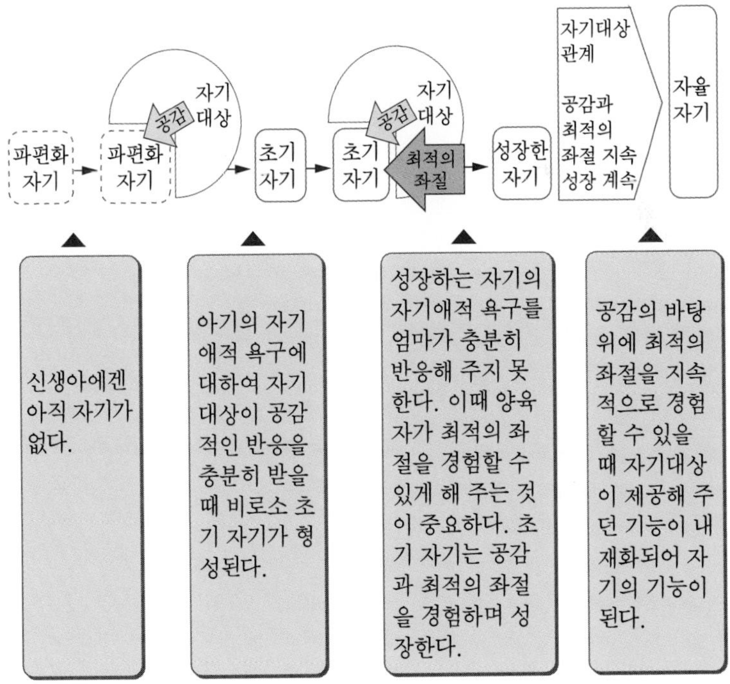

4 양극성 자기

4. 양극성 자기

Kohut은 생의 아주 초기부터 공감적이고 반응적인 어머니와 연결된 상태에서 아기가 더할 수 없이 행복한 삶을 시작한다고 보았다. 그러나 아무리 완벽한 어머니라 하더라도 아이의 생리적이고 심리적인 욕구를 완전히 만족시켜 줄 순 없다. 결국 생의 초기 더할 수 없이 행복했던 아기-엄마 관계는 깨질 수밖에 없다. 최초의 완전했던 행복을 다시 찾길 바라는 자기애적 욕구는 크게 두 가지 방향으로 진행된다. 생의 초기 무한히 행복했던 상황의 주인공은 두 사람이다. 완전한 사랑을 경험하며 완벽하게 행복했던 나와 그런 사랑을 주고 있는 이상적인 어머니다. 그렇기 때문에 Kohut은 '나는 완벽해요.'와 '당신은 완벽하고, 나는 당신의 한 부분이에요.'가 기본적인 자기애적 구조라고 설명하였다. 이러한 자기애적 구조는 삶이 시작할 때부터 존재하며 각각 대부분 독립적인 발달과정을 거친다. 발달 조건이 적절하면, '나는 완벽해요.'의 기제로부터 과대 자기의 자기애적 구조가 형성되고, '당신은 완벽하고, 나는 당신의 한 부분이에요.'라는 대상을 완전하게 보고 그에 연합하려는 기제로부터 이상화 부모 이마고의 자기애적 구조가 형성된다(Kohut은 『자기의 분석』(1971)에서 '자기애적 자기' 대신 '과대 자기'를 사용하기 시작하였다. 자기에 리비도가 투여된다는 점에선 자기애적 자기라는 용어가 적절하나, 과대 자기가 보다 풍성한 연상 작용을 일으킨다는 점에서 용어를 변경하였다고 설명하였다.).

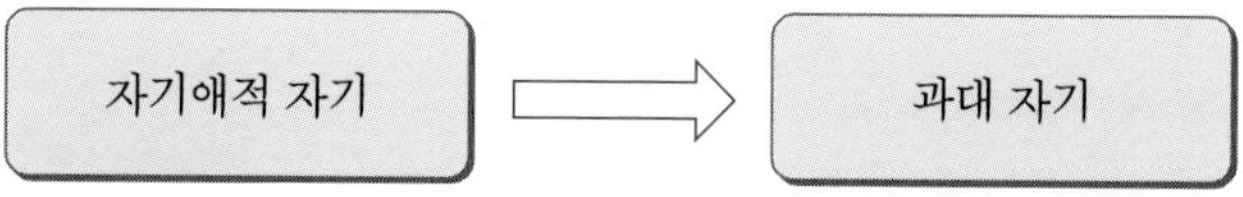

용어 변경: Kohut은 1971년부터 '자기애적 자기'라는 용어 대신 '과대 자기'를 사용하기 시작하였다. 자기에 리비도가 투입된다는 점에선 자기애적 자기라는 용어가 적절하나, 과대 자기가 보다 풍성한 연상 작용을 일으킨다는 이유 때문이었다.

Kohut에 의하면, 발달 조건이 적절한 경우, 핵심 과대감(nuclear grandiosity)은 2~4세 사이에 핵심 야망(nuclear ambition)으로 통합되고, 고태적 대상 이마고로부터 이상화된 핵심 목적과 이상이라는 심리구조가 4~6세 사이에 획득된다(Kohut, 1977).

이 과정에서 보다 일찍 형성되는 자기의 구조는 모성적 자기-대상 관계로부터 주로 형성된다. 어머니가 핵심 과대감을 반영하고 인정해 줌으로써, 또 자기-대상의 이상화 대상 전능감과 융합 경험을 허용해 줌으로써 자기 구조가 형성된다. 반면에, 보다 늦게 획득되는 자기의 구조는 긍정적인 부성 측면과 관계하며 형성된다. 결과적으로 핵심 자기는 두 가지 자기애 구조를 갖게 된다. 하나는 핵심 야망이고 다른 하나는 핵심 이상과 목적 그리고 가치다. Kohut은 이렇게 형성된 자기를 양극성 자기(bipolar self)라고 불렀다. 야망의 극과 이상과 가치의 극이라는 두 개의 극을 가진 자기라는 뜻이다. 건강하게 성장할 때, 팽창하고 싶고 또 과시하고 싶은 자기애적 욕구가 자기대상의 적절한 반영을 받으며 자기주장적인 야망의 극으로 발전한다. 또 안정적이고 긴장을 조절해 주는 이상적인 자기대상과 융합을 원하는 자기애적 욕구가 자기대상의 적절한 관계 속에서 자기를 인도해 주는 이상과 가치를 형성하게 된다.

양극성 자기가 건강하게 기능하기 위해서 Kohut은 각각의 자기의 극이 잘 형성되어야 하지만 동시에 두 극 사이의 관계도 중요하다고 강조하였다.

> "공간적으로 떨어져 있는 전기의 양극(+, −) 사이에 전압 경사가 있어서 전기 호(electrical arc)가 형성되고, 전류가 높은 곳에서 낮은 곳으로 흐르듯이, 자기(self)도 그렇다. 자기의 두 극 사이에, 비록 특정한 활동이 없다 하더라도, '긴장의 경사(tension gradient)'가 있다. 이 말은 야망의 극과 이상과 가치의 극 '사이'에 행동을 촉진하는 조건이 존재한다는 것을 나타낸다. '긴장 호(tension arc)'라는 용어를 통하여, 나는 자기의 두 극 사이에 지속적으로 흐르는 실질적인 심리 활동이 있다는 것을 말하려는 것이다. 사람이 기본적으로 무엇을 추구할 때, 그는 야망에 의해 '떠밀리고(driven)', 이상에 의해 '이끌린다(led)'." (Kohut, 1977)

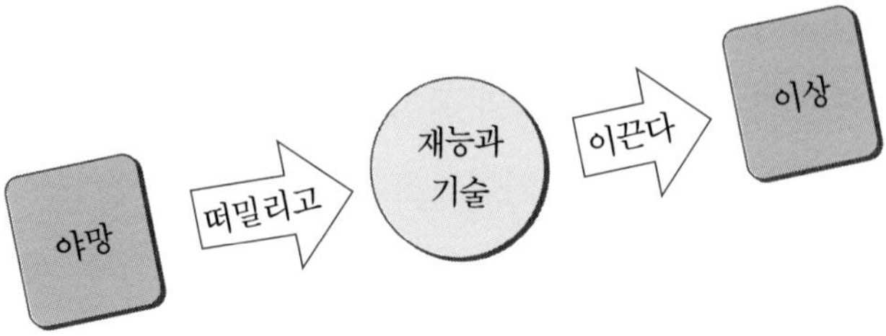

긴장 호(tension arc): Kohut에 의하면, 전기의 두 극 사이에 전류가 흐르듯이, 야망의 극과 이상의 극 사이에 심리 활동이 흐른다. 그리고 건강한 자기는 야망으로부터 재능과 기술을 통하여 이상으로 나아간다.

Kohut이 자기애적 구조를 왜 극이라고 불렀는지 그 이유를 짐작해 볼 수 있는 부분이다. 초기 시절의 논문 「자기애의 형태와 변형」(1966)에서 Kohut은, 자아 이상의 영향은 위에서 오고 자기애적 자기의 영향은 아래에서 오는 것으로 경험된다고 표현하기도 하였다.

야망에 의해 떠밀리고 이상에 의해 이끌리는 자기는, 그런 것들을 수행할 수 있는 심리적 힘을 필요로 하는데, Kohut은 그것을 재능과 기술이라고 하였다. 이는 분신(쌍둥이) 자기대상 경험으로부터 나타나는 보다 현실적 차원의 심리기능이다. Kohut은 완전하고 결손이 없는 자기는 "기본적 야망으로부터 기본적인 재능과 기술을 통해 기본적 이상을 향하여 흘러가는 방해받지 않는 긴장 호를 갖는다."고 설명하였다(Kohut, 1984).

이상화 부모 이마고

이상화 부모 이마고에는 완벽한 대상과 연합하려는 환상이 포함되어 있다. 전지전능한 대상과 연합은 만족감과 강함 그리고 전체감을 가져다준다. 이상화 부모 이마고는 지혜와 친절함과 엄청난 지식을 가진 사람이고 동시에 무한히 강하면서도 진정시켜 주는 완벽한 존재다. 그래서 정서적으로 불안할 때 정서적 균형을 유지시켜 주는 그런 대상이다. 그렇기 때문에 완벽한 이상화 부모 이마고와 연합은 자기에게도 완전감을 제공해 준다. 반대로 완벽한 대상과 분리됨은 자기의 파편화를 의미한다. 이상화 부모 이마고는 무의식적인 소망과 두려움 그리고 수많은 기억들의 집합체로서 긴장을 조절하고 궁극적으로 소망했던 이상들을 형성하게 된다.

이상적인 부모상은 아이가 성장함에 따라 현실적인 모습으로 수정되는 과정이 필요하다. 앞서 설명하였듯이 부모가 최적의 좌절을 경험할 수 있는 환경을 제공해 줄 때, 아이는 대상 통과와 변형 내재화를 통하여 갈등이 없는 부모의 속성을 내재화한다.

다른 식으로 설명하면, 적절한 환경, 즉 부모가 적절히 반응해 준다면, 아이는 이상화 대상에 대한 점진적인 실망을 겪게 된다. 달리 말하면, 아이는 이상화 대상을 점차 현실적으로 평가하게 된다. 그리고 이상화 자기대상에 대한 자기애적 부착을 철수하여 점진적으로 내재화한다. 즉, 전에 이상화 자기대상이 충족시켜 주던 기능을 대신하는 항구적인 내적 심리구조를 형성하게 된다. 다시 말해서 자기대상이 해 주던 기능을 스스로 처리할 수 있는 심리구조가 형성된다.

그러나 아이가 이상화 대상을 상실하거나 갑작스럽고 심각한 그리고 시기에 적절하지 않은 실망을 하게 되면 적절한 내재화는 일어나지 않는다. 즉, 여전히 자기대상을 필요로 하는 상태로 남게 된다. 그 결과, 일생 동안 심하게 대상에 굶주린 사람(object hunger)처럼 일정 대상에 의존하는 성격을 가진 사람으로 살아가게 된다. 달리 표현하면, 심리내면에 확고한 심리내적 구조를 형성하지 못한 아이는, 결손된 심리구조를 보완해 줄 수 있는 대상을 끊임없이 추구하는 삶을 살아가게 된다. 이때 의존하는 대상은 그 자체가 갖고 있는 속성 때문에 동경의 대상이 되는 것이 아니라, 아동기에 형성하지 못한 심리구조의 부분적인 기능을 대신하기 때문에 필요한 것이다.

Kohut은 이상화 자기대상 관계에서 생기는 장애를 상처를 받는 시기에 따라 세 그룹으로 분류하였다. 이상화 자기대상 장애의 세 시기는 (1) 초기 전-오이디푸스기, (2) 후기 전-오이디푸스기, (3) 오이디푸스기와 초기 잠복기다.

초기 전-오이디푸스(early pre-oedipal) 시기에 심한 상처를 받은

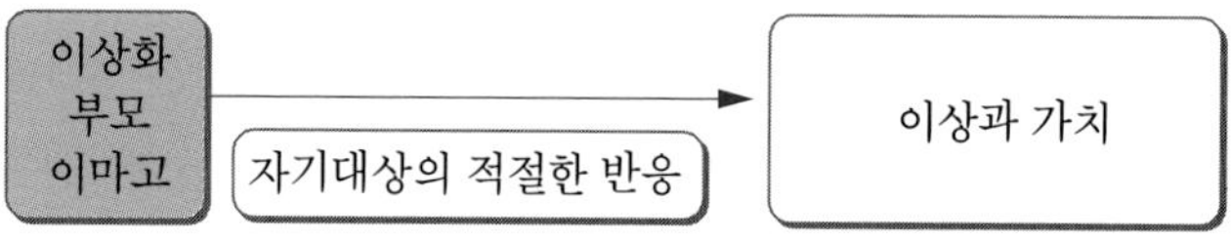

(a) 정상적인 이상화 부모 이마고의 성장: 자기대상의 적절한 반응을 받으며 이상과 가치를 가진 성인의 자기를 형성한다.

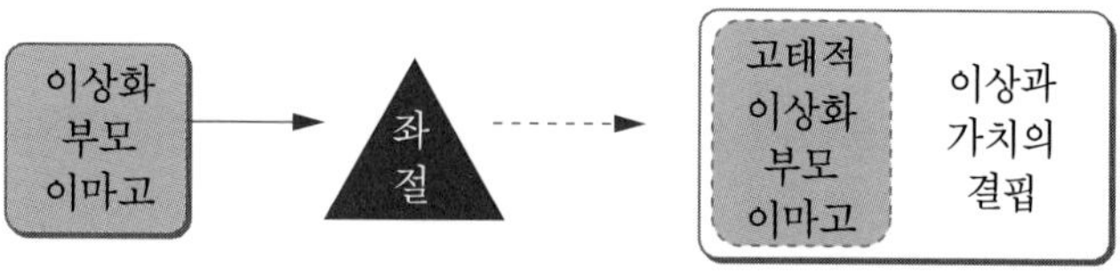

(b) 좌절에 의한 이상화 부모 이마고에 대한 고착: 이상화 부모 이마고가 자기대상 경험을 통하여 변형 내재화를 이루지 못했기 때문에, 주위 대상에게 여전히 칭찬과 인정을 요구하며 매달린다.

경우, 그 영향은 보다 전반적이고 광범위할 수밖에 없다. 초기 상처는 심리구조가 전반적으로 견고하게 형성되고 성장하는 것을 막게 된다. 이 시기의 유아는 많은 기능이 아직 발달되지 못한 상태이기 때문에, 양육자(주로 어머니)가 제공해 주어야 하는 기능도 가장 기본적인 기능들이다. 그러므로 이 시기의 장애는 아예 심리구조 자체에 결함이 생기거나 기본적인 기능의 장애들, 예를 들어 외부 자극을 차단하는 장벽의 취약함, 긴장 조절의 장애, 적절한 자극을 즐기는 것 등의 문제가 생길 수 있다. 이렇게 심리구조가 전체적으로 허약해지면 자기애적 균형과 항상성을 유지하는 것이 어렵게 된다. 보다 광범위하게 표현하면, 근본적으로 자기애적인 상처를 받기 쉬운 취약한 성격으로 고통받게 된다.

이 시기의 장애는 대개 공감적으로 반응해 주지 못하는 양육자의 성격 때문에 발생한다. 생애 초기 유아가 심리구조가 아직 형성되지 못하여 스스로 심리적 기능을 제대로 못할 때, 어머니가 자기대상으로 유아에게 필요한 기능들을 제공해 주어야 한다. 그리고 아이는 자기대상의 기능들을 점진적으로 내재화하여 자신의 심리구조를 형성하게 된다. 그러나 초기 단계에서 심각한 상처를 받은 아이는 어머니의 기능들(예를 들어, 달래 주고, 긴장을 풀어 주고, 잠 재워 주는)을 내재화하지 못한다. 그 결과, 아이는 자신을 진정시키고 긴장을 완화시켜 주는 기능을 해 주는 대상관계만 추구하게 된다. 즉, 독립된 인격체끼리의 성숙한 대상관계가 아니라, 결핍된 자기애적 욕구를 만족시켜 달라고 요구하는 대상관계만 맺으려고 한다. 이런 관계는 고태적 이상화 자기대상에 고착된 상태라고 표현할 수 있다.

임상적으로는 약물 중독 상태가 그 예가 될 수 있다. 약물중독은 원초적인 자기애적 욕구의 결핍이 원인이 될 수 있다. 충족되지 않은 자기애적 욕구를 약물이나 마약이 주는 강렬한 자극으로 달래고 진정시키려는 퇴행적 시도라고 할 수 있다. 그러므로 이때 중독 물질은 사랑의 대상이 아니라, 결핍된 심리구조의 결함을 대체하는 것이다.

후기 전-오이디푸스(pre-oedipal) 시기의 장애는 Kohut이 '자아의 기본 구조(basic fabric of the ego)'라고 부르는 심리구조가 형성되는 것을 방해한다. Kohut에 의하면, 오이디푸스 시기의 대상들은 그 시기 동안 집중적이고 거대한 내재화가 이뤄지면서 초자아를 형성한다. 반면, 자아의 기본 구조는 초자아 형성에 비해 매우 작은 전-오이디푸스기 대상의 복제물들이 무수히 많게 내재화되면서 형성된다. 다시 말해서, 초자아를 형성하는 내재화가 오이디푸스 시기라는 일정 시기에 대대적으로 이뤄진다면, 자아의 기본 구조를 형성하는 내재화는 오이디푸스 이전 시기 전체를 통하여 끊임없이 많은 기회를 통해 잔잔하게 이뤄진다.

오이디푸스 대상이 갖고 있는 사랑하고 인정해 주는 측면들과 분노하고 금지하는, 즉 좌절시키는 측면들이 내재화되어, 초자아의 기능들—인정하고 긍정적 목표를 제공해 주고, 금지하고 징벌하는 기능들—을 형성한다. 이것들은 이상화 자기대상을 내재화한 것이기 때문에, 아이는 초자아의 기능을 따르면서 특권을 누리는 느낌을 갖게 된다. 마찬가지로 전-오이디푸스기 대상이 갖고 있는 인정해 주거나 좌절시키는 측면들도 내재화되어 자아의 기본 구조를 형

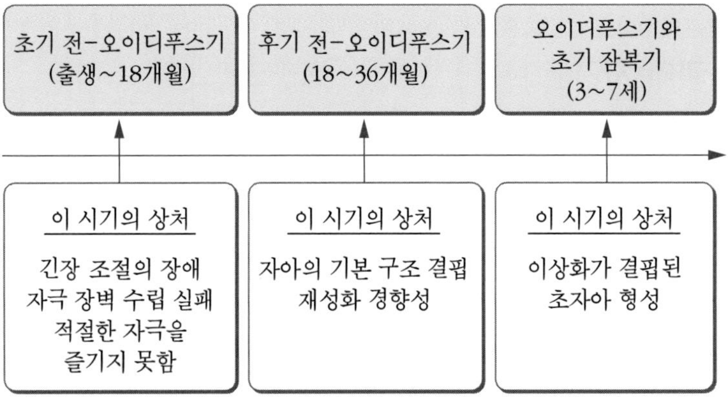

발달 시기에 따른 심리적 상처가 이상화 자기애적 욕구에 미치는 영향: 초기 전-오이디푸스기와 후기 전-오이디푸스기 그리고 오이디푸스기와 초기 잠복기의 세 시점에 따라 심리적 상처가 주는 결과가 다르다.

성한다. 오이디푸스 시기처럼 거대하진 않지만, 세밀한 금지와 책망, 그리고 인정과 지침의 제공들이 자아의 기본 구조를 형성하고 이런 요소들은 궁극적으로 욕동을 여러 경로로 처리하고, 욕동을 중성화하는 기능을 갖게 된다. 그러므로 이 시기의 장애는 충동을 조절하고 욕동을 중성화하는 것에 장애를 일으켜, 욕동의 파생물들과 갈등들을 재성화(re-sexualization)하려는 경향들을 보이게 된다. 그 결과, 성도착적인 환상이나 실제 성도착적인 행동들을 보이게 된다.

오이디푸스 시기 혹은 심지어는 초기 잠복기 시기의 심리적 상처는 초자아의 이상화가 불완전하게 이뤄진다. 그렇기 때문에 비록 내적 가치나 기준들을 자기 안에 가지고 있지만, 불충분하게 이상화된 초자아가 제공해 주지 못하고 있는 인정과 지도력을 얻기 위해 외부의 이상적 인물들을 끊임없이 찾아 헤매게 된다.

과대 자기

자기애적 인격장애 환자를 치료하는 과정에서 Kohut은 이상화 부모 이마고와 함께 과대 자기라는 무의식적 심리구조가 재활성화되는 것을 확인할 수 있었다. 앞에서도 언급하였지만, Kohut은 1971년부터 '자기애적 자기'라는 용어 대신에 '과대 자기'를 사용하기 시작하였다. 자기에 리비도가 투입된다는 점에선 자기애적 자기라는 용어가 적절하나, 과대 자기가 보다 풍성한 연상 작용을 일으킨다는 이유 때문이었다.

과대 자기의 특징적인 양상은 전능감과 과대감 그리고 과시적 자기애다. 아이의 초보적인 과대감이 받아들여지고 심지어 부모가 그것을 즐거워할 때, 이러한 초기 과대 자기의 특징적인 양상들은 보다 현실적인 방향으로 완화되고 변형된다. 아이는 자신이 전능한 힘을 가졌다는 느낌과 자기 확장감에 대해 적절한 자기대상 반응을 원한다. 부모가 이런 요구에 호의적으로 적절히 반응해 주면, 아이는 결국 조잡한 과시적 욕구나 과대 환상을 포기하고 현실적인 한계를 받아들이게 된다. 그래서 소란스럽게 과대 자기를 요구하는 대신에 현실적으로 가능한 기능과 실제적인 자존감을 즐길 수 있게 된다.

Kohut에 의하면, 아이의 심리구조 형성에 가장 영향을 미치는 것은 부모(양육자)의 인격이다. 부모의 인격이 건강할 때 아이의 과대감은 '부모라는 대상을 통과(passage through the object)'하는 과정을 거치면서 형성되기 시작한다. 만약 부모가 공감적인 인격을 갖고 있지 못한 경우 혹은 아이가 심한 심적 상처를 받은 경우 아이의 최상의 발달은 방해받고 아이의 과대 자기는 그의 인격 안에 자리 잡지 못하게 된다. 아이의 과대 자기는 고태적인 형태로 계속 남아 있으면서 현실적인 자아로부터 억압되거나 분리되기 때문에 외부 실제 세계가 영향을 미치지 못한다.

다음과 같은 부모의 모습이 아이의 과대 자기에 적절히 반응해 주는 하나의 예가 될 수 있을 것이다. 한두 살쯤 되어 보이는 아이가 활짝 펼친 아빠의 손바닥 위를 낑낑거리며 기어올라갔다. 아빠는 적절히 높낮이를 맞춰 주고 균형을 잡아 주며 아이가 손바닥 위로 안전하게 올라갈 수 있게 도와주었다. 아빠의 손바닥 위로 올라선 아이는 잠시 후 균형을 잡더니 마치 야호 하듯이 손을 번쩍 들었다. 아빠도 아이의 이름을 부르며 "우리 ○○ 최고!"라고 소리를 질렀다. 그러자 아이는 아빠의 손바닥 위에 조각상처럼 서서 마치 승리자처럼 환호하였다. 잠시 승리의 도취감을 즐긴 아이는 기꺼이 아빠의 팔에 안겨 내려온 후 다시 한 번 아빠와 기쁨의 포옹을 나누었다.

아이와 아빠가 함께 나누는 이 게임은 어떻게 아빠가 아이의 과시적 자기애에 지지적으로 참여할 수 있는지를 아름답게 보여 준다. 먼저, 아빠는 아이의 과시감을 수용해 주었다. 그리고 그 과시감이 가치 있고 좋은 것이라는 점을 직접 함께 참여하면서 입증해 준 셈이다. 또 아이가 성취한 과시감에 대해 아빠가 같이 기뻐해 줌으로써 아이는 수치심이나 죄책감 없이 자기애적 만족을 누릴 수 있었다. 또한 과도한 과시적 태도를 주장할 필요가 없어져서 과대감이 보다 적절하게 변형될 수 있게 되었다.

아이를 떠받들어 주는 것만이 아이의 과대감에 적절히 반응해 주는 것이 아니다. 위에서 예를 들었던 아이와 아빠가 공군기지를 방문하게 되었다. 아빠의 친한 친구를 방문하는 길에 아이를 데려온 것이다. 가까이서 처음 보는 비행기와 군사 기지를 보며 아이는 아주 흥분하였다. 아빠 친구의 안내를 받으며 이곳저곳을 구경하던 중 그리 멀리 떨어지지 않은 곳에서 갑자기 제트기가 활주로를 이륙하려고 속도를 높였다. 제트기의 굉음은 귀를 멀게 할 정도였고 엔진에서 나오는 복사열로 공기가 어른거렸다. 무시무시한 소리와 광경에 당황한 아이는 두려움에 떨며 울음을 터뜨렸다. 이때 아빠는 가

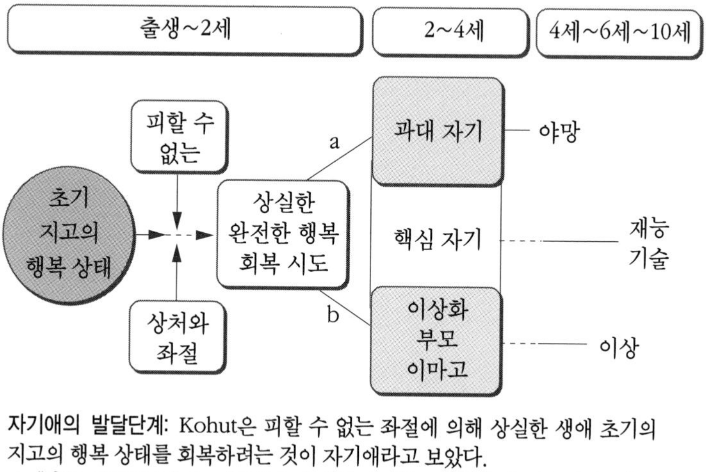

자기애의 발달단계: Kohut은 피할 수 없는 좌절에 의해 상실한 생애 초기의 지고의 행복 상태를 회복하려는 것이 자기애라고 보았다.
a: "나는 완벽해요." b: "당신은 완벽하고, 나는 당신의 한 부분이에요."의 상태를 회복하기 위해, 고태적 과대 자기와 이상화 부모 이마고(를 가진 핵심 자기)가 형성된다. 고태적 핵심 자기의 양극은 자기대상의 적절한 반응에 의해 이상, 야망이 형성된다. 4~10세 사이에 쌍둥이 자기대상 반응에 의해 재능과 기술이 발현된다.

만히 아이를 들어 올려 품에 안고, "우리 ○○ 무섭지." 하고 부드럽게 속삭이며 꼭 안아 주었다. 이것은 기쁨의 포옹과는 또 다른 포옹이다. '최고인 ○○의 두려움'을 수용하는 것이고, '최고인 우리 아들의 연약함'도 인정해 주는 포옹이다. '최고 아들 ○○'로서 수치심이나 굴욕감을 느끼지 않게끔 그의 공포가 인정받는 순간이었다.

중간 영역: 쌍둥이 자기대상 욕구

쌍둥이(분신) 자기대상 욕구는 후기 아동기에 경험하게 되는 '우리는 서로 유사하다.'는 경험을 말한다. 전통적 심리-성적 발달단계로 보면 초기 잠복기에 해당하는 시기다. Kohut은 본래 쌍둥이 자기대상 욕구를 과대 자기 욕구의 한 부류로 생각하였다가, 1984년 사후 출판된 책에서 독립된 자기대상 욕구로 분류하였다.

쌍둥이 자기애적 욕구가 자기대상의 적절한 반응을 경험하면서 타고난 재능과 기술이 펼쳐진다. 인생을 살아가기 위해서는 재능과 기술뿐만 아니라 고도로 세련된 심리기능들도 필요하다. Kohut은 자아가 자기애적 에너지를 적절히 처리할 때, 초기 자기애는 보다 고도로 분화되어 새로운 심리구조를 형성할 수 있다고 보았다. 그는 이런 심리구조를 자기애의 변형(transformation of narcissism)이라고 불렀다. 이것은 단순한 자기애의 변형일 뿐만 아니라 자아와 인격의 중요한 성취물이기도 하다. Kohut은 이러한 자기애가 고도로 분화되고 변형된 심리로 창조성, 공감의 능력, 자신의 유한함을 숙고하고 수용할 수 있는 능력, 유머 감각, 그리고 지혜를 들었다.

창조성

예술적 혹은 과학적 창조성(creativity)은 전체 인격이 관여하고 광범위한 심리구조가 참여하는 심리기능이다. Kohut은 창조하는 사람의 자기애적인 인격과 자기애의 변형으로서 창조물을 구분하여 설명하였다. 예술가나 과학자가 명예에 굶주린 사람이거나 자기애적으로 취약한 사람이어서, 명성을 얻기 위해 창조적인 행동에 매달릴 수 있지만, 창조 행위 자체는 자기애의 성숙한 변형이라는 것이다.

Kohut은 창조가가 창조물을 대하는 것을 어머니가 신생아를 대하는 것과 유사하다고 설명하였다. 어머니가 신생아를 자신의 연장으로 간주하고 헌신하듯이, 창조가도 창조물을 그렇게 대한다는 뜻이다. 단, 창조물을 대하는 창조가의 마음이 어머니 같은 어른스러운 마음이라기보다 천진스러운 아이 같은 마음이란 점에서 차이가 있다. 즉, 어린아이 같은 마음의 창조가가 창조물을 어린아이의 창조성과 단순함으로 바라본다는 뜻이다.

창조물을 만드는 순간 창조자는 가장 좋은 것을 만들 수 있는 과대 자기의 창조자다. 또한 창조물은 가장 좋은 이상적인 창조물이다. 즉, 창조의 순간 자기 자신이나 창조물을 모두 자기애적으로 경험하는 것이다. 그렇지만 고태적인 자기애 상태로 환상적인 만족에만 빠져 있는 것이 아니라, 매우 정교하고 현실적인 창조물을 생산해 낸다는 점에서 자기애가 고도로 분화되고 성숙한 상태라는 것을 알 수 있다.

Eissler는 예술가의 창조 행위를 '자기변용적 기법(automorphic technique)'이라고 불렀다. 예술 행위가 자기변형(auto-plastic)과 타자변형(allo-plastic)의 중간 지대에서 현실과 관계한다고 본 것이다. 예술 행위를 통하여 자신의 심리내적 갈등이나 소망을 처리한다는 점에서 자기변형적이지만, 현실을 변화시켜 새로운 창조물을 만든다는 점에서 타자변형적이다. 이와 같이 안과 밖의 경계가 분명하지 않은 상태에서 안팎이 동시에 관여한다는 것은 창조의 한 특성이라고 볼 수 있다. 안과 밖이 명확하게 구분되지 않은 상태에서 창조를 한다는 것은 곧 창조의 작업이 자신의 일부가 된다는 것을 의미한다. Kohut은 이렇게 안과 밖이 구분되지 않는 것을 공기를 경험하는 방식과 같다고 보았다. 우리가 숨을 내쉴 때 외부 공기를 흡입했다가 내뿜지만, 외부 공기를 내뿜는 것으로 인식하지 않는다. 오히려 우리의 숨, 즉 나의 일부분을 배출하는 것으로 경험한다. 창조적인 영감을 얻었다고 표현할 때 사용하는 용어인 '영감(inspiration)'이 바로 숨을 들이킴을 의미한다. 들숨을 쉬듯이 외적 자극을 들이킨 결과 내부의 창조성이 충만해지고, 충만해진 창조성으로 외부 현실을 변화시켜 창조를 한다. 그런 의미에서 Kohut은 하나님의 천지 창조를 창조의 원형적 묘사라고 생각하였다(Kohut, 1966).

> "여호와 하나님이 흙으로 사람을 지으시고 생기를 그 코에 불어 넣으시니 사람이 생령이 된지라." (창세기 2:7)

하나님이 숨을 불어 넣으시니 무생물인 흙이 생명을 얻고 놀라운 생명체가 되었다. 사람을 사랑하는 '절대적' 사랑과 '천지를 창조하는 전능감'은 인간의 언어로는 '자기애적'이라고밖에 표현할 방법이 없다. 그렇기 때문에 Kohut은 창조성의 원형이 천지창조이고, 창조적 변형의 원형이 인간창조라고 보았다.

공감

Kohut은 자기애가 변형되어 자아의 능력으로 사용되는 또 다른 예로 공감(empathy)을 들었다. Kohut에게 공감은 타인의 심리적인 정보를 얻을 수 있는 가장 중요한 방법이다. 왜냐하면 공감을 통하여 직접 관찰할 수 없는 타인의 감정과 생각들을 인식할 수 있기 때문이다. 이런 경험이 가능한 것은 타인을 자기의 연장으로 경험하기 때문이다. 그렇기 때문에 타인의 내적 경험을 자기 자신의 내적 경험과 동일한 것으로 인식하게 된다.

Kohut은 공감의 기원을 초기 어머니 관계에서 찾았다. 생애 아주 초기 아기는 어머니와 융합된 상태에서 인식을 한다. 즉, 어머니의 느낌과 생각과 행동들이 아기에게 주입된다. 그래서 어머니의 감정과 행동이 바로 아이 자신의 것이 된다. 이를 Kohut(1966)은 어머니와의 일차적 공감(primary empathy)이라고 불렀다. 일차적 공감의 상태를 Fairbairn은 '일차적 동일시'라고 하였고, Winnicott은 '일차 모성 몰입'이라고 불렀다. Winnicott에 의하면, 융합은 어머니와 아이가 하나가 되는 것을 의미한다. 융합의 상태에서 유아는 자신

(me)과 자신이 아닌 것(not-me)을 아직 충분히 인식하지 못한다. 아기는 어머니의 얼굴을 보며 그것이 자신의 얼굴이라고 믿는다. 어머니의 얼굴에는 아기와 연관된 느낌, 감정, 생각들이 반영된다. 유아는 어머니의 얼굴에 나타나는 느낌, 감정을 자신의 것으로 경험한다. 예를 들어, 아이를 보면서 느끼는 기쁨이 어머니의 얼굴에 나타나면, 아이는 어머니의 얼굴을 보며 자신의 기쁨을 느끼고 경험한다. 어머니의 기쁨이 바로 아기 자신의 기쁨이 된다. 이런 이유로 Kohut은 다른 사람의 감정이나 생각을 한눈에 척 인식하는 것은 초기 일차적 공감에서 비롯되는 경험 방식이라고 생각하였다. 즉, 세상을 나의 연장으로 경험하는 자기애적 인식 방식이라고 보았다.

타인을 한눈에 척 경험하는 방식만으로는 정신분석을 지속해 나갈 수 없다. 분석가에게 요구되는 것은 피분석자의 복잡한 심리구조를 분석 기간 내내 이해할 수 있는 지속적인 공감의 경험이다. 마찬가지로 어른스러운 관계를 유지하기 위해선 타인과 세상에 대해 지속적으로 공감할 수 있는 힘이 필요하다. 일차적 공감은 거의 자동적으로 수행되는 자아의 기능이며, 타인을 나의 연장으로 경험하는 것이다. 만약 성인이 되어서도 일차적 공감의 방식을 고집한다면, 그것은 현실을 왜곡시키는 비합리적인 경험방식이 될 것이다. 반대로 공감을 못하면서 타인의 내적 심리 세계에 참여한다면 매우 기계적이고 생명력이 없는 관계가 될 것이다. 분석 중에 권유되는 분석가의 태도들, 예를 들어 자유롭고 균등하게 관심을 유지할 것, 필기를 하지 말 것, 현실적인 관계를 금할 것, 치료하기보다 이해하는 것에 일차적인 목표를 둘 것 등은 모두 비공감적인 인식을 줄이고, 공감적인 이해를 높이려는 시도들이라고 볼 수 있다.

분석가의 지속적인 공감을 방해하는 가장 중요한 요인은 분석가가 대상을 자기애적으로 경험하려는 것이다. 그러므로 분석가가 수련과 훈련을 통하여 자기애적 리비도 부착을 변형시켜 공감의 능력을 배양하는 것이 매우 중요하다. 그렇다고 모든 경우에 매사를 다 공감하려고 하는 것은 가능하지도 않을 뿐더러 바람직한 일도 아니다. 성숙한 성인이나 분석가에게 요구되는 것은 현실 상황에 따라 공감적인 경험과 비공감적인 경험 방식을 적절히 적용할 수 있는 능력이다.

Kohut은 공감을 치료 밖 일반 상황까지 확대하여 적용하였다. 그는 공감을 자기를 확장하여 타인을 포함하는 것으로서 동료와 관계를 파괴하는 힘에 대항하는 것이라고 설명하였다. Kohut은 여기에서 한 걸음 더 나아가 공감은 타인을 수용하고 인정하고 이해해 주는 인간적인 공명과 같은 것으로, 만약 공감이 없다면 인간의 삶 자체가 유지될 수 없다고 주장하였다(Kohut, 1975).

자신의 유한성을 수용할 수 있는 능력

Kohut은 자신이 언젠가는 죽어야 한다는 것을 인식하고 그런 인식의 바탕 위에서 살아갈 수 있는 것이 가장 뛰어난 심리적 성취라고 믿었다. 자신의 유한성(transience)을 이야기하면서도 은밀하게 그것을 부인하며 살아가는 예는 흔히 볼 수 있다. Freud는 1916년 발표한 「일시적임에 대하여」에서 사랑하는 사람이나 평생의 가치와 같은 것들이 유한하다는 것을 받아들이는 심리에 대해 논의하였다. Freud는 유한성이 그들의 가치를 훼손시키지 않는다고 믿었다. 그와 반대로 유한성 때문에 대상을 더욱 사랑하고 존경하게 된다고 말하면서, "유한한 가치가 시간 속에서 희소가치"라고 표현하였다.

Freud의 태도는 유아적인 감정, 즉 원하는 것이 무조건 이뤄지기를 바라는 전능감을 포기하고 현실적인 가치를 수용하는 태도다. 그러나 Kohut은 이러한 태도를 또 다른 높은 수준의 자기애라고 보았다. 이런 자기애를 가진 사람은 인생의 유한함에 대해 체념하지도 않고 절망하지도 않는다. 대신 조용한 자부심과 때론 우월감을 보이면서 일반 대중을 무시한다. 그렇지만 막상 다양한 인생사를 살아가는 중에 기쁨을 느끼지 못하고 깊은 내면에서는 죽음을 여전히 두려워하며 불안에 떤다.

Kohut은 죽음을 받아들일 수 있을 때에만 인생의 모든 것들을 얻을 수 있다고 주장하였다. 죽음을 수용할 수 없을 때, 죽음은 부정이나 과소평가라는 방어기제로 처리된다. 방어가 성공적인 경우 타인을 평가절하하며 자신의 방어를 더욱 공고히 한다. 그러나 죽음을 부정하는 것이 절대적으로 불가능한 상황이 다가옴에 따라, 즉 실제적인 죽음을 앞두게 되면 방어가 무너지며 두려움에 떨 수밖에 없다. 그렇다면 어떻게 인간으로서 죽음을 수용할 수 있는가?

Kohut은 유아적인 자기애를 단순히 포기하는 것이 아니라, 변형된 자기애로 확대될 때 죽음을 수용하는 것이 가능하다고 생각하였다. 이렇게 확대되고 변형된 자기애를 그는 우주적 자기애(cosmic narcissism)라고 불렀다. 그리고 우주적 자기애는 한 개인의 한계를 초월하는 것이며 그 기원 역시 초기 어머니와의 관계에서 찾을 수 있다고 설명하였다. 일차적 공감이 성인의 공감 능력의 기원이 되듯이, 초기 어머니와의 관계에서 형성된 일차적 정체성(primary identity)이 성인이 된 다음 경험하게 되는 확장된 자기의 기원이 된다는 것이다. 생애 초기 아기의 심리적 우주는 곧 어머니와의 원초적인 관계 경험이다. 죽음을 부정하고 방어적 우월감을 가진 사람과 죽음을 충분히 인식하고 수용한 사람은 초기 어머니와의 원초적 경험을 재경험하는 방식에서 차이가 있다. 죽음을 극복하지 못한 사람은 더욱 강렬한 퇴행으로 유한함의 두려움을 피한다. 생애 아주 초기 자신과 외부조차 구분되지 않았던 시절, 환상 속에서 모든 것이 만족되던 때로 퇴행하여 무제한적인 자기애적 만족감을 느낀다. 이것이 Freud가 말하는 '대양감'(oceanic feeling)이다. Freud에게 대양감은 죽음이나 일상의 가혹함과 같은 받아들이기 어려운 존재의 어두움 등을 느낄 수 없을 정도로 강렬한 위로를 받는 경험이다. 그렇기 때문에 어른들이 경험하는 대양감은 초기 어린아이 시절로의 퇴행이며, 자신이 모든 사람과 세계를 품는다는 무제한적인 자기애 상태다.

대양감은 본래 Romain Rolland(프랑스의 문학가 · 사상가)이 Freud에게 보낸 편지 중에 들어 있던 용어였다. 1927년 Freud는 Romain Rolland에게 『환상의 미래』의 복사본을 보냈다. 그해 12월 5일 Rolland은 Freud에게 답신을 보냈는데, 그 편지의 내용 중에 대양감에 대한 기술이 있다. Rolland은 종교에 환상적인 측면이 있다는 Freud의 의견에 동의하면서도, 사람에겐 타고 난 종교심이 있다고 생각하였다. Rolland은 이를 경험할 수 있는 순간의 느낌을 대양감이라고 불렀고, 대양감의 순간에 개인은 모든 우주, 모든 인류와 유대감을 느끼게 된다고 하였다. 그것은 하나됨의 순간이고 경계를 느끼지 못하는 무한함의 순간이라고 설명하였다. Kohut 또한 우주적 자기애는 초기 어머니 관계로의 퇴행이 아니라, 시간의 제약으로부터 자유로운 초월적 존재와의 관계에 참여하는 것이라고 보았다.

Freud가 말하는 대양감에는 크게 두 가지 문제점이 있다. 하나는 그것이 수동적이고 순간적인 경험이라는 점이다. Kohut은 진정한 우주적 자기애는 자아가 지속적으로 창조적인 활동을 하는 것이라고 표현하였다. 즉, 순간적으로 잠시 황홀해하고 끝나는 것이 아니라, 초월적 존재와 지속적인 관계를 유지하는 것이라는 뜻이다. 두 번째 문제점은 이전 상태와 초월적 상태를 혼동하고 있다는 것이다. Freud와 Rolland이 말하는 대양감에는 공통점이 있다. 대양감의 순간엔 자신과 외부 세계가 구분되지 않는다는 것이다. 그러나 자세히 살펴보면, 똑같이 자기-외부 세계가 구분되지 않는 상태라고 말하고 있지만, 두 사람이 말하고 있는 내용은 서로 다르다. Freud가 말하는 것은 자기-외부 세계를 '구분하지 못하는' 유아의 상태를 의미하고, Rolland은 자기-외부 세계의 '구분을 초월한' 영적 상태를 말하고 있음을 알 수 있다. 이는 마치 그림을 그릴 수 있는 능력을 못 가져서 그림을 제멋대로 자유분방하게 그릴 수밖에 없는 아이와, 그림의 기법으로부터 초월하여 자신이 표현하고자 하는 의미를 자유분방하게 그리는 대가의 차이와 같다. 즉, 얼핏 보아 제멋대로 자유분방하게 그린 모양은 비슷하지만, 유아의 그림은 '기법 전 단계'의 것이고, 대가의 그림은 '기법을 초월한 단계'의 것이다. 이는 마치 구체적 형상은 없이 색깔의 향연만 보인다는 점에서 비슷하게 보이지만, 서너 살 아동의 그림과 칸딘스키의 그림이 전혀 다른 것과 같다.

Wilber(1983)는 이와 같이 '이전' 상태와 '초월' 상태를 혼동하는 것을 '전/초 오류(pre/trans fallacy)'라고 불렀다. 그리고 전/초 오류의 가장 좋은 예 중의 하나로 Freud를 들었다. Freud에게 이드(원본능)는 쾌락원리에 따라 움직이며 일차과정 사고를 따른다. 현실원리에 따라 움직이며 이차과정 사고를 따르는 자아가 이성적이라면, 이드는 전이성적이다. 그래서 이드는 자아에 의해 조절되어야 한다. 신체에 근거하는 본능적 욕동을 인간의 근본 동기라고 보는 Freud에게 인간의 영적-초월적 경험을 있는 그대로 볼 수 있기를 기대하긴 무리다. 자아의 눈으로 볼 때 이드의 '전이성적' 상태나, 영적-초월적인 '초이성적' 상태는 모두 '비이성적' 상태로 동일하다. 즉, 자아라는 이성에 의해 조절되고 통제되지 않는다는 점 때문에, 영적-초월적 경험은 이드의 비이성적인 경험과 동일하게 간주될 수밖에 없다. 그 결과, '초이성적' 초월 경험을 Freud는 '전이성적' 경험으로 환원시켜 버렸다. 칸딘스키의 그림이 유아의 그림과 동일한 것으로 취급(환원)되었다. 전형적인 전/초 오류인 것이다. (Freud의 종교이해에 대한 보다 자세한 내용은, 최영민(2008)의 「정신병리적 종교성에 대한 정신분석적 시각」 참조)

Freud는 종교를 오이디푸스 양가감정에 대한 토템 신앙적 방어전략이 발전된 것, 혹은 어린아이 시절로의 퇴행이며 자신이 모든 사람과 세계를 품는다는 무제한적 자기애 상태 등으로 묘사하며, 종교는 우주적 신경증 상태라고 정의하였다. 그리고 종교는 궁극적으로 과학으로 대체되어야 한다고 주장하였다(Freud, 1927a).

Kohut은 종교와 예술과 과학이 서로 다른 차원에 속하는 것으로, 각각 고유한 의미와 가치를 갖는다고 생각하였다. 종교는 사람의 자기(self)를 떠받치고, 통합하며, 또 자기를 조화롭게 하고 강화시키는 역할을 한다고 보았다. 특히 사람은 "이상화할 수 있고, 따라 살길 바라며, 우리의 존재를 고양시켜 주는 완벽한 어떤 대상", 즉 이상화 대상이 반드시 있어야 하기 때문에 신의 개념 없이는 살 수가 없다고 하였다. 특히 파편화된 자기는 약하고, 혼란스럽고, 통합되지 못했기 때문에 신앙 안에서 치유받아야 한다고 생각하였다. 특히 영성이 충만한 설교나, 종교적 제의 자체, 때로는 규칙적인 신앙적 생활리듬 자체가 우리를 고양시키고 위로를 가져다준다고 보았다.

그는 신앙 체험이 생애 아주 초기 '위대한' 어머니와 처음으로 조우했던 경험을 불러일으킨다고 생각하였다. 당황하면서 미처 추스르지 못한, 그러면서 파편화된 작은 아기가 그를 진정시키는 엄청난 큰 존재인 어머니에 의해 들어올려져, 어머니 품의 고요함과 위대함으로 융합되었던 경험을 다시 만나게 된다고 보았다. Kohut에 의하면, 우리가 자기애적으로 상처를 받았을 때, 교회의 품 안에서 어머니의 품을 다시 경험하며 치유받을 수 있다. 그리고 산의 정상에 올라감으로써, 그랜드캐니언을 내려다보며, 혹은 숲속을 걸으면서도 이와 유사한 일종의 영적 체험이 가능하다. Kohut은 아름다운 음악을 들으면서도 그런 체험이 가능하다고 보았다.

Freud가 종교를 자기를 충족시키는 것이라는 관점에서 본 반면,

Kohut은 종교가 궁극적으로 인간의 심리와 깊은 곳에서 움직이는 신성이 함께 상호작용하는 것이라고 보았다.

유머

얼핏 삶의 유한함을 수용하는 엄숙함과 유머(Humor)는 전혀 별개의 것으로 보이지만, 둘 사이에는 공통점이 있다. 임박한 죽음을 앞둔 사람이 유머를 통하여 자신을 보다 높은 차원에 올려놓음으로써 죽음의 공포를 극복할 수 있다고 Freud가 설명한 것은 결코 우연이 아니다.

> "한 죄수가 월요일에 사형장으로 끌려 나왔다. 교수대 앞에 선 그가 말했다. 흠, 한 주가 근사하게 시작하는데. ……유머를 사용하는 것이 그에게 만족을 주었다. ……유머는 사형의 공포로부터 자유롭게 해 주는 그 무엇을 가지고 있다. ……유머는 과대감을 느끼게 만드는 면이 있다. ……그리고 자기애의 승리이고 ……나는 약하지 않다는 승리를 주장하는 것이다." (Freud, 1927b)

Freud는 유머를 '자기애의 승리'이며, 자아의 심리적 강조로부터 물러나서 자신의 초자아에 맡김으로써 성취할 수 있다고 설명하였다.

유머나 우주적 자기애는 모두 자기애의 성숙한 변형이며 궁극적으로 자기애적 자기의 요구를 극복할 수 있는 경험들이다. 다시 말해서,

원칙적으로 자신의 유한성과 임박한 죽음을 견딜 수 있게 해 준다.

Kohut에 의하면, 자아가 죽음의 공포를 극복했다는 주장은 때로 신뢰할 수 없다. 어떤 사람이 진지한 면은 없이 지나치게 유머만 사용하거나, 아니면 일상생활의 고통이나 수고는 외면한 채 뜬 구름 잡는 생각만 한다면, 그를 진정 유머러스하거나 세상을 초월한 사람이라고 보긴 어렵다. 자기애적 요구에 반하는 어쩔 수 없는 현실에 대해 유머로서 반응할 수 있을 때, 그리고 그의 최후를 조용히 높은 철학적인 관점으로 바라볼 수 있을 때, 진정한 자기애의 변형이 성취되었다고 볼 수 있다. 이것은 Freud가 말한 자아로부터 심리적 강조점이 물러난 상태이기도 하다. Kohut은 이런 사람은 존경할 만하다고 말하였다.

지고의 대상에 리비도 부착이 집중될 때, 죽음을 허용할 수 있을 정도로까지 자기애적 관심을 무시할 수 있는 상태를 얻을 수 있다. 극단적으로 열광적인 집단 심리의 소용돌이에 빠졌을 때와 같이 광적인 심리상태에서는 자아가 마비된다. 마치 무아지경의 황홀경 상태와 마찬가지인 셈이다. 그와 반대로, 유머와 우주적 자기애는 죽음을 부정하는 것이 아니라 직면할 수 있게 해 준다. 초심리적으로 표현하면, 어떤 대상에 광적인 리비도 부착을 함으로써 자기에 대한 리비도를 탈부착하는 것이 아니라, 자기애적 리비도를 재배치하고 변형시킴으로써 자기애적 자기에 대한 리비도를 탈부착한다. 극단적인 대상 리비도 부착의 상태에서는 자아의 기능 범위가 위축되지만, 유머나 우주적 리비도 상태에서는 자아의 활동성이 그대로 유지되고 자유롭다.

진정한 자기에 대한 리비도 탈부착은 온전하고 잘 기능하는 자아에 의해 서서히 이뤄진다. 그리고 소중한 자기애적 자기로부터 개인을 초월하는 이상이나 가치에 리비도 부착이 옮겨감에 따라 슬픔이 수반된다. 그렇기 때문에 가장 심오한 유머나 우주적 자기애는 과대감이나 고양된 감정을 보이는 대신, 슬픈 우울감이 뒤섞인 조용한 내적 승리의 형태로 나타난다.

지혜

Kohut은 지혜(wisdom)를 정보(information)로부터 출발하여 지식(knowledge)을 거쳐 비로소 도달할 수 있는 것이라고 생각하였다. 그에 의하면, 정보와 지식은 거의 전적으로 인식 자체의 범위 내에서 정의된다. 정보는 세상에 관한 개별적인 자료를 수집하는 것이다. 그렇게 수집된 정보를 결합한 다음 추상적인 틀을 사용하여 이해한 것이 지식이다. 지혜에도 물론 인식의 영역이 포함되지만, 지혜는 인식을 넘어서는 것이다.

지혜는 변형되지 않은 자기애를 극복할 수 있는 능력이 있어야만 얻어질 수 있다. 그렇기 때문에 육체의 연약함과 유한성, 지식의 한계, 감정의 제한성 등을 받아들일 수 있을 때, 지혜에 도달할 수 있다. Kohut은 이상과 가치, 유머, 유한성의 수용이라는 변형된 자기애를 모두 포함하는 것이 지혜라고 설명하였다. 이 세 가지 변형된 자기애의 심리구조와 함께 잘 기능하는 인식 능력이 통합될 때 인생과 세계를 안정되게 바라볼 수 있는 삶의 태도가 형성되는데, Kohut은 그러한 인격의 태도가 바로 지혜라고 정의하였다. 만약 인식의 능력이 통합되지 않는 상태에서 자기애를 포기하는 것은 비현실적으로 자기애를 단념한다는 뜻이 된다. 비현실적인 환상의 상태로 들어가는 것이나, 광적인 상태에서 자기를 포기하는 행위 등이 예가 될 수 있을 것이다.

반대로 인식만으로는 결코 지혜에 도달할 수 없다. 이상과 가치는 젊은 시절에 가장 강하게 추구된다. 유머는 성숙하고 완숙한 인생에서 흔히 우러나오는 법이다. 반면, 유한성을 받아들이는 것은 좀 더 나이가 들어서야 가능한 일이다. 이 세 가지를 모두 포함하는 지혜는 당연히 인생의 만년에 들어서야 도달할 수 있으며, 전체 인격이 관여함으로써 비로소 얻어질 수 있는 것이다.

세상을 초월한 듯한 태도를 취하면서 빈정대거나 비꼬는 태도를 보이는 사람들이 있다. 이런 경우는 이상화 가치가 결핍된 채 전능 자기에 대한 과도한 리비도 부착이 행해진 결과다. 이런 빈정거림은, 자신이 처리할 수 없는 자기애적 좌절에 부딪쳤을 때 지속적인 가치관을 유지하면서(이것은 충분히 강한 초자아의 이상이 형성되어 있을 때 가능하다) 이를 극복하지 못하고, 변형되지 못한 미숙한 자기애, 즉 자기의 전능감을 가지고 상황을 처리하는 것이다.

반대로 지나치게 심각하고 경직된 엄숙함으로 인생의 후반부를 맞이하는 경우도 볼 수 있다. 이것은 자기애적 성향을 아주 철저하게 통제하고 조절함으로써 미숙한 자기애를 극복하려는 시도에서 나온 결과일 수 있다. 인생의 많은 것들, 특히 늙어 감, 죽음 등은 조절하거나 통제할 수 있는 것이 아니다. 그것은 오직 수용해야만 하는 것이라고 Kohut은 강조하였다.

> "자기애적 자기에 대한 자아의 궁극적인 극복이나, 기수가 말을 확고하게 통제하며 타기 위해서는, 결국 말 자체도 늙어 간다는 사실을 인식할 수 있어야 한다. 그리고 마지막으로, 초자연적인 힘을 고려할 때 우리가 그런 힘을 조절하려 하기보다, 우리는 결국 '일요일 기수(sunday rider)'에 불과하다는 깨달음을 받아들일 때 비로소 지혜를 얻을 수 있다는 것을 인식해야 한다." (Kohut, 1966)

'일요일 날 말을 탄 사람(sunday horseman)'이란 비유는, Freud가 1898년 7월 7일 Fliess에게 보낸 편지에서 사용한 용어를 Kohut이 인용한 것이다. Freud는 편지에서 잘 알려진 "Itzig, Sunday horseman"의 원리라고 언급하며 다음과 같이 기술하고 있다.

> "Itzig, 어디 가는거야?(Itzig, where are you going?)"
> "내가 어떻게 알아. 말에게 물어봐.(Do I know? Ask the horse.)" (Masson, 1985)

Freud가 자아를 "이드라는 말을 탄 무기력한 기수로서, 이드가 가고 싶은 대로 따라갈 수밖에 없다."라고 표현하였듯이, 자신의 무의식이 불러 주는 대로 글을 썼다고 Fliess에게 알리는 내용이다. 마찬가지로, Kohut이 볼 때 인간은 초자연적인 커다란 힘 앞에 무기력한 존재로서 결국 인간이 자연을 통제할 수 없으며 단지 자연에 순응할 수밖에 없는 존재라는 것을 받아들이는 것이 지혜라는 것이다.

자기애의 변형으로부터 고도로 분화되고 변형된 심리인 창조성, 공감 능력, 자신의 유한성을 수용할 수 있는 능력, 유머 감각, 그리고 지혜 등이 형성된다. Kohut의 자기는 과대 자기와 이상화 부모 이마고라는 양극구조를 갖는다. 그리고 그 중간에 재능과 기술의 영역을 갖는다. Kohut은 완전하고 결손이 없는 자기가 "기본적 야망으로부터 기본적인 재능과 기술을 통해 기본적 이상을 향하여 흘러가는 방해받지 않는 긴장 호를 갖는다."고 생각하였다. 창조성, 공감 능력, 자신의 유한성을 수용할 수 있는 능력, 유머 감각, 그리고 지혜 등 고도의 기능은 야망의 극과 이상과 가치의 극 사이의 중간 영역에서 재능과 기술과 함께 중요한 자기의 힘이 된다.

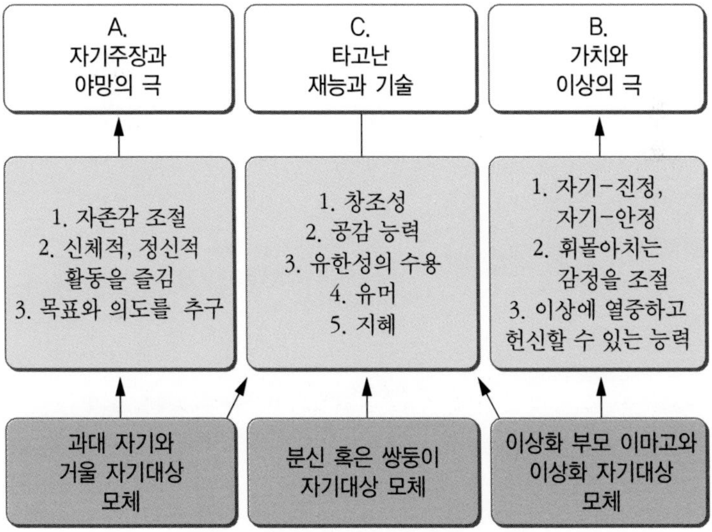

양극 자기의 구조와 기능: 정상 발달

5 자기의 장애

5. 자기의 장애

굳건하고 건강한 자기가 형성되느냐 아니면 상당히 손상된 자기가 되느냐 하는 것은 어린 시절 자기와 자기대상의 상호작용에 달려 있다. 자기의 건강성을 Kohut(1978)은 응집성(cohesion)과 활력(vigour) 그리고 조화(harmony)라는 세 가지 관점에서 기술하였다. 응집적 자기와 파편화된 자기, 활력 있는 자기와 쇠약한 자기, 조화로운 자기와 혼란스러운 자기가 각각의 관점을 대표하는 양 극단이 된다. 응집성과 활력 그리고 조화가 상당히 결핍되었거나 부족할 때 자기 장애(self disorder)라고 할 수 있다. 정신분석은 손상된 자기가 다시 응집성과 활력 그리고 조화를 회복하고 재형성할 수 있는 조건을 만들어 준다.

자기의 일차장애와 이차장애

자기의 일차장애

자기의 일차장애(primary disturbance)란 자기가 응집성을 충분히 형성하기 전에 지속적이고 심한 공격을 당한 경우를 말한다. 자기 손상의 범위와 혹독함, 손상의 성질과 분포에 따라 몇 개의 상태로 분류된다. Kohut은 1977년에 출간한 『자기의 회복』에서 자기의 일차장애로 다음과 같이 5개의 정신 병리를 열거하였다. 정신병(psychosis), 경계선 상태(borderline state), 정신분열성과 편집성 인격(the schizoid and paranoid personalities), 자기애적 행동장애(narcissistic behavior disorder), 자기애적 인격장애(narcissistic personality disorder). 그러나 그다음 해 Wolf와 공저로 발표한 논문에서는 앞의 내용 중 정신분열성과 편집성 인격을 빼고 4개의 상태만 제시하였다(Kohut & Wolf, 1978). 사후 출간된 『분석은 어떻게 치유하는가?』에서 Kohut이 최종적으로 분류한 자기의 정신 병리는 정신병(psychosis)과 자기애적 인격 및 행동장애(narcissistic personality and behavior disorder), 그리고 구조-갈등 신경증(structural-conflict neuroses)이었다. 이를 좀 더 구체적으로 살펴보도록 하겠다.

정신병

자기의 심각한 손상이 영구적이거나 오랫동안 나타나면서, 손상을 감싸는 방어기제 구조가 없는 경우를 말한다. 이 상태의 환자는 두 가지 방어 조직을 사용한다. 하나는 거리 두기인데, 정서적 차가움이나 피상적 정서를 통하여 타인과 안전한 정서적 거리를 유지한다. 다른 방어는 자기가 영구히 혹은 오랜 기간 붕괴되고 허약해지거나 심하게 왜곡될 위험을 방지하기 위하여 적개심과 의심으로 대하는 것이다. 이러한 광범위한 방어조직의 뿌리는 어린 시절에서 찾을 수 있다. 자기대상의 우울감이나 건강염려증 혹은 공황상태 등이 어린아이에게 침범해 들어올 때 아이는 적개심이나 의심을 가지고 해로운 침범으로부터 자신을 보호하게 된다. 정신병 상태의 환자들은 흔히 다음과 같은 질병의 양상을 띠게 된다.

- 정신분열병(schizophrenia): 핵심 자기가 타고난 생물학적 원인이나 환경적 요인에 의해 혹은 그 둘의 상호작용에 의해 응집되지 못한 상태로 남아 있다.
- 공허 우울증(empty depression): 어느 정도 자기의 결속을 획득하였으나, 타고난 생물학적 요인과 자기주장이나 존재에 대한 즐거운 자기대상 반응의 심각한 결핍 때문에, 극심한 자존감과 활력의 손상을 보인다.
- 조증/죄책 우울증(mania/guilty depression): 이상화 대상 반응이 결정적인 시기에 결핍된 경우, 생물학적 요인과 함께 비현실적으로 고양된 자기-수용 경험을 하게 되거나(조증 상태), 자기-거절 혹은 자기-비난(죄책 우울증)을 경험하게 된다.
- 경계선 상태(borderline state): 자기의 심각한 자기애적 손상

이 영구적이거나 일정 기간 동안 나타난다. 자기는 손상에 대한 복합적인 방어를 동원할 수 있다. 이러한 방어체계는 핵심적인 취약성을 형성하기도 하고 만성적인 성격 방어로 나타나기도 한다. 아이가 자율 자기(autonomous self)를 수립하길 원할 때, 부모는 독립을 반영해 주는 자기대상 경험을 제공해 주어야 한다. 그러나 그의 부모가 그들 자신의 파편화 공포 때문에 고태적인 융합을 고집하는 경우 이런 상태가 올 수 있다. Kohut이 표현하는 경계선 상태는 일반적으로 통용되는 경계선 개념과 차이가 있다. 그는 경계선 상태를 정신병 상태에 보다 가까운 상태로, 치료자가 지속적인 공감적 관계를 유지하는 데 상당한 노력이 필요하다고 생각하였다.

자기애적 인격장애와 행동장애

정신병이나 경계선 상태보다는 보다 탄력 있고 회복력이 있는 자기가 발견된다. 자기의 손상이 비록 심각하지만 적절한 치료에 의해 일시적으로 끝날 수 있다. 흔히 도착(perverse), 비행(delinquency), 중독(addiction) 등의 형태로 나타난다. 때로는 건강염려증(hypochondria), 우울증, 경멸에 대한 과민성, 흥미의 결핍 등으로 표현된다.

Kohut은, 자기애적 인격장애와 행동장애 환자들의 경우 분석 상황을 견딜 수 있기 때문에 정신분석을 통해 잘 치유될 수 있다고 생각하였다. 그 이유는 자기애적 인격장애 환자들은 정신병이나 경계선 상태의 환자들에 비해 다음과 같은 차이를 보이기 때문이다(Kohut, 1971).

- 자기애적 인격장애 환자들은 어느 정도의 응집적 자기와 결속된 고태적 이상화 대상을 형성하고 있다
- 자기애적 인격장애 환자들은 고태적 자기나 자기애적 에너지가 부착되고 있는 고태적 대상이 되돌릴 수 없을 정도로 해체될 가능성이 적기 때문에, 그런 위협에 의해 심각하게 영향받지 않는다.
- 자기애적 인격장애 환자들은 비교적 안정되고 응집적인 심리구조를 형성하고 있기 때문에, 안정된 자기애적 전이를 형성할 수 있다. 안정된 자기애적 전이는 보다 깊은 퇴행에 의해 파편화될 위험 없이 고태적 심리구조를 활성화할 수 있기 때문에 결론적으로 이들은 분석이 가능하다.
- 분석 중에 안정된 자기애적 전이가 자연스럽게 형성된다는 것은 정신증이나 경계선 상태가 아니라 자기애적 인격장애라고 진단 내릴 수 있는, 가장 신뢰할 수 있는 기준이 된다.

구조-갈등 신경증

Kohut이 구조-갈등 신경증을 따로 분류한 것은, 신경증이 자기구조의 결손에 의한 것이 아니라고 보았기 때문이다. 즉, 정신병과 자기애적 인격장애 및 행동장애의 질병 양상과 원인이 자기의 결손과 그에 뒤따르는 병리적 현상이라고 명백하게 말할 수 있지만, 구조-갈등 신경증의 질병 양상과 원인은 다소 모호하다고 생각하였다. 그는, 구조-갈등 신경증 환자의 핵심 자기는 어린 시절에 어느 정도 굳건하게 형성되었다고 보았다. 단지, 성인의 자기가 창조적이고 생산적인 잠재력—Kohut은 이를 핵심 프로그램(nuclear program)

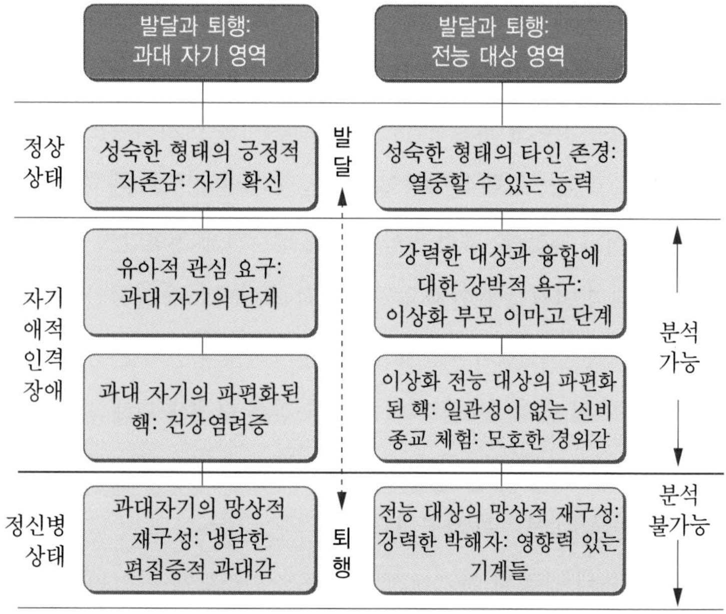

정신병 상태와 자기애적 인격장애 상태에서 자기의 발달과 퇴행 비교

이라고 불렀다—을 궁극적으로 실현하지 못한 상태로 남아 있다고 생각하였다. 그 이유는 아동기 오이디푸스 갈등에 노출되면서 에너지가 그 갈등을 처리하는 데 지나치게 투입되었기 때문이라고 생각하였다.

자기의 이차장애

구조적으로 손상받지 않은 응집적 자기가 일단 형성된 사람이 살아가면서 겪게 되는 생활사건에 병리적으로 반응하는 경우를 말한다. 성공과 실패, 승리나 패배, 기쁨, 실망, 분노 등의 다양한 감정 변화는 자존감을 고양시키기도 하고 저하시키기도 한다. 굳건하게 응집성을 획득한 자기는 실패에 뒤따르는 낙담이나 성공에 동반되는 팽창의 환상들을 비교적 잘 처리할 수 있다. 그러나 응집성을 갖긴 하였으나 불안정하게 응집된 자기는 그러한 생활사건 때문에 위험해질 수 있다. 신체적 질병이나 신경증도 불안정하게 구조화된 자기에서 자기의 이차장애(secondary disturbance)를 일으킬 수 있다.

자기-병리의 원인

자기의 장애는 대부분 자기가 정상적으로 발달하지 못한 결과이기 때문에, 자기-병리(self-pathology)를 이해하기 위해선 자기의 정상 발달과정을 다시 한 번 살펴볼 필요가 있다. 자기의 성장과정에서 Kohut이 강조하는 것은 공감적으로 반응해 주는 자기대상의 존재와 기능이다. 그는 심리구조가 형성되는 과정을 다음과 같이 3단계로 나누어 설명하였다. ① 아기의 자기애적 욕구인 거울 욕구와 이상화 욕구에 대해 자기대상이 충분히 공감적으로 반응해 주면서 핵심 자기가 형성된다. ② 자기가 성장함에 따라 아이의 자기애적 욕구는 좌절될 수밖에 없다. 이때 자기대상의 반응이 여전히 적절하여 아이는 최적의 좌절을 경험할 수 있어야 한다. ③ 최적의 좌절을 통하여 자기대상의 특성과 기능이 내재화되어 자기의 것이 된다. 이러한 변형 내재화를 통해 자기대상이 제공해 주던 기능을 자기가 스스로 자율적으로 수행할 수 있게 된다(Kohut, 1978).

Kohut은 자율적인 자기가 자기대상을 내재화(동일시)하여 형성되지만, 자율 자기가 자기대상의 복제품이 아니라고 강조하였다. 외부 단백질을 섭취하여 몸 안에 단백질을 만들지만, 몸 안에 만들어지는 단백질이 외부 단백질과 같은 것이 아니라 새롭게 생성된 것이듯이, 자기도 새롭게 창조된다는 의미다.

Kohut이 말하는 자기-병리의 원인은 간단히 말해서 앞서 설명한 ①~③의 건강한 성장과정이 방해받는 것이다. 즉, 부모가 아기의 자기애적 욕구에 제대로 반응해 주지 못할 때, 아이가 성장하며 필연적으로 좌절을 경험할 수밖에 없는데 그 좌절이 너무 커서 최적의 좌절이 되지 못할 때, 아이는 자기대상의 기능을 자기 것으로 변형 내재화하지 못하게 된다는 것이다. 결국 자기-병리의 핵심은 아이의 자기애적 욕구에 대한 자기대상의 부적절한 반응이다.

Kohut에 의하면, 아이의 자기가 새롭게 창조되는 과정에서 자기의 특성을 결정하는 것은 부모가 무엇을 하였는가(do)가 아니라, 부모가 어떤 사람인가(are)다. 부모가 자신의 욕구에 대해 편안해하며 현실적으로 성공을 추구하고 욕구를 만족시킬 때, 다시 말해서 부모가 안정적인 자존감을 갖고 있을 때 아이의 과시감에 대해 긍정적으로 반응하고 인정해 준다. 정신분석 사례 중에는 원초경을 목격하는 것이나 부모를 상실하는 경우처럼 누가 봐도 심각한 상처가 되는 경험들을 관찰할 수 있지만, Kohut은 그러한 상처보다 부모가 제공하는 전반적으로 안 좋은 환경이 더 큰 영향을 준다고 보았다. 왜냐하면 자기의 성장에 필요한 가장 건강한 배지가 성숙하고 응집적인 부모의 자기이기 때문이다. 성숙한 부모가 끊임없이 변하는 아이의 자기애적 욕구에 지속적으로 적절히 반응해 줄 때, 웬만큼 큰 상처는 아이가 극복할 수 있다는 것이 Kohut의 견해다. 그리고 부모의 자기가 성숙하고 건강할 때 아이의 자기대상(부모) 경험은 대부분 극단적이지 않고 최적의 좌절 혹은 최적의 만족일 가능성이 높을 수밖에 없다.

건강하지 못한 부모가 나타내는 특징 중의 하나는 아이의 욕구에 대해 반응하는 것이 아니라 불안정한 부모가 자신의 욕구를 처리하는 식으로 반응을 한다는 것이다. 문제는 이런 반응이 우연히 나타나는 것이 아니라, 부모의 만성적인 태도로 굳어져 있다는 점이다. Kohut은 그러한 예로 다음과 같은 두 예를 들었다.

"선생님에게 크게 칭찬을 들은 7살짜리 딸이 학교에서 집에 오자마자 어머니에게 그 이야기를 신나게 하였다. 어머니는 아이의 이야기를 별로 대수롭지 않게 듣고는 거꾸로 자신의 성공 이야기를 어린 딸에게 들려주기 시작하였다. 아이의 이야기는 엄마의 무용담 속에 묻혀 버리고 어린 딸의 자랑스러운 기쁨은 시들해졌다."

"어린 아들에게 아버지는 이상적인 용사였다. 아이는 아버지에게 전쟁에 참전해서 용맹하게 싸운 이야기와 전투에서 승리한 이야기를 해 달라고 졸랐다. 아이는 아버지가 신바람 나게 전쟁이야기를 해 주기를 바랐지만, 아버지는 오히려 당황해하며 자리를 피했다. 매일 직장 일에 지치고 피곤해하는 아버지로서 전쟁의 무용담은 이제 낯선 오래전의 이야기일 뿐이었다. 그는 집을 나와서 동네 맥주집에 들러 아는 사람들과 어울리며 일시적이나마 생활의 활력을 얻는 느낌을 받았다."

정신 병리와 증상론

초기에 Kohut(1971)은 자기애적 인격장애 환자들이 보이는 병리적 특징을 한편으론 정신병 상태나 경계선 상태의 환자들과 비교하고, 또 다른 한편으론 고전적인 신경증 환자와 비교함으로써 부각하려고 노력하였다. 먼저, 정신병이나 경계선 상태의 환자들은 참을 수 없는 파편화나 고태적 자기애적 대상을 상실하는 고통을 피하기 위해 응집적인 자기애적 심리구성물을 만성적으로 포기하고, 망상으로 대체하려고 한다. 그 결과, 냉담하고 오만한 정신병적 과대망상을 보인다. 반면, 자기애적 인격장애 환자들이 보이는 정신의 변동은 크지 않다. 단지 부분적인 파편화의 위험이 있을 뿐이기 때문에 망상은 기껏해야 일시적으로 보상적인 양상으로 나타난다. 과대망상이 아닌 대개는 건강한 고태적 과대주의의 모습을 보인다.

다른 한편, Kohut은 자기애적 인격장애 환자들의 증상과 고전적인 신경증 환자들이 보이는 증상의 차이를 비교하였다. 그는 공포증이나 강박증 혹은 히스테리 증상을 보이면, 고전적 신경증일 가능성이 크다고 생각하였다. 반면에 자기애적 정신 병리는 다음과 같은 양상으로 나타날 가능성이 크다고 생각하였다. ① 성적 영역의 증상으로 성도착적인 환상이나 성교에 대한 흥미 결핍, ② 사회적 영역에서 업무에 대한 흥미의 결핍과 주도성의 부족, 의미 있는 관계를 형성하거나 유지하지 못하는 무능력, 비행 행동, ③ 성격 특성에서 유머가 부족하고 다른 사람의 감정이나 욕구에 대한 공감 능력의 부족, 전반적인 생활의 균형감각 결핍, 통제되지 않는 분노와 공격성, 병적 거짓말, ④ 정신신체 영역에서 신체적, 정신적 건강에 대한 건강염려증적 집착, 다양한 신체기관의 장애.

후기에 Kohut(1978)은 자기애적 인격장애 환자들이 보이는 자기의 정신 병리를 좀 더 체계적으로 분류하였다. 자기의 병리적 현상은 결국 자기대상의 비공감적 반응에 기인한다. Kohut은 자기대상 반응의 결핍에 기인하는 세 개의 증상군과 부적절하게 과도한 자기대상 반응에 기인하는 한 개의 증상군으로 분류하였다. 몇 개의 증상군으로 분류하였지만, 실제 임상에서 환자들이 이렇게 명확하게 구분된 증상들을 호소하는 것은 아니다. 오히려 혼합된 양상을 보이는 경우가 더 빈번하다고 봐야 한다. 때로는 한 환자가 시점에 따라 각각 다른 양상을 보이기도 한다. 환자가 보이는 증상의 특징적인 양상에 따라 다음과 같은 몇 개의 증상군으로 분류할 수 있다.

자극-결핍 자기

자기대상이 자기에 대해 자극적인 반응을 해 주지 않았기 때문에 나타나는 만성적이고 반복되는 자기의 상태를 '자극-결핍 자기

(understimulated self)'라고 한다. 이 성격은 활기와 활력이 없다. 그들은 자신을 지루하고 무감정하다고 경험한다. 타인들도 그들에 대해 그렇게 경험한다. 마치 죽은 것과 같은 공허함을 제거하기 위해서 매우 자극적이거나 심지어는 위험한 행동을 추구하게 된다. 또 외부 자극에 대해서 거짓-흥분(pseudo-excitement) 반응을 보이기도 한다. 나이에 따라 나타내는 양상이 다음과 같이 달라질 수 있다. 걸음마기에는 머리 받기(head banging)의 모습을 보이게 된다. 아동기 후기에는 강박적 자위행위(compulsive masturbation)의 모습을 보일 수 있다. 청소년기에는 다양한 무모한 행동들로 표현될 수 있다. 성인기엔 성적인 색채를 띠는 경우와 그렇지 않은 경우로 구분된다. 위장된 흥분 상태가 성적인 행위로 나타나는 경우 성적 난잡함이나 성도착의 양상을 보인다. 성적이지 않은 행위로 나타날 때는 약물 중독, 도박, 알코올 중독 등이나 사회적 과잉 활동과 같은 모습을 보이게 된다.

얼핏 보기에 흥분되어 보이는 이러한 방어를 뚫고 들어가면, 거의 대부분의 경우 공허 우울증(empty depression)이 자리잡고 있음을 발견하게 된다. 전형적인 사례로 외로운 반영받지 못한 아이가 강박적인 자위행위를 하는 것을 들 수 있다. 이렇게 하는 이유는, 자기과시적인 즐거움을 얻지 못한 '전체 자기(total self)'가 '부분 자기'인 신체의 일부분(part of body)의 쾌감으로 대체 만족을 얻으려는 것이다. Kohut은 이런 양상을 성화(sexualization)시킨다고 표현하였고, 성도착이 갖는 심리적 의미도 마찬가지다.

시기		
걸음마기	머리 받기	
후기 아동기	강박적 자위행위	
청소년기	청소년기 무모한 행동들	
성인기	성적 양상	성적 난잡함, 성도착
성인기	비 성적 양상	약물 중독, 도박, 알코올 중독, 사회적 과잉활동

자극-결핍 자기의 증상: 자극-결핍 자기는 다양한 위장된 거짓-흥분 반응을 보일 수 있다. 시기별로 위와 같은 양상을 나타낸다.

E와 그녀의 남편이 심각하게 이혼을 고려하는 중에 부부 상담을 받으러 왔다. 그들은 그런대로 잘 지내다가 사소한 일로 심하게 싸우게 된다고 하였다. 그럴 땐 고함을 지르고 아주 격렬하게 싸우는데, 대부분 E가 집을 뛰쳐나가는 것으로 끝을 맺었다. 그러나 몇 시간 뒤면 E는 다시 집으로 돌아왔다. 몇 번의 치료 회기를 넘기면서, 부부싸움이 E에게 심리적으로 의미 있는 기능을 한다는 것이 분명해졌다.

E는 부부싸움 중에 느끼는 주된 감정이 '흥분'이라고 표현하였다. "우리가 싸울 때, 저는 우리가 전적으로 함께한다는 것을 느껴요. 서로에게 집중하는 것이지요." 그녀는 계속해서 말하기를, "남편이 완전히 내 인생의 일부라고 느끼게 되는 유일한 경우가 우리가 싸울 때예요."라고 하였다.

E의 부모는 맞벌이를 하였다. 두 사람은 하루 종일 일하느라 아이들을 거의 돌보지 못했다. E가 관심을 받는다고 느낄 때는, 오직 그녀가 말썽을 피웠을 때였다. 이런 경험 방식은 오랫동안 계속되어

왔다. E는 지금도 남편과 싸우면서 오히려 밀착감을 느끼고 서로의 존재를 인정하게 된다고 느꼈다. 반면, 평화롭게 함께하는 시간은 관심이 없는 것이라고 해석하였다.

파편화된 자기

아이가 전체적인 자기를 형성하려 할 때, 자기대상의 통합적인 반응(integrating responsiveness)의 결핍 때문에 나타나는 만성적이고 반복되는 자기의 상태를 '파편화된 자기(fragmenting self)'라고 한다. 즉 미숙한 자기를 통합시키는 자기대상반응의 결핍이 그 원인이다. 경미한 수준의 일시적인 파편화는 흔한 일이다. 오랫동안 자존감이 상한 상태가 지속되면 누구에게나 나타날 수 있는 일이다. 밖에서 자존심이 심하게 상하는 일을 겪고 난 후 집에 돌아오면, 자신이 조각조각 난 느낌을 갖게 된다. 자세도 풀이 죽고 걸음걸이도 휘청거리는 느낌이 드는 등 신체적으로 통합성이 흔들리는 것을 경험할 수 있다. 자기애적 인격장애 환자의 경우, 사소한 실망에도 자기의 파편화가 심하게 나타날 수 있다.

신체-자기(body-self)의 결합성 상실은 신체의 파편화들에 집착하게 하여 건강염려증으로 나타난다. 때론 망상적인 수준의 건강염려증을 보이기도 하는데, 정신병에서의 망상과 달리, 자기대상의 공감적 이해에 의해 쉽게 소실된다.

만성적인 자기의 파편화는 일반적으로 시간과 공간의 영속성을 상실하게 된다. 결과적으로 시간 관리나 자기 관리를 잘하지 못하는 양상으로 나타난다. 응집성을 갖지 못한 자기는 사소한 실망이나 비난에도 자기의 파편화가 심하게 일어나기 때문에, (파편화를 막으려는) 방어적인 분노반응을 보이거나 해리 현상 혹은 극도의 공황발작을 보인다. 파편화를 막기 위해 복잡하고 경직된 방어를 쓰기도 하는데, 이런 경우 분석이 쉽지 않은 경우가 많다. 이들은 어려움을 건강하게 처리해 나갈 수 있는 능력이 없기 때문에, 파괴적이거나 자기-파괴적인 행동을 하거나, 중독적인 방법을 취하게 되는 것이 특징적이다.

S는 반복적으로 심한 자기 파편화를 보이는 여자 환자다. S는 어린 시절부터 의붓아버지에게 신체적, 성적 학대를 받아 왔다. S의 어머니는 S를 보호해 주진 않고, 집에 분란만 일으킨다며 비난하였다. S는 17세에 집을 나와서 처음엔 친구의 집을 전전하였다. 최근 5년간은 다양한 종류의 일을 하면서 지냈는데, 현재 일하는 유흥주점의 사장은 같은 고향 사람이었다. 사장은 S를 동생처럼 생각하여 상담을 받게 하였고, S는 상담실을 통해 치료를 받게 되었다.

S는 알코올 남용과 약물 남용을 하고 있는 것으로 밝혀졌다. 주점 출근도 거의 늦은 편이었고, 제때 제시간에 맞춰 일을 처리하지 못했다. 이런 점을 지적하면 심하게 화를 내거나 엉엉 울어 버렸다. 돈을 제대로 관리하지 못해서, 월급을 충동적으로 써 버리고, 현재 사는 방의 월세가 밀려 집 주인과 자주 다퉜다. 월말이 되면 돈이 다 떨어져 생활 자체가 어려울 때도 있었다. 그러면서도 아는 사람

에게 비싼 선물을 카드로 사 주기도 하였다. 성적으로도 문란하여 최근 몇 년 동안 3번이나 낙태를 하였다. S는 자신이 가장 안 좋은 상태일 때를 '암흑'이라고 표현했는데, 대개 누구와 다툰 뒤에 이런 상태가 나타났다. '암흑'이 되면, S는 침대에서 꼼짝 못하고 누워 있게 되는데, 심한 불안을 느끼면서 주위의 작은 소리에도 두려워하며 극도로 놀라곤 하였다.

과자극 자기

진정한 공감 없이 과도한 자기대상 반응을 받은 경우 혹은 각 시기에 적절하지 못한 자기대상 반응을 받은 경우의 자기의 상태를 '과자극 자기(overstimulated self)'라고 한다. 즉, 전체-자기에 대한 전반적이고 충분한 배려 없이, 분리된 야망과 이상의 부분만 과도하게 비공감적인 반응을 받은 경우다. 초기 자기(nascent self)의 양극, 즉 '자기주장-야망의 극'과 '가치와 이상의 극'에 대한 과도한 반응이라는 두 종류의 과자극 자기로 분류될 수 있다.

'자기주장-야망의 극'의 과자극 자기 자기대상(아이의 부모)은 은연중에 어린아이의 초기 자기에게 비현실적이고 환상적인 위대함이나 성과에 초점을 두는 반응을 보인다. 예를 들어, 부모가 "너는 판검사가 될 거다." "장차 대통령 감이다." "훌륭하고 돈 많이 버는 의사가 될 재목이다." 등으로 아이로선 버거운 진지한 기대를 갖고 자신을 대한다고 느낄 수 있다. 이런 모습은 어린아이의 자연스럽고 자발적인 자기의 모습과 동떨어진 것이기 때문에 아이는 고통스러운 긴장과 불안을 느끼게 된다. 그러므로 아이는 자신이 관심의 대상이 되는 상황을 어떻게든 피하려고 한다. 또 자신이 한 행동이나 자신이 성취한 결과물들에 대해 부모가 훨씬 과도한 비현실적인 기대로 반응하기 때문에 결과적으로 아이는 자신이 행위나 성과의 주체자라는 것을 느끼기 힘들게 된다. 그래서 자신의 행위나 성과물과 자기 자신은 별개인 것처럼 느낀다. 그 결과, 설사 외적 성공을 얻는다 하여도 그로부터 건강한 즐거움과 만족감을 얻지 못한다. 그렇기 때문에 비현실적이고 고태적인 과대 환상에 쉽게 노출된다. 그리고 마치 자기 존재가 행위나 성과물 속으로 빨려 들어가 파괴되는 것처럼 느껴지기 때문에 창조적인 행동을 피하려고 한다. 얼핏 남의 눈에는 수줍은 사람처럼 보인다.

또 과대 환상과 연결된 야망이 스스로를 놀라게 하기 때문에 자신의 창조적-생산적인 잠재력을 억압한다. 그 결과, 자기는 자기 자신으로부터 유리되고 실재에 비해 자신을 허약하게 경험한다. 결국 낮은 자존감으로 고통받는다. 또한 원초적인 과대감에 의해 압도당하는 느낌을 받기 때문에, 존중받는 것을 당혹스럽고 혼란스럽게 경험하게 된다.

J는 부모가 모두 40대가 돼서야 겨우 얻게 된 외아들 독자다. 어머니는 다니던 직장을 그만두고, '완벽한 아들'을 만들기 위해 양육에 전념하였다. 그래서 J가 어릴 때부터 음악, 미술, 태권도, 수영,

영어 등 다양한 과외 교습을 시켰다. J는 10세 때까진 열심히 따라 하고 잘한다고 자랑도 하고 다녔으나, 이후부터 싫증을 내기 시작하였고 점차 아무것도 안 하려고 하였다. 그의 부모는 J가 아무것도 안 해도, 제 마음대로 하게 내버려두었고, 어떤 방향을 제시해 주지 않았다. 그러면서도 '우리 아들이 최고다'라는 식으로 J를 대하였다.

그러나 실제 J는 자발적으로 하는 일이 거의 없었고, 제대로 잘하는 것도 없었다. 학교에서도 공연히 건방지기만 한 아이라고 평이 안 좋았다. J는 점차 뚱뚱해졌고 수줍음을 타는 아이로 변해 갔다. J는 청소년기가 외롭고 우울한 시기였다고 회상하였다. 부모는 여전히 J를 최고라고 격려해 주었지만, 자신을 심란하게 만들 뿐이라며 짜증을 내었다. 대학에 입학한 J는 지속적인 외로움과 우울 감정 때문에 치료를 받게 되었다.

한번은 어느 과목에서 아주 좋은 성적이 나왔다. 그러나 J는 그것을 즐거워하기보다 오히려 불안해하였다. 다시는 그런 점수를 얻지 못할 것이라고 걱정하면서, 뭔가 실수로 그런 점수가 나온 것은 아닌지 미심쩍어 하였다. 치료자는 좋은 점수를 받은 것을 축하한다는 듯이 따뜻하게 미소를 지어 준 다음, 왜 J가 좋은 점수를 받은 것에 대해 불안해하는지 탐색하였다.

그다음 치료 시간에 J는 매우 위축된 모습으로 나타났다. 전 시간에 보여 준 치료자의 미소가 J에게 심리적으로 큰 영향을 미친 것을 알 수 있었다. J는 치료자의 미소를 보며, 자신이 앞으로도 치료자가 자랑스러워할 정도로 우수한 성적을 거두는 환상을 갖게 되었다. 또 한편으론 분노를 느꼈는데, 치료자가 자신의 불안과 걱정을 심각하게 받아들이지 않았기 때문이었다.

'가치와 이상의 극'의 '과자극' 자기 이상화된 대상이 지속적으로 존경을 요구하는 그런 자기대상 경험을 한 결과로 나타난다. 이상화 대상과 지속적이고 강렬한 융합은 자기의 균형을 위협한다. 그러므로 이상화 자기대상과 접촉은 위험한 것으로 느껴져서 반드시 피해야 할 것처럼 느낀다. 성인이 되어서도 이상이나 이상화된 대상을 추구할 때 극히 경계심을 갖게 된다. 건강한 자기를 가진 사람은 존경할 만한 대상이나 추구할 만한 가치나 이상을 만났을 때, 열정을 가지고 대상을 따르거나 이상을 추구하게 된다. 그러나 가치와 이상의 극을 부적절하고 과도하게 요구받은 아이는 오히려 그런 이상화 대상이나 가치를 불안하게 경험하고 피하려고 한다. 결과적으로 성공과 이상을 향한 건강한 열정을 상실하게 된다.

20대 중반의 미혼 여성인 N은 아버지, 어머니가 모두 성공한 공무원이다. 부모는 바쁜 중에도 N의 학교 일에 참석하며 학부모회장 등 여러 직위를 맡기도 하였다. 부모는 모두 높은 지위에 있었기 때문에 바쁘게 일할 수밖에 없었지만, 그런 가운데에서도 가정을 화목하게 꾸려 가는 것을 자랑스러워하였다. N도 그의 부모가 자랑스럽다고 생각하며 성장하였으나, 청소년기가 되면서 자신이 부모에게 실망을 끼치게 되면 어떻게 하나 걱정하였다. 부모는 N이 정치를 하거나 최소한 전문인이 되기를 바랐으나, 그녀는 그쪽 일들에 관심을 보이지 않았다. 성인이 된 N은 여행가로서 인생을 즐기기를 원했다. 부모는 몹시 화를 내며 N양을 비난하였고 이러한 갈등 상황에서 치료를 시작하게 되었다.

치료자의 해석에 대한 N의 반응이 그녀의 자기대상 갈등이 어떤 것인지를 이해할 수 있게 해 주었다. N은 치료자의 해석에 대해 매우 회의적이었고, 치료자가 해석을 해 주면 자신이 이해받는다고 느끼기보다 동떨어진 느낌을 받는다고 말하였다. 치료자는 그녀에게 공감적으로 조율된 상태를 유지하려고 노력하였고, 점차 N이 치료자를 어떻게 느끼는지 드러나게 되었다. N은 치료자가 해석을 할 때마다, 자신이 공감할 수 없는 지식에 순응하고 따르도록 요구받는다고 느꼈다. 또 도움을 받았고 감사해야 한다고 강요받는 것처럼 느꼈다. 뿐만 아니라, 그녀의 치료자가 옳고, 현명하고 전능한 것처럼 느낄 필요가 있다고 느껴지기도 하였다. N은 점차 자신을 자발적으로 표현하지 않기 때문에 더 오해가 생긴다는 것을 알게 되었다. 치료관계가 좋아지면서 치료자의 해석을 자신에 대한 침범으로 느끼지 않고 있는 그대로 받아들이게 되었다.

과부담 자기

감정을 진정시키고 완화시켜 주는 전능한 자기대상과 융합할 수 있는 기회를 제공받지 못한 자기의 상태를 '과부담 자기(overburdened self)'라고 한다. 다른 말로 하면 자기대상과 감정을 공유해 보지 못한 상처로 고통받는 자기를 뜻한다. 자기대상과의 관계에서 자기를 진정시키는 경험을 해 봐야(자기대상이 아이의 자기를 진정시켜 주는 기능을 수행해 줘야), 아이는 자기대상의 기능을 내재화하여 자기 스스로 자신을 진정시킬 수 있게 된다. 그러므로 과부담 자기는 자기를 스스로 진정시키는 자기-진정(self-soothing)의 능력이 결핍되어 있다. 감정적인 상처를 받는 경우, 특히 불안이 확산될 때 정상적인 개인이 갖고 있는 자기를 진정시킬 수 있는 힘이 이들에겐 결여되어 있다. 진정시켜 줄 수 있는 자기대상이 없는 세상은 매우 위험한 곳이다. 자기를 진정시키는 능력이 결여되었기 때문에, 관계의 자극들을, 자기를 침범하는 것이거나 잠재적으로 해치려는 것이라고 경험한다.

분석 상황에서 이런 경우가 나타날 수 있다. 만약 치료자가 환자의 감정 상태에 따른 적절한 해석을 제공해 주지 못하거나, 한꺼번에 지나치게 많은 통찰을 쏟아 붓듯이 인식시키면, 환자는 맹공격을 하는 무리들에 쌓여 있다는 환상에 빠지게 된다. 다른 경우엔 거의 인식하기 어려운 미세한 자극에 대해서까지 자신을 공격하는 것이라고 반응한다. 예를 들어, 치료실의 미묘한 소음이나 냄새 등에 불평을 할 수 있는데, 만약 자기애적 인격장애 환자가 이런 불만을 얘기하며 짜증을 내고 의심스러워하면, 자기를 공격한다는 편집증적인 증상이 나타나는 것은 아닌지 생각해 봐야 한다. 과부담 자기가 보이는 이런 편집증적 반응은, 자기애적 손상을 받고 자기 파편화가 일어난 상태에서 건강염려증적 집착을 보이는 것에 비유될 수 있다. 적절한 해석이 주어지고 자기대상(치료자)과 공감적 유대가 형성되면 이런 증상은 곧 소실될 수 있다.

P의 어머니는 P를 출산한 뒤부터 계속 병을 앓다가 그가 두 살 때 돌아가셨다. 여러 명의 가정부가 바뀌어 가며 P와 그의 누나를 돌봤다. P의 아버지는 걱정이 많은 불안한 사람이었다. 아이들이 힘든 상황에 처하면 금방 당황해하며 화를 내곤 하였다. P와 그의 누나는 자신들의 어려움이나 곤경을 아버지에게 말하지 않아야 한다는 것을 자연스럽게 몸에 익히게 되었다. P는 학교생활 중 친한 친구가 없었다. 친밀한 모든 관계는 위협적인 것으로 느껴졌기 때문이었다.

성인이 된 P는 그의 여자 친구의 권유로 치료를 받게 되었다. P가 그녀와 감정을 거의 같이 나누질 못한다는 것을 알게 되었기 때문이다. 평소 P는 상냥하고 따뜻한 사람이었지만, 여자 친구가 조금이라도 불안해하거나, 화를 내거나, 힘들어하면, 금방 위축된 모습을 보였다. 또한 자신의 감정을 그녀에게 표현하는 것을 힘들어한다는 것도 알게 되었다.

분석 상황에서도, P는 자신의 감정을 표현하는 것을 힘들어하였다. 치료자의 해석에 대해선 자신을 침범하는 것으로 받아들이거나 짐스러워하였다. 반대로 치료자가 침묵으로 반응하면 어린 시절에 충족되지 못한 자기대상 욕구가 자극되는 것으로 보였다. 실제 치료 초기부터 이상화 자기대상 전이가 눈에 띄지 않게 지속되어 온 것을 알 수 있었다. 점진적으로 자신의 감정을 표현하는 것을 배우게 되었고, 치료자의 해석에도 위축되지 않고 감정적으로 반응할 수 있게 되었다.

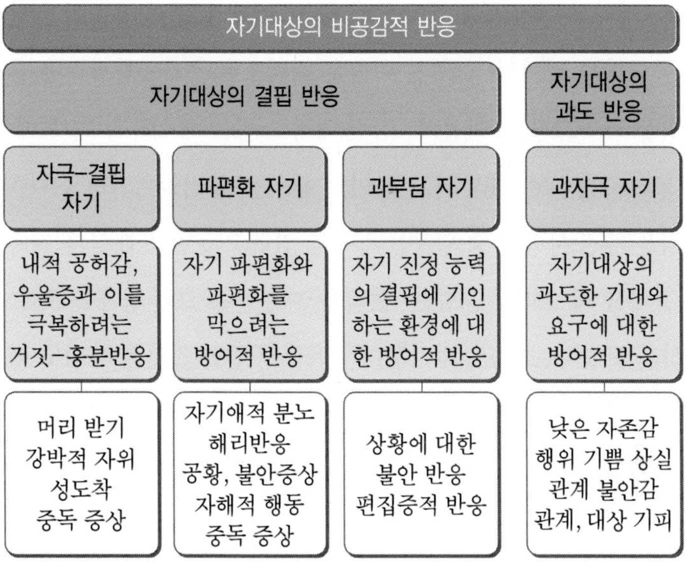

자기의 정신 병리와 증상론(psychopathology and symptomatology)

손상된 자기와 행동 양상

앞 절의 자기의 '정신 병리와 증상론'이 자기의 장애를 가진 사람들을 증상 중심으로 분류한 것이라면, 본 절은 자기가 손상된 사람들에 대해 그들이 보이는 행동 양상을 중심으로 분류한 것이다. Kohut과 Wolf(1978)는 이러한 분류가 이해를 돕는 면이 있지만, 자칫 분류에 얽매인 경직된 사고를 초래할 수 있음 또한 경고하였다.

거울-갈망 성격 인정해 주고 존경해 주는 자기대상 반응에 목말라 있는 경우를 거울-갈망 성격(mirror-hungry personalities)이라

한다. 자기를 인정해 주고 존중해 줄 때 마치 굶주린 사람이 영양분을 공급받는 것처럼 느낀다. 이들은 내적으로 무가치함과 자존감의 결핍을 느끼고 있기 때문에, 이런 내적 느낌을 해소하기 위해 매 순간 스스로를 과시하려 하고 타인의 관심을 불러일으키려 한다. 이 성격을 가진 사람들 중 일부는 신뢰할 만한 거울반응 대상과 지속되는 관계를 꽤 오래 유지할 수 있지만, 대부분은 그런 관계를 오래 유지하지 못한다. 스스로 과시하려는 욕구가 편한 것만은 아니고 때로는 수치심과 두려움을 초래하기도 하지만, 결국 관심과 인정을 얻기 위해 새로운 자기대상을 찾는 행동을 지속하게 된다.

이상화-갈망 성격 특권, 권력, 미모, 지적 능력, 혹은 도덕적 위업 등 존경할 만한 요소를 가진 자기대상을 끊임없이 추구하는 경우를 이상화-갈망 성격(ideal-hungry personalities)이라 한다. 이 성격 유형의 사람들은 이런 이상화 자기대상과 연결되어 있을 때에만 자신에 대해 가치감을 느낀다. 때로는 이런 관계가 오래가기도 하지만, 내적 공허함이 이런 식으로 항상 채워질 순 없다. 완벽한 대상은 없기 때문에, 어느 순간 필연적으로 이상화 자기대상의 현실적인 결핍에 실망할 수밖에 없게 되고, 결국 자신을 실망시키지 않을 거란 기대 속에 또 다른 이상화 자기대상을 찾아 나선다.

분신-갈망 성격 자신의 외모, 의견, 가치감 등을 확인시켜 주는 자기대상 관계를 통해 자신의 존재와 실재를 확인하는 경우를 분신-갈망 성격(alter-ego hungry personalities)이라 한다. 둘이 하나인 것처럼 느끼며 서로 친밀한 친구관계를 유지할 수 있으나, 내적인 공허가 이런 관계로 영원히 채워질 순 없다. 곧 상대가 내가 아니라는 것을 알고 낯설게 느끼며, 새로운 자기 분신 자기대상을 찾게 된다.

이상의 3가지 자기애적 성격 유형은 일상에서 흔히 경험하는 성격 유형들이다. 그렇기 때문에 정신 병리에 속한다기보다, 장단점을 가지고 있는 정상적인 성격의 변형으로 볼 수 있다. 자기의 취약함도 전체적인 자기 결핍의 범위에 의해 나타난다기보다, 자기의 어느 부분의 결핍이냐에 따라 결정된다. 그러나 다음의 두 성격 유형은 정신 병리적인 자기애라고 할 수 있다. 자기 결핍의 범위도 광범위하다.

융합-갈망 성격 융합-갈망 성격(merger hungry personalities) 유형의 사람들이 보이는 두드러진 특징은 대상과 융합하려는 것이다. 이들은 비교적 자기의 손상이 광범위하고 전반적이기 때문에 융합하려는 특정한 자기대상이 거울 자기대상인가, 이상화 자기대상인가 혹은 쌍둥이 자기대상인가 하는 것은 중요하지 않다. 왜냐하면 자기대상이 손상된 자기 구조를 전체적으로 대신해 주기를 바라기 때문이다. 그렇기 때문에 이들의 인격 양상이나 행동 양상의 특징은 자신과 타인의 경계가 매우 불분명하고 유동적이라는 점이다. 그 결과, 자신의 생각과 소망이나 의도들과 자기대상의 그것들을 구분하는 데 어려움을 겪는다. 다른 사람을 그 자신의 자기인 것처럼 경험하기 때문에 그들과 떨어져 독립하는 것을 견디지 못하고 항상 옆에 존재해 주기를 요구한다.

접촉 기피 성격 융합-갈망 성격과 정반대의 성격 유형을 접촉 기피 성격(contact shunning personalities)이라 한다. 접촉을 피하는 행동의 특성 때문에 가장 주목을 받지 못하고 있지만, 실제적으로는 가장 빈번한 자기애적 성격 유형일 것으로 추정되고 있다. 그들이 사회 접촉을 피하고 고립되어 있는 것은, 다른 사람들에 대한 흥미가 없어서가 아니라, 오히려 다른 사람들에 대한 욕구가 너무 강하기 때문이다. 다른 사람에 대한 강렬한 욕구는 고통스러운 거절에 대한 민감성을 높인다. 그들은 거절당함의 고통을 너무나 잘 인식하고 있다. 뿐만 아니라, 보다 깊은 무의식의 수준에서는 그나마 남아 있는 핵심 자기의 잔재가 자신이 그렇게 소망하는 자기대상과의 연합 속에서 삼켜지고 파괴되는 것이 두렵기 때문에 접촉을 피하게 된다.

6 자기애적 인격장애의 치료

6. 자기애적 인격장애의 치료

고전적 정신분석과 자기심리학 정신분석에서 치유의 차이

고전적 정신분석의 치유

Freud의 이드심리학은 지형학적 이론(topographic theory)에 근거한다. 즉, 인간의 심리가 의식과 전의식 그리고 무의식으로 구성되었다고 이해한다. 그리고 무의식에 억압되어 의식으로부터 격리되어 있는 통제되지 않는 욕동과 소망들에 의해 신경증이 생긴다고 생각한다. 그러므로 이드심리학 정신분석은 무의식의 내용들에 대한 의식의 인식이 증가함으로써 신경증이 치유될 수 있다. 그러기 위해선 정신분석을 통해 억압이 약화되어야 한다. 그래야 무의식의 내용들이 의식으로 표출되고, 의식이 무의식의 욕동과 소망을 통제할 수 있기 때문이다. Freud의 표현대로 무의식을 의식화함으로써 무의식에 대한 지식이 넓어지는 것이 이드심리학의 치유 효과다.

Freud의 자아심리학은 구조이론(structural theory)에 근거한다. 구조이론은 인간의 심리가 이드, 자아, 초자아라는 3개의 심리구조로 형성된다고 본다. 각 심리구조는 기계와 같은 장치로서 이드는 무조건 충족되기를 바라는(쾌락원리) 욕동 혹은 본능과 같은 구조화되지 않은 에너지의 근원이다. 자아는 이드의 욕동을 초자아와 현실에 맞추어 적절하게 조절해야 하는데, 무조건 충족되기를 바라는 욕동을 관리하고 통제하는 것은 항상 성공적일 수 없다. 결과적으로 자아, 이드, 초자아로 구성된 심리구조 내에 갈등이 초래되고, 갈등을 처리하기 위해 방어기제가 동원된다. 방어기제는 자아의 무의식적인 활동인데, 병적인 방어기제를 사용할 경우 신경증 증상이 나타난다. 그러므로 자아심리학 정신분석에서 치유는 이드 욕동에 대해 자아의 지배력을 확산시키는 것이 된다. 이드의 쾌락원리를 통제하여 자아의 현실원리에 의해 마음이 움직이게 하는 것이고, 이드가 있는 곳에 자아가 있게 하는 것이다.

자기심리학 정신분석의 치유

자기심리학은 정신분석을 받게 되는 대부분의 환자들의 정신 병리의 핵심이 자기 결손(defective self)이라고 간주한다. 자기 결손은 정상적인 자기 발달이 실패하여 자기가 제대로 성장하지 못했다는 것을 뜻한다. 그러므로 자기의 치유과정을 이해하기 위해서 자기의 정상 발달과정을 다시 한 번 살펴볼 필요가 있다.

자기가 정상적으로 발달하기 위해선 양육자의 공감적인 반응이 필요하다. Kohut에 의하면, 아기가 신체적으로 생존하기 위해서 적절한 용량의 산소를 필요로 하듯이, 아기의 심리적 자기가 정상적으로 발달하기 위해선 공감적이고 반응적인 인간 환경이 필요하다. 또 아기의 호흡기가 필요로 하는 것에 맞춰 공기 중의 산소가 공급되어야 하듯이, 공감적인 환경 또한 아기의 필요와 소망에 맞춰 적절하게 반응해 줘야 한다. 이렇게 아기가 필요로 하는 심리적 기능들을 충족시켜 주는 양육자를 Kohut은 자기대상(selfobject)이라고 불렀다.

초기 유아는 자기대상으로서 어머니가 유아의 타고난 잠재력에 깊이 반응해 주는 더 없이 행복한 상태 속에 있다. 그러나 이러한 완전한 행복은 깨질 수밖에 없다. 아무리 완벽한 어머니라 하더라도 아이의 생리적이고 심리적인 욕구를 완전히 만족시켜 줄 순 없기 때문이다. 완전함이 깨진 상태에서 최초의 완전했던 행복을 다시 찾길 바라는 아이의 욕구를 Kohut은 인간 심리의 근본 동기라고 보았다. 최초 가장 행복했던 시기의 두 주인공은 아기와 엄마다. 그러므로 아기는 '가장 완벽했던 자기'와 가장 '이상적이었던 엄마'를 다시 회복하기를 바란다. Kohut은 이를 자기애적 욕구라고 불렀다. 결국 아이의 자기(self)가 얼마나 건강하게 성장할 수 있는가 하는 것은 자기대상인 어머니가 아기의 자기애적 욕구에 얼마나 공감적으로 반응해 주느냐에 달려 있다.

그렇다면 아기의 자기가 건강하게 성장할 수 있는 자기-자기대상(엄마) 관계란 구체적으로 무엇을 말하는 것인가? Kohut은 건강한 자기를 형성하는 과정이 다음과 같이 이뤄진다고 보았다. 먼저, 자기대상으로서 엄마가 아기의 필요와 소망에 맞춰 적절하게 반응해 줘야 한다. 문제는 아기가 말을 하지 못하는 상태이므로 아기가 무엇을 필요로 하는지 정확히 알기가 쉽지 않다는 점이다. 그럼에도 불구하고, 직접 관찰하고 경험할 수 없는 아기의 내적 필요와 소망을 알 수 있는 것은 엄마에게 특별한 공감 능력이 있기 때문이다. Kohut은, 아주 초기 아기는 엄마와 경계가 없이 융합된 상태이기 때문에 엄마가 아기의 내적 삶을 경험하는 것이 가능하다고 보았다. 엄마와 아기 사이에 존재하는 두 사람만의 특별한 공감 능력인 셈이다. 그러나 엄마, 즉 자기대상이 항상 완벽할 수 없기 때문에 때때로 어쩔 수 없이 잘못된 공감을 할 수밖에 없다. 이런 공감의 실패는 필연적이기도 하지만 아기의 자기가 성장하기 위해선 꼭 필요한 것이기도 하다. 만약 아기가 엄마와의 융합 속에서 만족스러운 삶만 지속한다면 아기는 엄마와의 융합상태를 벗어나 자기의 발달을 지속하려고 하지 않을 것이다. 마치 맛있는 꿀단지 옆을 떠나지 않으려는 아이처럼 아이는 모든 것을 만족시켜 주는 어머니와 융합 상태에 머무르려고만 할 것이다. 그러므로 공감의 실패를 통해 아이가 좌절을 경험하는 것은 아기의 자기 발달을 위해 꼭 필요한 일이다. 그리고 엄마의 공감 실패에 의한 좌절은 잘못된 양육에 의한 명백한 좌절과 달리 아이에게 상처가 되지 않기 때문에, 아이는 최적의 좌절(optimal frustration)을 경험하게 된다. 즉, 아이가 처리할 수 있는 범위 내에서 좌절을 경험하게 된다. 최적의 좌절을 경험하기 전, 아이는 자신이 필요로 하는 것과 소망하는 것이 자기대상에 의해 완전히 공급되는 상태였다. 최적의 좌절을 경험하며 아이는 자기대상의 기능을 자기 내면으로 내재화하여 자기의 것으로 만들 필요성을 느끼게 된다. 자신의 필요성과 소망에 맞춰 자기대상이 완전하게 공급해 주지 않기 때문에 이제 스스로 자신의 필요성과 소망을 충족시킬 필요성이 생긴 것이다. 이렇게 자기대상이 해 주던 기능을 내재화하여 아이의 심리구조가 형성되는 과정을 변형 내재화(transmuting internalization)라고 한다.

결국 자기 결손의 원인은 어린 시절 자기-자기대상 관계에 문제가 있었기 때문이다. 즉, 자기대상의 공감적 반응 자체가 결핍되었거나 최적의 좌절을 경험하지 못하고 아이로선 감당하기 어려운 과도한 좌절을 경험한 결과다. 그 결과, 변형 내재화를 통해 건강한 자기를 형성하지 못한 채 자기의 성장이 멈춰지거나 왜곡되고 결손된 상태를 보이게 된다. 그러므로 정신분석을 통해 치유를 얻기 위해선 발달과정에서 방해받은 성장이 분석과정에서 다시 진행되어야 한다. 즉, 분석가와 자기-자기대상 관계를 다시 형성할 수 있어야 한다. 다시 말해서, 분석가를 자기대상으로 삼아 자기-자기대상 관계를 새로 시작해야 한다. 자기심리학은 이를 자기대상 전이(selfobject transferences)라고 부른다. 환자는 분석가와의 관계에서 자기대상 전이를 형성하고, 분석가가 자기대상으로서 적절하게 반응해 줄 때, 환자는 방해받았던 발달과정을 다시 활성화하고 건강한 자기를 형성하게 된다.

자기애적 인격장애의 정신분석과 공감

자기애적 인격장애에 대한 자기심리학적 이해의 필요

행동으로 분명하게 표현되는 과도한 자기애적 요구와 지나친 자기주장은 자기애적 인격장애의 특징적인 증상이다(Kohut은 자기애적 인격장애와 행동장애를 구분하여 둘 다 표기하였으나, 이 책에서는 이하 자기애적 인격장애로 통합하여 표기하였다. 자기심리학 정신분석 치료의 관점에서 볼 때 분석의 원칙이 동일하게 적용되기 때문이다). 그렇긴 하나 자기애적 요구가 실제 임상에서 표현될 때엔 다양한 모습으로 나타나는 것이 일반적이다. 은근하면서도 지속적으로 조용하게 자기애적 요구로 표현되기도 하고, 정반대로 격렬한 자기애적 분노의 양상으로 나타나기도 한다. 그들의 행동에 대해 호의적인 표현이나 칭찬을 해 주기를 끊임없이 요구하면서 은근히 괴롭히는 환자들이 전자에 속할 것이고, 항상 자기의 권리를 노골적으로 주장하며 타인을 이기적으로 공격하고 착취하는 환자가 후자에 속한다.

임상 양상의 다양함에도 불구하고, 과도한 자기애적 요구와 자기주장은 치료자로 하여금 언제나 현실에 근거한 행동수정 개입을 하고 싶은 유혹을 불러일으킨다. 즉, 성인 사회의 일반적인 현실과 한계를 받아들여서 그런 요구나 주장을 단념하도록 권유하거나 교육하고 싶은 충동을 일으킨다. 꼭 필요한 상황에서 한계 설정이 필요할 때가 있는 것은 사실이다. 그러나 이런 방식의 전반적인 개입은 공포증 환자 보고 공포증을 갖지 말라고 지시하는 것과 같고, 강박증 환자에게 강박적 행위를 그만두라고 권유하는 것과 마찬가지다.

Kohut은 분석 상황에서 환자가 자기애적 상태를 정당하게 주장할 수 있도록 도와주어야 한다고 설명하였다. 물론 이러한 접근 방식은 자기애적 인격장애에 대한 자기심리학적 이해에 근거한다. 자기심리학은 생의 초기에 엄마와의 관계에서 자기애적 만족을 충분히 얻고 있는 상태를 축복받은 행복 상태라고 본다. 그리고 최초의 완전했던 행복을 다시 찾길 바라는 아이의 욕구와 시도가 바로 자기애라고 정의한다. 그러므로 환자의 요구와 주장은 비록 미숙한 형태로 문제를 일으키고 있지만, 초기의 행복했던 상태를 다시 회복하고자 하는 정당한 욕구다. 그런 만족되지 못한 자기애적 욕구는 오히려 받아들여지고 표현되도록 도와줘야 한다. 만약 현실에 근거한 행동수정 개입만 하거나, 일반적인 성숙에만 집중할 경우 환자는 그의 자기애적 욕구를 더욱 깊숙이 억압하여 인격의 분열만 커지게 된다.

환자가 과도한 자기애적 요구와 자기주장을 하는 것은 좌절당한 고태적 자기애적 욕구가 아직 남아 있기 때문이다. 자기심리학에서 분석은 결핍된 자기의 성장이 다시 이뤄지게 하는 것이다. 그러므로 정신분석을 통해 치유를 얻기 위해선 발달과정에서 방해받은 성장이 분석과정에서 다시 진행되어야 한다. 즉, 분석가가 자기대상으로서 적절하게 반응해 줄 때, 환자는 방해받았던 발달과정을 다시 활성화하고 건강한 자기를 형성하게 된다. 그러므로 과도한 자기애적 욕구나 격렬하게 자기애적 분노를 표현하는 환자에게, 사실은 그의 욕구를 나름대로 표현하려는 것이지만 결과적으로 효과적인 표현이

되지 못하고 있다는 것을 설명해 주는 것이 필요하다. 또 얼핏 강하게 표현하고 있지만 그 뒤에는 무력감과 절망감이 있다는 것을 이해해야 한다.

접촉 기피 자기애적 인격장애 환자들이 보이는 양상은 과도한 자기주장과는 반대로 보인다. 그러나 그들이 겉으로 나타내는 수줍어하고 자기주장을 못하고 소심하며 사회적으로 고립된 모습 속에는 사실 과대 자기의 환상이 가득 차 있다. 치료자는 환자가 보이는 소심함과 수줍음 그리고 사회적 고립 등이 병의 원인이 아니라, 그를 방어하고 있는 보호망이라는 것을 이해하여야 한다. 다른 사람과 접촉할 때 조롱이나 질책을 당하거나 자신이 와해되는 것을 막기 위해 타인과 자신 사이에 보호벽을 쌓고 있는 것이다. 즉, 불안해하는 내면의 연약한 자기가 세상에 대해 방어하는 방식인 것이다.

공감: 분석가의 기본자세

부모가 자기대상으로서 적절하게 반응해 주었다면, 즉 공감(empathy)적으로 반응해 주고 최적의 좌절을 경험할 수 있게 해 주었다면 환자의 자기 결손은 생기지 않았을 것이다. 어린 시절 공감적인 자기대상은 부모가 해야 할 역할이었지만, 분석 상황에서 자기대상 역할은 이제 분석가의 몫이다. 자연스럽게 분석에 임하는 분석가의 기본자세는 적절히 반응하는 자기대상의 태도와 크게 다를 바 없다는 것을 알 수 있다. 즉, 자기대상으로서 공감적으로 반응해 주고, 환자로 하여금 최적의 좌절을 경험할 수 있게 해 주는 것이다.

공감은 직접 관찰할 수 없는 환자의 감정과 생각들을 분석가가 경험할 수 있는 매우 중요한 경험 양식이다. 이런 경험이 가능한 것은 타인을 자기의 연장으로 경험하기 때문이다. 그렇기 때문에 타인의 내적 경험을 자기 자신의 내적 경험과 동일한 것으로 인식하게 된다. Kohut(1984)은 공감 없이 복잡한 심리상태를 이해할 수 있는 심리학은 없다고 단언한다. Kohut은 공감을 '대리 내성(vicarious introspection)' 혹은 보다 쉽게 '다른 사람의 내적 삶을 같이 경험(혹은 경험하려고 시도)하면서 동시에 객관적인 관찰자의 자세를 잃지 않는 것'이라고 정의하였다. 환자가 자기성찰을 하는 것처럼 분석가가 환자의 내적 성찰을 대리로 경험하거나 혹은 간접적으로 경험한다는 의미다.

Kohut은 공감의 기원을 초기 어머니 관계에서 찾았다. 아주 초기 아기는 어머니와 경계를 형성하지 못한 융합된 상태다. 그러므로 아기는 어머니를 독립적으로 인식하지(perceive) 못하고, 어머니의 느낌과 생각들을 그대로 받아들일(receive) 수밖에 없다. 즉, 어머니의 느낌과 생각과 행동들이 아기에게 그대로 주입된다. 그래서 어머니의 감정과 행동이 바로 아이 자신의 것이 된다. 이를 Kohut(1966)은 어머니와의 일차적 공감(primary empathy)이라고 불렀다. 일차적 공감은 어머니와의 관계에서 일어나는 일이기 때문에 다른 사람 예를 들어 분석가가 환자의 어린 시절을 이해하는 것은 매우 어렵다. 또한 성인과 유아의 심리상태가 워낙 차이가 나기 때문에, 유아의 심리를 그 자체로 이해하기란 거의 불가능한 일이다. 그럼에도 불구하고 무리하게 유아의 심리상태를 이해하려고 하다간, 성인의 심리

상태를 설명하는 틀을 가지고 유아의 심리를 설명하려는 우를 범하기 쉽다[Kohut은 이를 성인변용주의(adultomorphism)라고 불렀다]. 그러므로 잘 모르는 유아의 심리 발달에 대해 불확실하게 설명하기보다, 좀 느슨한 면은 있지만 차라리 공감적 근사치(loose empathic approximation)에 만족해야 한다고 Kohut은 권고하였다. 예를 들어, 유아의 심리상태를 가장 있는 그대로 표현하는 방법 중의 하나는, 아이가 긴장상태이거나 혹은 긴장이 풀린 상태라고 표현하는 것이다(Kohut, 1971).

공감은 심리적 자료를 모으는 도구이지, 자료에 대한 설명을 제공하지는 않는다. 물론 공감적 태도가 없이는 자료를 얻을 수 없다. 공감받지 못하는 환자가 자신의 깊은 내적 이야기를 꺼내기란 쉽지 않을 것이다. 그러나 분석가가 공감에만 머무른다면, 얻은 자료를 가지고 가설을 세우고 설명할 수 없다. 즉, 공감을 넘어서야만 자료에 대한 이해에 도달할 수 있다.

분석가가 공감을 잘 못하거나 공감 능력이 제한되는 이유는 분석가 자신의 자기애적 요소 때문이다. 공감 능력을 제한하는 자기애적 요소란 아직 분석가 안에 남아 있는 성숙하게 발달하지 못한 고태적 자기애 구조다. 분석가 자신의 고태적 자기에 집중하느라 환자에 대한 공감 능력이 떨어지게 되는 것이다. 그러므로 분석가가 수련과 훈련을 통하여 자기애적 집중을 변형시켜 공감 능력을 배양하는 것이 매우 중요하다. 분석가의 자기에 대한 성공적인 분석은 공감 능력의 확장 혹은 향상을 가져온다. 고태적 자기애 구조 중 이상화 대상이 지배적이었던 사람이 성공적으로 분석을 받은 경우, 타자에 대한 공감 능력이 많이 향상된다. 반면, 과대 자기가 우세했던 경우엔 성공적인 분석을 통하여 자신에 대한 공감 능력이 우세해진다. 그렇다고 모든 경우에 매사를 다 공감하려고 하는 것은 가능하지도 않을뿐더러 바람직한 일도 아니다. 성숙한 성인이나 분석가에게 요구되는 것은 현실 상황에 따라 공감적인 경험 방식과 비공감적인 경험 방식을 적절히 적용할 수 있는 능력이라고 할 수 있다.

반복되는 이야기지만, 공감은 일차적으로 환자의 정보를 얻고 이해하는 도구이지, 직접 치료를 하는 것이 아니다. 분석가가 공감과 그에 따르는 이해를 통해 직접적으로 환자를 치료하려 할 때, 환자는 오히려 부담을 느낄 수 있다. 분석가가 그런 시도를 하는 이유 또한 그 자신의 해결되지 않은 전능 환상 때문일 가능성이 높다. 공감을 통한 직접적인 치료 시도는 환자에게 저항을 불러일으키게 된다.

환자 D가 분석 중에 보고한 꿈이다. D가 아주 어렸을 때 그의 어머니가 돌아가셨다. 이후 성장과정에서도 많은 어머니 상을 상실하는 경험을 하였다. 꿈에서 D는 자기 집에 혼자 있으면서 창밖을 내다보고 있다. 창밖에는 크고 작은 수많은 예쁜 물고기들이 물속을 헤엄치며 다니고 있다. D의 옆엔 낚시 장비가 놓여 있다. 그는 낚시를 하러 가고 싶은 강렬한 충동을 느낀다. 하지만 D는 자신의 집이 호수 바닥에 있다는 것을 알고 있다. 그렇기 때문에 D가 낚시를 가려고 문을 여는 순간, 호수의 물이 집 안으로 밀려들어와 자신은 물에 빠져 죽게 될 것이라는 것을 그는 알고 있다.

D는 어린 시절 공감적인 양육을 받지 못하고 성장하였다. 분석을 받으면서 D는 분석가로부터 많은 공감적인 경험을 하였다. 창밖의 수많은 물고기들이 그런 공감적인 경험들을 의미한다. 호수는 그런 경험을 가능하게 하는 분석가와의 공감적 관계 자체를 뜻한다. D는 공감적인 경험들을 자신의 것으로 만들길 원한다. 그래서 예쁜 물고기들(좋은 공감 경험들)을 낚시로 잡길 원한다. 그러나 낚시를 할 수가 없다. 낚시를 하기 위해 문을 열고 나가는 순간, 집은 물에 온통 잠겨 버리고 자신은 익사할 것이기 때문이다. 공감만으로 치료하려는 것은 분석가의 고태적 과대 자기다. 공감만으로 치료하려는 분석가 앞에서 D는 분석가의 거대한 과대 자기에 삼켜지는 느낌을 받는다. 마치 자신의 집이 거대한 호수 속에 잠겨 있는 것과 같이 느낀다. 호수 속에 있는 집에서 밖으로 나가지 않으려고 하는 것은 그런 치료자에 대한 저항이고 자신이 삼켜지는 것에 대한 방어이다.

자기심리학에서 말하는 공감은 그전에 분석가들이 말하던 공감과 다른 것인가? 엄밀히 말해서 그렇지 않다. 그렇지만 어떤 일면에선, 자기심리학적 분석을 하는 분석가의 공감이 전통적인 분석가의 공감과 차이가 있다고 주장할 수 있다. 전통적인 정신분석에서 분석가는 환자가 전이를 통하여 분석가를 그의 욕동의 목표물로서 경험한다. 자기심리학이 출현하면서 분석가는 환자가 전이를 통하여 분석가를 욕동의 목표물뿐 아니라, 또한 자기대상으로 경험한다는 것을 알게 되었다. 그러므로 자기심리학이 새로운 종류의 공감을 제공한 것은 아니지만, 공감의 영역을 확대하고 심화시킨 것은 사실이다.

Kohut은 15세기 이탈리아의 르네상스 건축양식 창시자 중의 한 사람인 브루넬레스키(Filippo Brunelleschi)를 들어 자기심리학이 공감을 통해 정신분석학에 끼친 영향을 설명하였다. 브루넬레스키는 피렌체의 산타마리아 델 피오레 대성당의 커다란 돔을 건축한 사람으로 유명하다. 브루넬레스키는 이런 건축 업적 외에도 회화에서 원근법(perspective)을 창시한 사람 중의 한 사람으로 잘 알려져 있다. Kohut은 브루넬레스키가 사람들에게 새로운 종류의 시선을 제공했다고 보았다. 보다 정확히 말해서, 낡은 이론에 근거해서 바라보던 시선을 바로잡아주었다고 생각하였다.

객관적으로 보면 어떤 사람이 100미터 밖에 있든 눈앞에 있든 그 사람은 똑같은 사람이다. 즉, 같은 키를 가진 사람이다. 그러나 실제 경험에서 100미터 밖의 사람은 눈앞의 사람보다 훨씬 작게 보인다. 한 사람은 어디에 있든 똑같은 크기가 아니라, 멀리 떨어진 사람은 작게 보이고 가까이 있는 사람은 크게 보이는 것, 즉 동일한 사람이 다르게 경험될 수 있다는 것이 르네상스 원근법 창시자들의 공헌이다. 원근법의 공헌과 같이, 자기심리학 또한 이전의 심리학이 미처 인식하지 못하던 부분들을 인식할 수 있게 해 주었다는 것이 Kohut의 생각이다(Kohut, 1984).

어떤 환자가 분석 중에 다음과 같이 말하였다. "분석가가 저에게 무관심하고 소홀한 것 같아요. 그래서 상처를 받았습니다." 사실, 분석가의 반응은 중립적이었지만, 전이관계 속에 있는 환자가 치료자를 어린 시절 그에게 공감해 주지 않았던 아버지처럼 느꼈기 때문이다. 이때 분석가가 "너의 반응은 사실이 아니다."라든지, "너는 너의 아버지와 나를 혼동하고 있다."라고 환자에게 말하는 것은 적절하지 않다. 이것은 100미터 밖에 있든 눈앞에 있든 동일한 사람은 크기가 똑같다고 주장하는 것과 마찬가지다. 가까운 거리에 있을 때, 똑같은 사람이라도 멀리 떨어져 있을 때와는 다른 크기와 선명함으로 경험되듯이, 감정적으로 가까이 있는 사람은 감정적으로 멀리 있는 사람과는 다르게 경험될 수밖에 없다. 즉, 전이관계가 형성된 이후 치료자는 그전에 감정적으로 중립적일 때의 치료자와 다르게 느껴질 수밖에 없다. 그러므로 "너의 반응은 사실이 아니다." 혹은 "너는 너의 아버지와 나를 혼동하고 있다."라는 표현은 환자 인식의 사실성 여부를 판단하는 표현일 뿐 공감적인 반응은 아니다. 그러므로 "어떤 사람이 과거 어린 시절 부모처럼 중요한 의미를 갖게 되면, 그 사람이 가깝게 느껴지고 그의 말이나 행동에 민감해질 수밖에 없다." 혹은 "어릴 때 아버지가 너에게 무관심했기 때문에 다른 사람들이 너에게 어떻게 반응할지 민감할 수밖에 없었고, 지금도 나의 반응이 크게 느껴지는 것 같다."라고 표현해 주는 것이 역동적인 해석이면서 동시에 환자 '경험의 원근법'을 이해해 주는 것이 된다.

Kohut은 공감을 치료 밖 일반 상황까지 확대하여 적용하였다. 그는 공감을 자기를 확장하여 타인을 포함하는 것으로서 동료와 관계를 파괴하는 힘에 대항하는 것이라고 설명하였다. Kohut은 여기에서 한 걸음 더 나아가 공감은 타인을 수용하고 인정하고 이해해 주는 인간적인 공명과 같은 것으로, 만약 공감이 없다면 인간의 삶 자체가 유지될 수 없다고 주장하였다(Kohut, 1975).

공감에 대한 다양한 분석적 견해들

Kohut 외에 많은 분석가들이 공감에 대한 다양한 시각을 이야기하였다. Ornstein과 Ornstein(1995)은 공감이 환자의 주관적인 내적 경험에 직접 접근할 수 있는 유일한 방법이라고 정의하였다.

환자의 주관적 경험을 분석가가 직접 이해할 수 있는 것에 대해, Fliess(1942)는 분석가가 환자를 동일시하여 분석가가 환자가 되기 때문이라고 설명하였다. 특히 정서적으로는 분석가가 환자이기 때문에, 환자가 느끼는 모든 격동과 고통을 느낄 수 있다고 표현하였다. 그러면서 공감은 마치 와인을 시음하며 그 맛을 자기의 것으로 느끼는 것과 마찬가지로 환자의 정서를 자기의 것으로 느끼는 것이라고 설명하며, 공감을 '음미 동일시(trial identification)'라고 부르는 것이 좋겠다고 제안하였다.

Tansey와 Burke(1985)는, 음미 동일시는 Racker가 이야기하였던 일치동일시(concordant identification)와 동의어로 이해될 수 있다고 지적하였다. 일치동일시는 분석가가 환자의 자아나 초자아 혹은 이드와 동일시하는 것을 말한다. Racker가 역전이를 설명하며 일치동일시를 설명하였듯이, 일치 조율의 공감적 관계에 있을 때 분석가는 환자를 자신과 동일하다고 보거나 혹은 '잘못 볼' 위험이 있다.

Meissner(2010)는 공감을 설명하기 위해 내재화된 형상의 개념을 도입하였다. 그가 말하는 내재화된 형상은 일반적으로 자기-표상(self-representations)과 같은 의미다. 자기-표상은 인지적인 측면이 부각된다는 점에서 내재화된 형상(introjective configuration)이란 용어를 사용하였다. Meissner는 자기의 속성 중에서 일차적인 동인으로 자기애(narcissism)와 공격성(aggression)을 꼽았다. 그렇기 때문에 내재화된 형상은 이 두 가지 동인을 중심으로 심리내적으로 구조화된다고 생각하였다. 즉, 내재화된 형상은 공격성의 양 측면—공격자 형상과 희생자 형상—의 모습을 갖거나, 자기애의 양 측면—우월자 형상과 열등자 형상—으로 구성된다고 설명하였다.

우월자 형상은 우월성, 과대성, 특별함, 특별한 자격 혹은 권리감, 자부심, 예외적 존재감, 혹은 조증 증상으로 표현되거나 공상할 수 있다. 반면에 열등자 형상은 열등감, 무가치감, 낮은 자존감, 수치감, 평가 절하된 느낌, 우울감, 부적절감 등으로 나타날 수 있다. 공격성의 측면에선, 내면의 공격자 형상은 파괴적 행동이나 환상, 가학성, 대인관계에서의 지배적이고 통제적인 행위, 과도한 독립성 등으로 표현될 수 있다. 반대로 희생자 형상은 연약함, 취약함, 지나친 의존성, 무력함, 수동성, 피학성, 힘없음 등으로 표현될 수 있다. 이런 형상들은 다양한 조합으로 조직화되어 심리 형상을 구성하게 된다. 자기-표상은 이러한 요소들이 어떻게 조합되고 균형을 이루는가에 따라 정해진다고 볼 수 있다. 이런 요소들 중 한두 가지 형상이 특히 두드러질 때 병리적인 양상을 나타낼 가능성이 높아진다.

건강하고 보다 성숙한 인격을 가진 경우, 서로 상반되는 요소들이 균형을 이루고 서로를 중성화하여 보다 조화롭고 적응적인 통합을 이룬다. 그럼에도 불구하고 공감이나 역전이 반응에 관여할 땐, 이런 요소들이 활성화하여 투사를 하는 기본 인자로 작용한다. 분석가와 피분석가 모두의 내재화된 형상이 공감 관계에서 함께 관여하게 된다.

Basch(1983)와 Winnicott(1971) 등은 공감이 전언어기 유아의 성장과정에서 결정적인 역할을 한다고 생각하였다. Schlesinger (1994)는 유아와 어머니가 두 사람만의 조율 속에서 상호작용을 하듯이, 분석가와 환자도 두 사람만의 비밀스러운 소통을 하게 된다고 생각하였다. 두 사람에게만 통용되는 암묵적인 언어와 수수께끼 같은 표현들 그리고 상징적인 몸짓 등 외부 사람들이 접근할 수 없는 특별한 소통은 상호 적응을 높여 준다고 보았다. Meissner(2010)는 공감 능력이 유아의 정서적 애착이나 정서발달에 중요할 뿐만 아니라, 이후 모든 심리발달에도 똑같이 중요하다고 주장하였다. 전언어기의 조율은 이후 오이디푸스기나 오이디푸스 후기의 심리발달에 의해 보완되어야 하기 때문이다. 그래야만 성인이 되어 타인의 심리경험을 공감할 수 있게 되고, 대상관계에서 자기와 대상 사이에 연결하고 분리하는 것이 가능해진다고 생각하였다.

자기대상 전이

자기대상 전이(selfobject transference)는 1971년 『자기의 분석』부터 중요하게 다뤄졌던 개념이다. Kohut은 초기에 자기대상 전이라고 부르지 않고 자기애적 전이(narcissistic transference)라고 명명하여 사용해 오던 것을 1984년 『분석은 어떻게 치유하는가』에서 자기대상 전이로 이름을 바꾸었다. Kohut은 이름만 변화시킨 것뿐만 아니라, 자기대상 전이의 종류도 두 가지에서 세 종류로 증가시켰

	1971 『자기의 분석』		1984 『분석은 어떻게 치유하는가?』
명칭	자기애적 전이	⇨	자기대상 전이
종류	거울 자기대상 전이 이상화 자기대상 전이	⇨	거울 자기대상 전이 이상화 자기대상 전이 쌍둥이 자기대상 전이

자기대상 전이 명칭과 종류의 변화: Kohut은 자기애적 전이를 자기대상 전이로 명칭을 변경하였을 뿐 아니라, 거울 전이의 한 종류로 분류하였던 쌍둥이 전이를 따로 독립시켜 분류하였다.

다. 분신 혹은 쌍둥이(alter-ego/twinship) 자기대상 전이를 거울 전이(mirror transference)의 한 부류로 취급하였는데, 이를 독립적인 자기대상 전이로 분리시켰다. 이렇게 명명법도 바꾸고 분류도 변화시킨 이유에 대해 Kohut은 보다 깊고 넓게 임상경험을 하면서 자연스럽게 나타난 결과라고 설명하였다.

1971년 자기애적 전이란 용어를 사용한 것에 대해서(저자 주: Freud의 자기애 개념을 염두에 두고 이름 붙인 것에 대해서) Kohut은 단순하게 '새 와인을 낡은 부대에 붓기 위한 것'이었다고 부언하였다. 새 와인을 낡은 부대에 부은 이유로 Kohut은, 그의 동료는 물론 그 자신을 위해서도 그의 혁신적인 이론이 보다 덜 급진적으로 보이도록 하고 싶었기 때문이라고 설명하였다. 같이 수련받고 동일한 전통을 공유하고 있는 동료들이 그의 이론을 받아들이기 주저하는 것을 느꼈기 때문에 어쩔 수 없었다는 것이다. 그렇지만 자기애적 전이를 자기대상 전이로 부르기 시작하면서 Kohut은 보다 선명하게 자신의 개념들을 이해할 수 있게 되었다. 특히 Kohut은 자기대상 전이라는 이름이 자기가 일생 동안 성숙하고, 성장발달하는 과정에 자기대상이 지속적으로 관여한다는 점을 더 부각시킨다고 생각하였다.

자기대상 전이와 고전적 정신분석에서 전이의 차이

전통 정신분석

분석이 시작되면서, 초기엔 흔히 '부동 전이(Floating transference)'라고 부르는 산발적이고 일시적인 전이들을 보인다. 전이 속에서 환자는 분석가를 과거의 중요한 인물(갈등과 관련된 인물)로 경험하고 있다. 분석가가 절제의 원칙을 잘 견지하며 분석을 진행하면 더욱 지속적인 전이반응을 발달시키게 된다. 다시 말해서 현재 신경증에 관여하는 무의식의 내용물들이 충분히 드러날 수 있도록 전이는 좌절되어야 한다. 그러면 중요했던 인물과 관련된 모든 갈등 양상들이 전이 속에서 만개하게 된다. 환자의 갈등은 오이디푸스 욕동과 복잡하게 관련된 양상을 보인다. 이런 갈등을 신경증적인 방어로 처리하면서 다양한 증상들(절충 형성)을 나타내고 있다. 그러므로 전이가 전개되는 과정을 견디고 수행할 수 있을 정도로 피분석가는 적절히 통합된 자아와 초자아를 갖고 있어야 한다. 전이가 만개하면서 환자는 분석가와 분석과정에 더욱 몰두하게 되고 분석가와 분석이 환자의 삶에서 중심적인 관심사가 된다. 환자의 본능적인 욕구와 신경증적 갈등이 분석 상황으로 재집결되고 분석가에게 집중된다. 대개 분석가에 대한 다양한 감정들, 즉 사랑과 미움 등을 느끼게 되기 때문에, 이에 대한 방어가 나타나게 된다. 이런 반응들은 강력하게 폭발적으로 나타날 수도 있고 미묘하거나 만성적으로 나타날 수도 있다.

점점 환자의 증상과 갈등 그리고 방어들이 분석가와 분석기법에 집중되면서 원래 신경증은 분석가에 대한 전이신경증으로 대부분 대체된다. 분석 상황 내에서 환자의 신경증을 집중적으로 다룰 수 있게 되었다는 것을 뜻한다. 전이신경증에서 환자는 분석가에게 과거 자신의 신경증을 반복한다. 그러므로 전이신경증을 통해 환자의 갈등을 생생하게 관찰하면서 분석과정을 진행할 수 있다. 분석가가 전이신경증을 적절히 다루고 해석해 주면 환자의 유아신경증(infantile neurosis)이 재활성화된다. 전이신경증에는 유아신경증과 유아기 이후의 변형된 모습까지 같이 재활성화된다. 분석가는 전이를 명료화하고, 환자는 전이 해석과 훈습을 통해 신경증적 방어 양상을 이해함으로써 병리적 방어 대신 이성적 대응이 가능하게 된다.

요약하면 전통적인 정신분석의 기본적인 태도는 전이신경증이 최대한 발달하도록 촉진하는 것이다. 전이신경증은 환자의 과거 병적 경험들에 접근할 수 있는 가장 중요한 도구다. 따라서 분석가는 전이 상황을 보호하고 그것이 만개하는 것을 방해하는 어떤 오염도 막

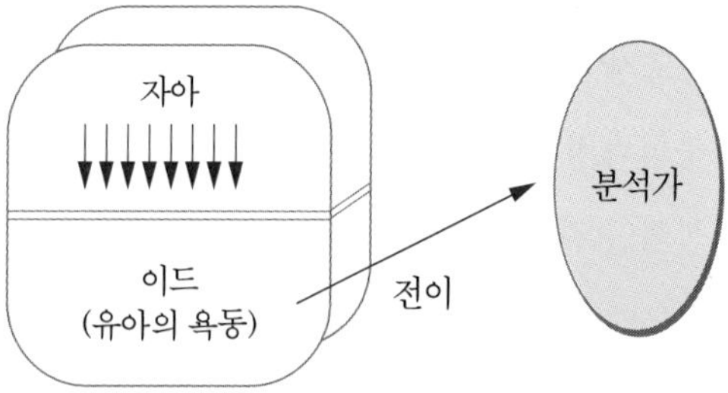

상처가 되는 좌절의 결과, 무의식에 억압된 유아의 욕동은 분석가에 대한 전이를 통해 출구를 찾는다.

아야 한다. 어떤 식으로든 분석가 개인의 특성과 가치가 침투하는 것은 전이신경증의 범위를 제한한다. 예를 들어, 부적절한 온화함은 적대적 전이가 완전히 드러나는 것을 방해한다.

자기심리학 정신분석

자기심리학은 정신분석을 받게 되는 대부분의 환자들의 정신 병리의 핵심이 자기 결손(defective self)이라고 간주한다. 자기 결손은 정상적인 자기 발달이 실패하여 자기가 제대로 성장하지 못했다는 것을 뜻한다. 앞서 설명하였듯이, 자기 결손의 원인은 어린 시절 자기-자기대상 관계에 문제가 있었기 때문이다. 자기대상의 공감적 반응 자체가 결핍되었거나 최적의 좌절을 경험하지 못하고 아이로선 감당하기 어려운 과도한 좌절을 경험한 결과다. 그 결과, 변형 내재화를 통해 건강한 자기를 형성하지 못한 채 자기의 성장이 멈춰지거나 왜곡되고 결손된 상태를 보이게 된다. 그러므로 정신분석을 통해 치유를 얻기 위해선 발달과정에서 방해받은 성장이 분석과정에서 다시 진행되어야 한다. 즉, 분석가와 자기-자기대상 관계를 다시 형성할 수 있어야 한다. 다시 말해서 분석가를 자기대상으로 삼아 자기-자기대상 관계를 새로 시작해야 한다. 자기심리학은 이를 '자기대상 전이'라고 부른다. 환자는 분석가와의 관계에서 자기대상 전이를 형성하고, 분석가가 자기대상으로서 적절하게 반응해 줄 때, 환자는 방해받았던 발달과정을 다시 활성화하고 건강한 자기를 형성하게 된다.

그러므로 분석가는 환자의 전이 속에 담겨 있는 자기애적 욕구를

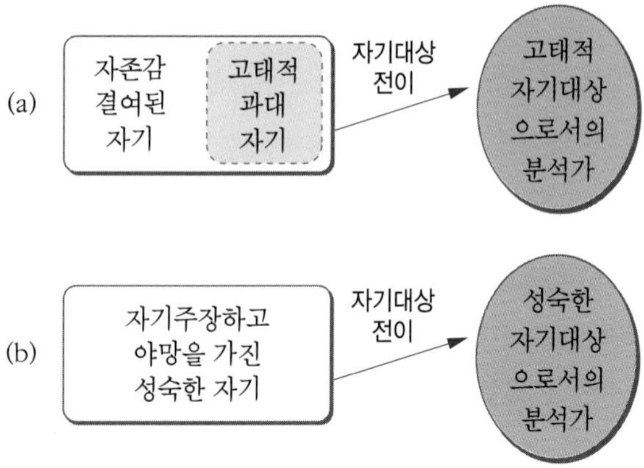

자기대상 전이: 자기대상 전이는 좌절 때문에 발달하지 못한 고태적 과대 자기가, 치료자(자기대상) 관계에서 그 시기에 필요했던 자기대상의 적절한 반응을 받으며 새롭게 성장 발달하려는 것이다. 분석이 잘 진행되면 환자-치료자 관계가 (a) 고태적 자기-자기 대상 관계에서 (b) 성숙한 자기-자기대상 관계로 변화된다.

정당한 것으로 받아 줘야 한다. 자기대상으로서 적절한 공감적 반응을 해 줘야 한다. 이것은 전이가 만개할 수 있도록 전이를 보호하고 방해하지 않는 전통적인 분석 기법과 비슷하다. 또 전이가 전개되며 분석가에게 집중되는 것도 전통 기법과 유사하다. 그러나 전통적인 정신분석에서 전이가 만개하여 전이신경증이 형성되는 과정은 일종의 퇴행이다. 반면, 자기대상 전이는 퇴행적 전개 없이 자기의 성장으로 이어진다.

전통 정신분석과 자기심리학 정신분석에서 전이 이해에 대한 차이

자기대상 전이와 전통 전이의 가장 큰 차이는 전이를 전개시키고 처리하는 기법이다. 전통적인 분석에서 전이를 발달시키고 다루는 유일한 방법은 해석이다. 자기심리학 분석에서 자기대상 전이를 발

달시키고 다루는 방법은 공감적 자기-자기대상 관계와 해석 모두가 포함된다. 전통적인 분석에선 전이를 좌절시킴으로써 환자의 갈등이 충분히 전개될 수 있도록 촉진한다. 반면, 자기대상 전이에서 환자를 좌절시키는 것은 또 한 번 자기대상의 비공감적 반응을 경험하는 것이고 자기대상 관계의 좌절이다. 그러므로 환자는 더욱 자기애적 욕구를 억압하여 자기대상과의 관계에서 철수한다. 즉, 전이가 방해받는 것이 되고 분석 자체가 점점 불가능해진다.

이런 차이가 나는 근본적인 이유는 전이가 되는 피분석가의 심리적 내용이 처음부터 다르기 때문이다. 전통적인 분석에서 전이의 내용은 무의식의 억압된 욕동인 반면, 자기대상 전이에서 전이의 내용

<table>
<tr><th>전통(고전적) 정신분석</th><th>자기심리학 정신분석</th></tr>
<tr><td>억압된 무의식적 욕동과 갈등
(오이디푸스 갈등 중심)</td><td>좌절된 자기애적 욕구와
성장이 중단된 자기</td></tr>
<tr><td colspan="2">전이를 의미 있는 것으로 인정한다.
전이가 충분히 전개될 수 있도록 촉진한다.
전이가 분석가에게 집중할 수 있도록 촉진한다.</td></tr>
<tr><td>전이의 좌절을 통해
전이가 발달하도록 돕는다.
→ 전이신경증 형성</td><td>공감적 자기대상 반응을 통해
전이 발달을 돕는다.
→ 새 자기-자기대상 관계 형성</td></tr>
<tr><td>전이신경증에 대한
해석을 통해 치유된다.</td><td>새로운 자기-자기대상 관계
자체와 해석을 통해 치유된다.</td></tr>
<tr><td>치유 요소: 무의식에 대한 의식,
이드에 대한 자아 지배 확산</td><td>치유 요소: 변형 내재화를 통한
새로운 심리구조 형성,
즉 자기 발달</td></tr>
</table>

은 중단된 자기 발달의 욕구다. 그러므로 분석의 목표는 전이를 통해 무의식의 내용들이 최대한 표출되게 하여 의식이 무의식의 욕동과 소망을 통제할 수 있도록 도와주는 것이고, 이드 욕동에 대해 자아의 지배력을 확산하는 것이다. 자기심리학에서 자기대상 전이의 내용은 공감받지 못한 자기애적 욕구다. 그러므로 전이를 통해 분석가가 적절하게 반응해 줄 때, 환자는 새로운 자기-자기대상 관계를 경험하며 공감적인 분위기 내에서 자기의 발달을 다시 시작할 수 있게 된다. 이것은 전통 분석에서 의식의 통제나 자아의 지배력을 확산하는 것과 달리, 변형 내재화를 통해 자기의 심리구조가 새롭게 형성되는 것이다.

반복되는 우울증 때문에 정신치료를 받고 있는 C는 가정에 무관심한 남편과 이혼한 30대 중반의 여성이다. 주 2회씩 6주 정도 치료가 진행된 시점에서, C는 다음과 같은 꿈을 이야기하였다.

"꿈에서 나는 정신치료가 끝난 후 치료자의 사무실 밖에 있는 발코니에서 치료자를 만날 예정이다. 나는 치료자를 만날 것에 대해 기대감을 가지고 기뻐하고 있다."

C는 꿈에 대해 연상하면서 그녀에게 엄격한 규율을 강박적으로 강요하며 키운 그녀의 어머니를 떠올렸다. 그리고 그녀가 네 살짜리 어린아이였을 때 벌을 받았던 기억을 생각해 냈다. 그날은 유난히 추운 겨울날이었음에도 불구하고 어린 C는 어머니가 지정해 준 시간 동안 집 밖에 서 있어야만 했다.

치료자는 C의 꿈에 대해, C가 규칙을 깨기 위해서 치료자를 특정한 시간에 특정한 장소에서 만나길 원하는 것이라고 해석해 주었다. 즉, C는 지나치게 엄격했던 어머니에 대해 분노를 느끼는데, 마찬가지로 엄격한 정신치료 규칙을 요구하는 치료자에 대한 분노를 피하기 위해서 자신을 치료자의 특별한 존재로 느끼고 싶어 한다는 것이다. 그로부터 몇 개월이 지난 후, C는 치료자에게 새로 얻은 직장 스케줄 때문에 치료 시간을 다른 시간으로 변경해야겠다고 요청하였다. 치료자는 처음에 침묵을 지키다가 마침내 그것은 C가 규칙을 깨고 싶어 하는 것이라고 다시금 해석해 주었다. 이러한 치료자의 두 번의 해석에 대해 C는 침묵 속으로 움추러 들었다. 그리고 치료자가 자신을 받아들이지 않을 뿐만 아니라, 바로 그녀의 어머니가 그러했듯이 너무 규칙에 얽매어 있다고 느끼게 되었다.

전통적인 정신치료의 시각으로 볼 때, 치료자의 해석은 적개심을 느끼는 어머니 상이 치료자에게 전이되는 것을 염두에 둔 것이다. 즉, 일정한 시간 동안 일정한 치료 규칙에 따르는 분석과정에서, 치료자가 강박적으로 규율을 강요했던 어머니처럼 무의식적으로 자꾸 느껴지니까, 이를 차단하기 위해서 C는 치료 시간 외에 치료 장소가 아닌 발코니에서 치료자를 만나려 한다는 해석이다. 또한 치료 시간을 변경한다는 것은 곧 치료자가 규칙을 강요하지 않고 자신의 요구를 들어주는 것이 되기 때문에, 본래 어머니에게 느꼈던 분노와 적개심을 차단할 수 있게 된다. 그러나 중립적인 태도와 해석을 통해 C의 이러한 전이 만족을 차단함으로써, 궁극적으로 C는 언젠가 전이를 통해 어머니에게 느꼈던 분노나 적개심을 치료자에게 느끼게 될 것이다. 그때 전이 해석을 통해 환자가 어머니에게 느끼는 무의식적인 감정과 태도를 이해할 수 있게 도와줄 수 있다.

이러한 전통적인 접근은, 환자인 C가 이런 직접적인 해석을 잘 처리할 것이라는 치료자의 가정에 근거하고 있다. 물론 적개심과 연관된 갈등이 C의 정신역동에서 매우 두드러진 부분인 것은 사실이다. 그러나 이런 부정적인 감정이 치료적으로 유용하게 사용될 수 있기 위해선, 보다 공고한 치료적 관계의 형성이 전제되어야 한다. 여기서 말하는 보다 공고한 치료적 관계란 치료적 동맹을 말하는 것일 수도 있고, 자기심리학에서 말하는 보다 퇴행적인 작업을 하기 위한 전제로서 신뢰할 만한 자기-자기대상 관계를 지칭하는 것일 수도 있다.

이런 관점에서 접근한다면, C의 꿈은 그의 어머니와의 관계와는 다른 새로운 관계 체험을 치료자와의 사이에서 원한다는 것을 전달하고 싶은 환자의 소통 방식이라고 볼 수 있다. 즉, C의 어머니가 그녀 나름대로의 규율을 가지고 마음대로 C에게 대했듯이, 치료자가 그가 정한 임의의 규칙을 가지고 그녀를 치료하는 그런 방식을 뛰어넘는 새로운 관계를 원하는 것이다. 예를 들면, 어린아이로서 지킬 수 없는 너무 경직되고 엄격한 어머니의 규칙은 아이에게 무력감과 무능감을 느끼게 했을 것이고, 어머니와의 관계에서 안정감을 얻을 수 없었을 것이다. 반복되는 이런 부정적 심리 경험들은 자신이 사랑받고 영향력 있는 존재이길 원하는 자기애적 욕구를 좌절시키고, 궁극적으로는 견고한 자존감을 형성할 수 없었을 것이다. 지금 C가 원하는 것은 자신의 정당한 자기애적 욕구를 충족시키고 건강하게 발전시킬 수 있는 분석 관계를 원한다고 볼 수 있다. 그러므로 C가 치료 중에 어떤 것을 소망하고 반면에 무엇이 반복되기를 두려워하는지를 설명해 주는 것이 필요하다. 이렇게 환자 내면의 자기애적 경험들을 파악하고 그에 대한 이해를 전달함으로써 어머니와의 관계와는 다른 새로운 관계의 가능성의 씨를 뿌리는 것이 중요하다. 그런 새로운 관계를 가능하게 하는 씨가 바로 자기대상 전이 관계다.

자기대상 분석의 초기엔, 환자가 무엇을 덮고 가리고 있는지, 즉 고전적 방어에 초점을 두기보단 어머니와의 관계에 초점을 두는 것이 적절하다. 어머니와의 관계에서 그녀가 무엇을 얻으려고 노력하였는지 환자의 내면의 경험들을 수용해 주고 해석해 주는 것이 중요하다. 이는 Newman(1988) 등 많은 분석가들이 권하는 분석가의 태도이기도 하다. 그렇지 않을 경우, 치료자는 C에게 또 다른 공격하는 어머니로 자동적으로 경험될 위험이 있다. 이런 과정에서 얻어지는 또 다른 소득은, 환자가 새로운 경험을 형성할 수 있는 힘을 가지고 있다는 것을 느끼게 된다는 것이다. 즉, 어머니가 정해 준 규칙에 경직되어 얽매이지 않고, 새로운 자기의 삶을 만들어 갈 수 있는 가능성을 가지고 있다는 것을 알게 된다.

이상화 자기대상 전이

아무리 완벽한 어머니라 하더라도 아이의 생리적이고 심리적인 욕구를 완전히 만족시켜 줄 순 없다. 결국 생의 초기 더할 수 없이 행복했던 아기-엄마 관계는 깨질 수밖에 없다. 최초의 완전했던 행복을 다시 찾길 바라는 자기애적 욕구는 크게 두 가지 방향으로 진행된다. 하나는 과대 자기('나는 완벽해요')이고, 다른 하나는 이상화 부모 이마고('당신은 완벽하고, 나는 당신의 한 부분이에요')의 수립이다.

적절한 환경, 즉 부모가 적절히 반응해 준다면, 아이는 상실한 우주적 완벽함을 자기대상, 즉 부모에게 부여할 수 있다. 그 결과, 부모는 모든 행복과 힘을 가진 이상화된 대상이 되고 아이는 그런 부모와 연합하고 그 상태를 유지하려고 하게 된다. 반대로 모든 행복과 힘을 가진 부모와 분리될 때 아이는 공허감과 무력감을 느끼게 된다. 부모와의 분리는 필연적이지만, 부모가 적절히 반응만 해 준다면 아이는 분리의 좌절 때문에 그렇게 심한 영향을 받지 않고, 점진적인 실망을 겪게 된다. 달리 말하면, 아이는 이상화 대상을 점차 현실적으로 평가하게 된다. 그리고 이상화 자기대상에 대한 자기애적 부착을 철수하여 점진적으로 내재화한다. 즉, 전에 이상화 자기대상이 충족시켜 주던 기능을 대신하는 항구적인 내적 심리구조를 형성하게 된다. 다시 말해서 변형 내재화 과정에 의하여, 자기대상이 해 주던 기능을 이제는 스스로 처리할 수 있는 심리구조가 자기 안에 형성된다.

그러나 아이가 이상화 대상을 상실하거나 갑작스럽고 심각한 그리고 시기에 적절하지 않은 실망을 하게 되면 적절한 내재화는 일어

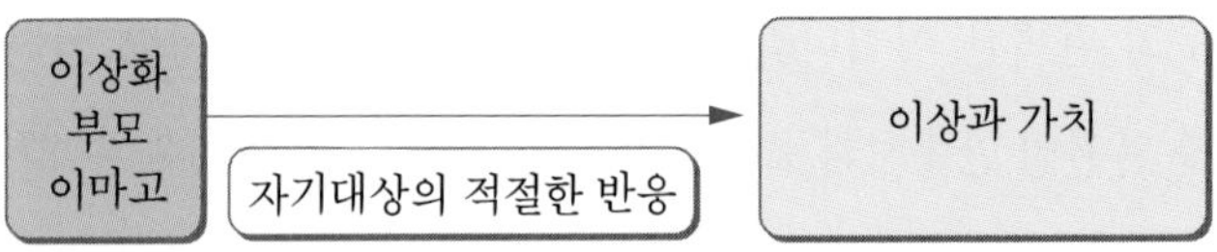

정상적인 이상화 부모 이마고의 성장: 자기대상의 적절한 반응을 받으며 이상과 가치를 가진 성인의 자기를 형성한다.

나지 않는다. 즉, 여전히 자기대상을 필요로 하는 상태로 남게 된다. 그 결과, 일생 동안 심하게 대상에 굶주린 사람(object hunger)처럼 일정 대상에 의존하는 성격을 가진 사람으로 살아가게 된다. 달리 표현하면, 심리내면에 확고한 심리내적 구조를 형성하지 못한 아이는 결손된 심리구조를 보완하는 대상 의존관계를 추구하는 삶을 살아가게 된다. 이때 의존하는 대상은 그 자체가 갖고 있는 속성 때문에 동경의 대상이 되는 것이 아니라, 아동기에 형성하지 못한 심리구조의 부분적인 기능을 대신하기 때문에 필요한 것이다.

자기대상 전이는 성장과정 중에 겪은 좌절 때문에 미처 발달하지 못한 자기애적 구조가 치료자와의 관계 속에서 새로이 성장발달하려는 것이다. 당연히 초기의 좌절에 의해 발달이 방해받은 경우 자기대상 전이도 보다 원초적인 양상을 띠게 된다(이상화 자기대상 관계에서 생기는 장애를 상처를 받는 시기에 따라 분류한 내용은 p. 87 참조). Kohut은 이상화 전이를 발달적으로 '원초적 이상화 전이'와 '성숙한 이상화 전이'로 분류하였다. '원초적 이상화 전이'는 이상화된 어머니 이마고가 자신의 상과 거의 완전히 융합되었던 것처럼 치료자와의 관계에서도 그런 원초적 상태가 다시 활성화되기를 소망한

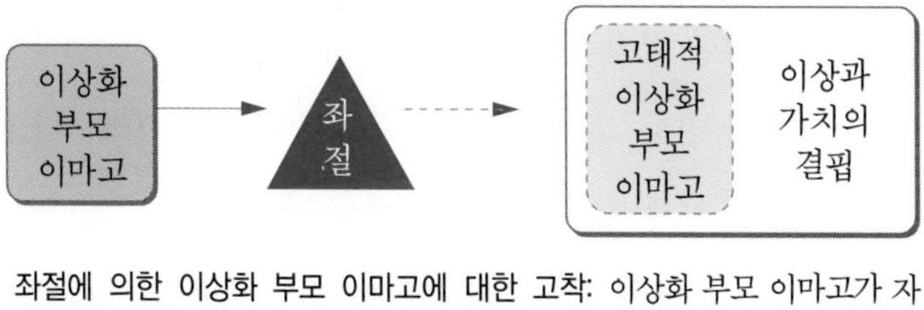

좌절에 의한 이상화 부모 이마고에 대한 고착: 이상화 부모 이마고가 자기대상 경험을 통하여 변형 내재화를 이루지 못했기 때문에, 주위 대상에게 여전히 칭찬과 인정을 요구하며 매달린다.

다. 반면, '성숙한 이상화 전이'는 자기와 대상의 구분이 명확히 형성된 이후의 좌절에 기인하는 전이다. 그러므로 명확한 이상화 대상과 그를 이상화하는 리비도가 활성화된다. 오이디푸스기부터 초기 잠복기 사이에 발생한 외상에 의한 고착이 새로운 자기대상인 치료자 관계에서 활성화되는 것이다. 다만, 이상화 전이를 일어나게 하는 좌절의 시기를 정확히 아는 것은 쉽지 않다. 그 이유 중의 하나로 Kohut은 발생학적으로 유사 경험들이 덧붙여지기 때문이라고 설명하였다. 이는 특정한 병리적 초기 기억들이 후기 기억들에 의해 덧붙혀지는 것을 말한다. 차폐기억(screen memory)과 얼핏 유사하지만 실제론 서로 다른 것이라고 Kohut은 부연 설명하였다.

대상을 이상화하는 것은 전이신경증에서도 나타날 수 있다. Kohut은 전이신경증에서 보이는 이상화와 이상화 자기대상 전이의 차이점을 다음과 같이 구분하였다. 이상화 자기대상 전이는 규칙적이고 질서 있게 나타난다. 또 분석 상황에서 안정되고 중심적인 위치를 갖는다. 반면, 전이신경증에서 대상 이상화는 매우 다양한 모습을 보이며 분석 상황에서도 핵심적이지 않다. 전이신경증의 이상화는 일반적인 과대평가다. 즉, 강렬한 긍정적 전이와 비슷하다. 전이신경증의 대상 이상화가 기본 바탕이 되고 자기애적 자기대상 이상화는 보다 특정한 것이라는 뜻이다. 그렇기 때문에 Kohut은 자기애적 집중은 항상 대상 리비도 부착에 종속된다고 표현하였다. 리비도의 대상 부착은 보통 사랑하는 상태에서 만나게 되는 일반적인—특정하지 않은—양상인 반면, 자기애적 리비도 집중은 특정한 양상을 띠기 때문이다.

이상화 자기대상 전이 사례

붉은 머리에 주근깨가 있는 20대 중반의 남성 A는 큰 제약회사의 연구원이다. A가 정신치료를 받으려는 표면적인 이유는 사춘기 이후로 남자를 보면 성적 자극을 느끼게 된다는 것이었다. 남자를 볼 때 성적 자극을 받았지만, A가 직접 동성애적인 행위를 한 적은 한 번도 없었다. 청소년기 장난스러운 몸싸움을 하거나 남자 운동선수가 실린 잡지를 사는 정도가 전부였다. 단지, 동성애적인 몰두는 환상 속에서만 이루어졌다. 환상 속 동성애 대상은 언제나 완벽한 체격과 강인한 힘을 소유한 완전한 남자였다. 자위행위는 동반되기도 하고 동반되지 않을 때도 있었다. 분석이 진행되면서 A의 동성애적인 경향은 그의 성격의 일부분일 뿐, 보다 광범위한 성격적 결함이 기저에 깔려 있다는 것이 드러났다. 간간히 생기는 동성애적 환상보다 중요한 문제가 두 가지 드러났는데, 하나는 모호한 우울 감정, 에너지의 고갈과 열정의 상실이었다. 이런 기분이 그를 압도할 때는 일의 능률과 창조성이 현저히 저하되었다. 또 다른 문제는 자존감이 매우 취약하다는 것으로 자존감이 손상당했다고 느낄 때 앞의 기분이 나타나곤 하였다. A의 자존감이 매우 취약하다는 것은 타인의 비판에 대한 민감성, 타인이 그에게 흥미를 보이지 않을 때 예민해지는 모습, 윗사람으로부터 칭찬을 받지 못할 때 안절부절못하는 것 등을 통하여 알 수 있었다.

화학을 전공한 A는 실제 상당한 지적 능력을 가지고 있었고 창조적인 연구 능력과 기술을 가지고 있었다. 그럼에도 불구하고 그는 항상 인정을 갈구하였고 지도를 받으려 하였다. 그가 인정과 지도를 받으려는 주 대상은 그가 일하고 있는 연구실 실장, 나이 많은 선배 연구원, 그가 데이트하고 있는 여자의 아버지였다. 그는 이들이 자신을 어떻게 평가하는가에 매우 민감하였으며, 그들의 지지를 받을 수 있는 상황을 조성하려고 애썼다. 그들로부터 지도받고 인정받는다고 느낄 때, 그 자신을 온전한 존재로 느낄 수 있었고 자신이 능력 있다고 경험하였다. 이럴 땐 연구소 일도 창조적이고 성공적으로 잘 수행하였다. 반대로 그를 인정해 주지 않는 기색이 조금이라도 보이거나, 자신에 대한 관심이 없거나 혹은 그를 이해하지 못한다고 느낄 때, 그는 우울상태로 빠져들었다. 우울상태로 빠져들 땐, 뒤이어 분노를 나타냈고 점차 차갑고 오만해지면서 사람들로부터 고립되었다. 당연히 일의 능률이나 창조성은 현저히 떨어졌다. 이럴 때엔 현실성 없는 연구 계획에 몰두하거나 아홉 살 때 배운 별 의미 없는 스페인어를 계속해서 중얼거렸다. 때론 이성적이지 못한 주식 투자에 집착할 때도 있었고 건강염려증과 같은 모습을 보이기도 하였다.

A는 3남매의 막내로서 세 살 위인 누나와 열 살 많은 형이 있다. 여섯 살 이전까지 A가 기억하고 있는 아버지는 아주 친밀하고 이상적인 분이다. 그가 네 살경부터 아버지는 자신이 경영하는 공장에 A를 데려가 구경시켰다. 이렇게 하는 것은 가정의 전통이기도 하였다. 아직 어린아이였지만, 아버지는 A에게 사업에 대해 얘기해 주고 장난스럽게 조언을 구하기도 하였다. 이 시기 아버지는 A에게 동경의 대상이었다.

행복했던 어린 시절은 독일의 침략으로 끝이 났다. 유대인인 A의 가족들은 그가 여섯 살 때 독일의 침략을 피해 다른 동유럽국가로

피신하였다. 피신 초기 아버지는 전과 달리 공포에 질려 무기력한 모습을 보였다. 그렇지만 점차 사업을 추슬러 전보다 규모는 줄어들었지만 재기에 성공할 수 있었다. 그러나 A가 여덟 살 때 독일이 새로 피신한 나라까지 또다시 침공함으로써 A의 가족은 모든 것을 버리고 다시 떠나야 했다. 긴 여정을 거쳐 A의 가족들은 어렵게 미국으로 이주하였다. 미국에서 아버지의 사업은 유럽만큼 성공적이지 못하였다. 유럽에서처럼 여전히 아버지는 새로운 사업을 구상할 때마다 A에게 설명을 해 주었다. 그리고 A가 흥미를 갖고 자신의 일에 어떤 형태로든 참여해 주기를 바랐다. 새로운 사업 구상에 대해 이야기를 할 때 A는 확신과 신뢰를 주는 아버지를 존경하였다. 그러나 사업이 곤경에 부딪치고 힘들어질 때 아버지는 매우 불안해하며 우울증에 빠지거나 건강염려증으로 보이는 다양한 신체증상들을 호소하였다. 이 시기 아버지는 이상적인 모습과 매우 실망스러운 모습을 번갈아 가며 보여 준 것으로 보인다.

A의 어머니는 얼핏 보기에 차분하고 평온해 보였지만, 심리적으로 압박을 주는 상황에 부딪치면 매우 불안정해지는 사람이었다. 실제 상황에 비해 지나치게 불안해하고 느닷없이 흥분하며 마치 존재가 갑자기 해체되는 듯한 모습을 보였다. A와 어머니 관계에 대한 정보가 늘어남에 따라, A의 생애 초기 어머니가 공감적으로 반응해 주지 못했을 것이라는 것이 분명해졌다. 생의 초기 어머니 반응은 피상적이었고 A로선 이해하고 예상하기 힘든 것이었다. 따라서 A는 어린 시절을 몹시 불안하게 보냈고 자기애적인 관점으로 볼 때 매우 취약한 상태일 수밖에 없었다(Kohut, 1971).

A의 중심적인 심리적 결함은 잠복기 초기 이상화된 아버지 이마고에 대한 실망과 상처와 관련되어 있다. 초기 이상화 부모 이마고는 적절한 자기대상 관계를 통하여 이상과 가치를 형성하게 된다. 여섯 살 이전 A의 아버지는 이상적인 부모의 모습을 비교적 충분히 보여 주었기 때문에 이상과 가치관을 형성하는 데에는 큰 어려움이 없었던 것으로 보인다. A가 자기의 전공을 열심히 공부하고 연구소에서 자신의 연구에 집중할 수 있었다는 점에서 일정한 가치와 이상을 형성하였음을 알 수 있다(만약 이상과 가치조차 형성되지 못했다면, 목표를 세워 달라든지 옳고 그름을 판단해 달라는 식으로 외부 대상에게 매달렸을 것이다.). 하지만 이후 이상화 아버지 상에 대해 심각한 상처를 받고 실망을 했기 때문에 이상화 대상에 대한 변형 내재화가 이뤄질 수 없었다. 다시 말해서 고태적 이상화 부모상에 대해 고착된 상태로 남게 되었다. 변형 내재화가 이뤄진 것과 여전히 고태적 이상화 대상에 고착되어 있는 것의 차이는, 자신의 기준(이상과 가치)에 따라 행동한 다음 스스로 만족하며 자존감을 느낄 수 있느냐 없느냐의 차이다. A는 고태적 이상화 대상에 고착되어 있기 때문에 연구소 활동을 잘 수행하고 난 뒤에도 스스로 자신에 대해 만족하지 못한다. 이것은 A의 초자아가 충분히 자신의 위치를 획득하지 못했다는 것을 의미하는 것이기도 하다. 그렇기 때문에 이상화 자기대상의 인정과 칭찬을 여전히 필요로 하는 것이다. 즉, 이상화 대상과 융합되어야만 비로소 자존감을 유지할 수 있다. A가 연구실 실장, 선배 연구원, 여자 친구 아버지의 지도와 인정을 갈구하는 이유다.

이러한 이상화 자기대상 욕구는 분석 상황에서도 그대로 나타난

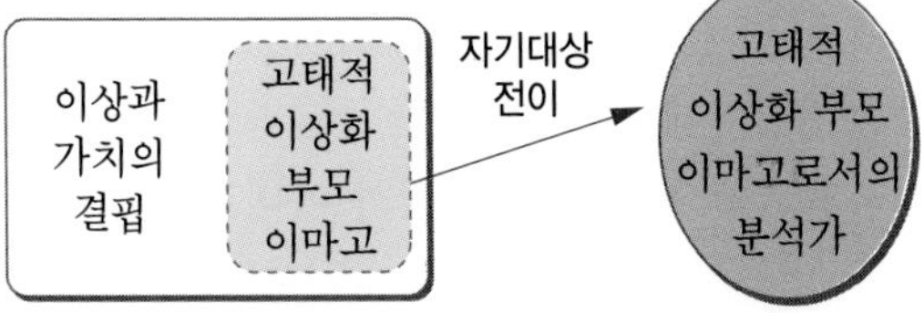

이상화 자기대상 전이: A는 심리적 좌절 때문에 변형 내재화를 이루지 못한 이상과 가치를 분석가와의 이상화 자기대상 전이를 통하여 새롭게 형성하려고 한다. 자기대상 전이는 치료자(자기대상)와 전이관계를 통하여 그 시기에 필요했던 자기대상의 적절한 반응을 받으며 새롭게 성장발달하려는 것이다.

다. 자기대상 전이는 분석가와 전이관계를 통하여 그 시기에 필요했던 자기대상의 적절한 반응을 얻으려는 것이고, 새롭게 성장 발달하려는 것이다.

그렇기 때문에 A는 분석가가 공감적으로 반응하는 이상화 자기대상의 역할을 하도록 요구한다. A는 이상화와 가치관을 어느 정도 형성하였으나 그 이상과 가치가 충분한 위치를 획득하지 못하고 있다. 그러므로 이상화된 대상인 분석가가 자신의 가치와 이상 기준들을 공유함으로써 그것들이 중요하다는 것을 확인하기를 원한다. A가 자신의 가치와 이상 그리고 기준에 따라 행동했을 때 분석가가 그런 점을 인정하고 칭찬해 주길 바란다. 그래야만 자신의 가치와 이상에 따라 살아가는 것이 기쁜 일이라는 것을 확인받을 수 있기 때문이다. 자기대상 전이의 미묘하면서도 까다로운 점은 이상화 자기대상 전이가 지금 이 순간(즉, 분석 상황에서) A의 가치이고 목표라는 점이다. 그러므로 분석가가 A의 이러한 자기대상 욕구를 공감적으로 이해한다고 표현해 주지 않을 때, A는 자신의 가치와 목표를 생기 있고 감동적인 것으로 경험하지 못한다. 즉, 자신의 가치와 이상을 성취하였다 하더라도 그런 성공이 진부하고 무의미하게 느껴지기 때문에 결국 우울하고 공허해지게 된다.

A의 중심적인 심리적 결함은 이상화 아버지 대상에 대한 실망과 상처다. 그렇기 때문에 충분한 자기 위치를 갖는 이상과 가치를 형성하지 못했고, 그 결과 이상화 자기대상의 칭찬과 인정을 유아적으로 추구하고 있다. Kohut은 이러한 일차 결핍과 연관된 부수적인 정신 병리를 추가로 제시하였다. 그것들은 ① 전반적인 자기애적 취약성, ② 이상화 부모 이마고에 대한 실망 반응으로 나타나는 과대자기에 대한 과도한 리비도 부착, ③ 자기애적 심리구성물을 성욕화(sexualization)하는 경향으로 요약할 수 있다.

① 전반적인 자기애적 취약성

생의 초기 어머니가 공감적으로 반응해 줄 때, 아이는 어머니가 자신을 진정시키고 긴장을 조절해 주는 특성들을 내재화하여 자신의 내면에 심리구조로 형성할 수 있다. 다시 말해서 자신의 내면에 스스로 자신을 진정시키고 긴장을 조절할 수 있는 심리를 갖게 된다. 그러나 어머니가 공감적으로 반응하지 못할 때 아이는 그런 심리구조를 가질 수 없기 때문에, 아이는 외부 대상에 의존해서 자신을 진정시키고 긴장을 조절할 수밖에 없다.

심각한 외적 사건들, 예를 들어 부모의 이혼, 정신적 질병, 한쪽 부모의 죽음, 특히 자살과 같은 경우가 아닌 한, 가장 문제가 되는 심리적 상처는 어머니의 병리적 성격 그 자체다. 어머니 자신이 자기애적으로 고착되어 있는 경우, 아이의 욕구를 이해하고 반응하기가 어렵다. 어머니가 자기 자신에게 몰두해 있기 때문에 아이의 긴장에 대해 선택적으로 과도하게 반응하기도 한다.

어머니의 병적인 성격으로 인해 A는 모든 면에서 자기애적으로 취약한 성격을 갖게 되었다. 이것은 초기 고태적 자기대상에 대한 자기애적 고착을 초래하여 생애 후기 성장에도 부정적인 영향을 미치게 된다. 또 다른 문제는 어머니를 충분히 이상화할 수 없었기 때문에 이차적으로 아버지를 지나치게 이상화하게 되었던 점이다. 그 결과, 이상화된 아버지 상에 대한 실망이 A에게 더욱 큰 심리적 상처를 주게 되었다.

② 이상화 부모 이마고에 대한 실망 반응으로 나타나는 과대 자기에 대한 과도한 리비도 부착

Kohut은 이상화 자기대상에게 실망하게 될 때, 그에 대한 반응으로 과대 자기에게 과도하게 집중하게 되는 것은 가장 빈번하게 관찰되는 것이라고 설명하였다. A도 이상화 욕구의 좌절에 대한 반동으로 과대 자기에 대한 집착의 모습을 자주 보였다. 비현실적인 주식 투자나 연구 계획, 별 의미 없는 스페인어의 중얼거림과 건강염려증적 집착 등이 그것이다.

③ 자기애적 심리구성물을 성욕화하는 경향

A가 이상화한 대상들의 인정을 받지 못할 때, 우울 상태에 빠지면서 동성애적인 환상에 빠지는 것이 뚜렷하게 관찰되었다. 환상 속 대상은 완벽한 몸매와 강한 힘을 가진 완전한 남자였다. 그의 환상

은 그런 완전한 남자를 거의 가학적으로 완벽하게 통제하는 내용이었다. 비록 그는 약했지만, 환상 속에서 A는 강하고 완벽한 체격을 가진 남성을 노예처럼 부리며 완전히 무력화시킬 수 있었다. 혹은 강인한 신체를 가진 남자를 수음하여 그의 힘을 빼 버리는 환상을 하며 승리감과 함께 오르가즘을 느꼈다. 완벽한 체격을 가지고 있는 강인한 남성은 이상화된 부모상이다. 이상화 부모상이 성욕화되었음을 의미한다. 성적으로 완전한 남성을 제압하는 것은 이상과 가치에 대한 자기대상 욕구를 성욕화한 것이다. 이상화 자기대상으로부터 강함을 얻고자 하는 소망이 성적으로 표현된 것임을 알 수 있다.

이상화 전이의 치료과정

① 이상화 전이 형성 전과 초기 단계

환자는 이상화 대상과 융합하고자 하는 강렬한 소망을 갖고 있는 상태다. 이상화 전이가 마냥 편하고 쉽게 형성되는 것은 아니다. 환자는 이상화 전이를 발전시켜 나가는 초기에는 불안을 느끼게 된다. 이상화 전이는 이상화 대상과 융합을 의미하는데, 융합은 한편으론 삼켜짐의 위험이 있기 때문이다. 분석 초기에 때로 환자가 웅장하게 솟아 있는 산을 오르는 꿈을 보고할 때가 있다. 좁고 가파른 위험한 산길을 오르며 안전하게 발 디딜 곳을 찾는다든지, 안전한 쉼터를 찾는 꿈은 이상화 전이를 발전시켜 나가는 과정에서 생기는 불안을 나타내는 꿈이다. 대상과 융합하는 것은 결국 퇴행이기 때문에 퇴행에 대한 불안이 추락하는 꿈으로 표현되기도 한다. 물론 웅장한 산을 오르는 꿈이 흔히 남근기적인 갈등과 거세불안을 담고 있다는 사실은 이미 잘 알려진 사실이다. 그럼에도 불구하고 가파른 산을 위험하게 오르는 꿈이나 추락하는 꿈은 자기대상 전이를 식별할 수 있는 좋은 단서가 될 수 있다. 이상화 대상이 매우 냉담하고 적절하게 반응해 주지 않을 때, 꿈속에서 얼음 산이나 대리석 산 등으로 나타나기도 한다. 이상화 대상과 융합을 추구하면서도, 한편으론 융합에 의해 자신의 개성을 상실할까 봐 두려워한다. 이런 두려움들 또한 꿈이나 연상으로 표현되는데, 흔히 존재에 대한 추상적이고 철학적인 탐구나 종교적인 색채를 띤 관념들로 나타난다.

이 시기에 분석가가 해야 할 첫 번째 일은 저항이 다양한 형태로 나타나고 있다는 것을 인식하는 것이다. 그리고 따뜻하게 그런 면들을 이해하고 환자 또한 저항이 있음을 인식할 수 있도록 설명해 주는 일이다. 이 시기 분석가는 전이가 형성되는 것(즉, 퇴행하는 것)에 대한 저항 때문에 불안해하는 환자에게 설명해 주고 안심시켜 주는 것 외에 특별히 더 할 일이 없다. 치료자가 조급한 전이해석이나 다른 부적절한 행위로 방해를 하지 않는 한, 자기대상 전이는 대개 자연스럽게 일어난다. 만약 전이해석을 조급하게 할 경우, 환자는 전이 자체를 금지하거나 인정하지 않는 것으로 받아들일 가능성이 크다. 이 과정은 Freud가 전이신경증을 분석할 때 적절하다고 권유한 분석가의 태도와 크게 다르지 않다.

> "환자와 적절한 라포(rapport)를 형성하기 위해서 환자에게 시간을 주는 것 외에 아무것도 필요하지 않다. 만약 분석가가 진지한

> 관심을 환자에게 보여 주고, 처음 불쑥 나타난 저항을 조심스럽게 제거한다면 …… 환자는 치료자에게 애착을 형성하게 되고, 과거에 애정을 갖고 대해 주었던 익숙한 사람의 이마고 중의 하나를 치료자에게 연결시킬 것이다." (Freud, 1913b)

이 단계에서 조급하게 전이해석을 해 주는 것과 함께, 분석가가 범하기 쉬운 또 다른 실수는 환자에게 지나친 친절을 베푸는 것이다. 치료 동맹을 형성하기 위해 필요하다는 식으로 정당화하지만, 그런 친절은 전이신경증 치료에서도 그러하듯 자기애적 인격장애 환자들의 분석에서도 적절하지 않다. 전통적인 신경증의 분석인 경우, 과도한 친절은 인위적으로 전이를 만들어 낼 위험이 크고, 환자는 그것을 유혹적인 것으로 받아들일 수 있다. 자기애적 인격장애 환자인 경우, 지나친 친절은 환자를 아랫사람 대하듯 하는 것으로 느껴질 수 있다. 환자는 자존심이 상해서 치료자로부터 자신을 더 고립시키고 상황을 더욱 의심의 눈초리로 바라볼 가능성이 커진다. 결과적으로 자기대상 전이 형성이라는 자발적인 퇴행이 방해받게 된다.

② 이상화 전이의 형성과 훈습 단계

이상화 전이가 이상화 자기대상인 분석가와 환자 사이에 형성되는 관계라는 것을 고려할 때, 이 상태에서 환자의 자기애적 평정이 분석가와의 관계에 달려 있다는 것은 자명하다. 이상화 전이가 형성되고 분석가가 적절하게 반응해 주면, 환자는 자기애적 균형을 느끼며, 자신이 온전하고, 안전하고, 좋은 존재라고 느낀다. 또 강하고,

매력적이며, 활동적인 존재라고 느낀다. 이것은 이상화 전이 관계 속에서, 환자가 분석가를 명백하게 통제하고 소유하고 있다는 자기 경험으로부터 생기는 것이다. 분석가에 대한 이런 통제 경험은 성인이 자신의 몸과 마음을 다스리는 것과 거의 같다. 마찬가지로 신체나 정신 기능의 손상 때문에 통제 기능을 상실한 사람이 낙담하고 격렬하게 분노하듯이, 자기애적 인격장애 환자도 분석가를 자기애적으로 통제하는 것을 방해하는 모든 것들에 대해 같은 반응을 보인다(실제 임상에서 볼 때, 이상화 자기대상 전이가 방해받을 때에는 낙담하는 것이 일반적이고, 과대 자기 전이가 방해받을 때에는 격렬한 분노로 반응하는 경우가 많다.).

이상화 자기대상 전이의 상태는 치료적으로 퇴행이 일어난 상태다. 그러므로 환자는 분석가를 자기애적으로 경험한다. 즉, 자신과 분리된 독립적인 개인으로 경험하지 못한다. 그렇기 때문에 분석가와 분리되는 상황, 특히 장기간 떨어지게 되는 휴가 등에 부딪치게 될 때, 환자는 격렬한 분노, 낙담 그리고 퇴행적인 움츠림 등으로 반응한다. 환자의 이런 격한 반응은 치료자가 보이는 사소한 징후에 의해 촉발되기도 한다. 예를 들어, 치료자가 냉담한 기색을 보이거나, 즉각적이고 완전하게 공감적인 반응을 보이지 않을 때 분노나 낙담으로 반응한다. 사소한 외적 사건들도 영향을 주는데, 분석 시간이 일정하지 않고 불규칙할 때, 주말에 분석을 하지 못할 때, 특히 치료자가 조금 늦는 경우에 강렬한 반응을 보일 수 있다.

심지어는 환자가 요청해서 그리고 환자를 위해서 분석 시간을 변경하거나 혹은 빼먹은 경우임에도 불구하고 환자가 심한 분노를 나타낼 때가 있다. 이러한 모든 것은 결국 환자가 분석가를 자기애적으로 경험하기 때문에 일어나는 현상이다. 여기서 환자의 이상화 자기대상 전이의 의미를 다시 한 번 살펴볼 필요가 있다. 환자는 부모와의 관계에서 최적의 좌절을 경험하지 못했다. 그 결과, 초기 이상화 자기대상에 대한 자기애적 부착을 철수하여 내재화하지 못했다. 즉, 전에 이상화 자기대상이 충족시켜 주던 기능을 대신하는 항구적인 내적 심리구조를 형성하지 못한 상태다. 다시 말해, 여전히 자기대상을 필요로 하는 상태로 남아 있는데, 그 결과, 일생 동안 심하게 대상에 굶주린 사람처럼 일정 대상에 의존하는 성격을 가진 사람으로 살아가게 된다. 심리내면에 확고한 심리내적 구조를 형성하지 못한 아이는 결손된 심리구조를 보완하는 대상 의존관계를 추구하는 삶을 살아가게 된다. 이런 심리 상황에서 환자는 이상화 전이를 통하여 치료자와 고태적인 관계, 즉 환자의 자기가 전능한 분석가에게 융합하는 관계를 맺는 것이다. 그러므로 환자로부터 이상화된 분석가가 결핍 혹은 분리되는 상황이 초래되면, 그 이유에 상관없이 환자는 자기애적 평정(분석가와의 융합에 의해 유지되던)을 잃게 된다. 환자는 무기력해지고 맥 빠진 상태가 되며 자존감에 손상을 입고 자신을 무가치하게 느낀다. 그리고 이에 대한 방어로 격렬한 자기애적 분노를 보인다.

이 상황에서 분석은 다음의 두 방향으로 진행될 수 있다. 바람직한 방향은, 분석가가 이상화 자기대상을 상실한 것에 대해 올바로 해석해 줌으로써 환자가 다시 자기애적 평정을 유지하고 이상화 과정을 다시 수행할 수 있게 되는 것이다. 다른 가능성은 자기애적 전이의 평정이 깨진 환자가 퇴행의 과정을 더욱 밟아 가는 것이다. 다시 말해서 치료자와 이상화 전이관계가 깨진 환자가 보다 고태적 형태의 이상화 관계를 퇴행적으로 추구하게 된다. 예를 들어, 황홀경험이나 무아지경의 상태 혹은 유사-종교 체험을 찾아 헤맨다. 때론 자신의 무력감을 방어하기 위해 경조증적인 흥분 상태에 빠지기도 한다(다음 그림의 '2' 부분). 또 다른 퇴행의 방향으로 과대 자기에 과도하게 리비도를 집중할 수 있다. 이상화 자기대상 전이의 좌절이 과대 자기의 방향으로도 퇴행이 진행되는 것이다(다음 그림의 '2A' 부분). 요약하면, 자기대상 전이(이상화 전이와 거울 전이에 둘 다 해당)가 평정 상태를 유지할 때, 즉 분석가가 적절히 반응해 줄 때, 이상화 부모 이마고와 과대 자기가 다시 활성화되고, 중단되었던 환자의 자기 발달은 진행될 수 있다. 그러나 자기대상 전이가 평정 상태를 잃게 되면 보다 고태적인 이상화나 과대감을 추구하는 퇴행의 과정을 밟게 된다. 이상화 전이나 거울 전이의 좌절은 각자 본래의 방향으로뿐만 아니라, 다른 방향으로도 퇴행이 활성화된다. 즉, 이상화 전이나 거울 전이 어느 쪽이든, 한 전이의 좌절이 양 방향 모두의 퇴행으로 나타날 수 있다. 만약 이 상태에서 퇴행이 더 진행되면, 이제는 자기애적으로 리비도가 투자된 자기대상이 전혀 없는 상태에 이르게 된다. 결국 자기애적 리비도는 자기로부터 철수하여 퇴행적 파편화 과정을 밟게 된다. 그 결과, 대상의 개입 없이 성적 만족을 추구하는 자위행위 같은 자가-성애(auto-erotism) 양상을 보이거나 건강염려증적 긴장 상태를 보인다. 다양한 성도착적인 행동도 나타난다(다음 그림의 '3' 부분).

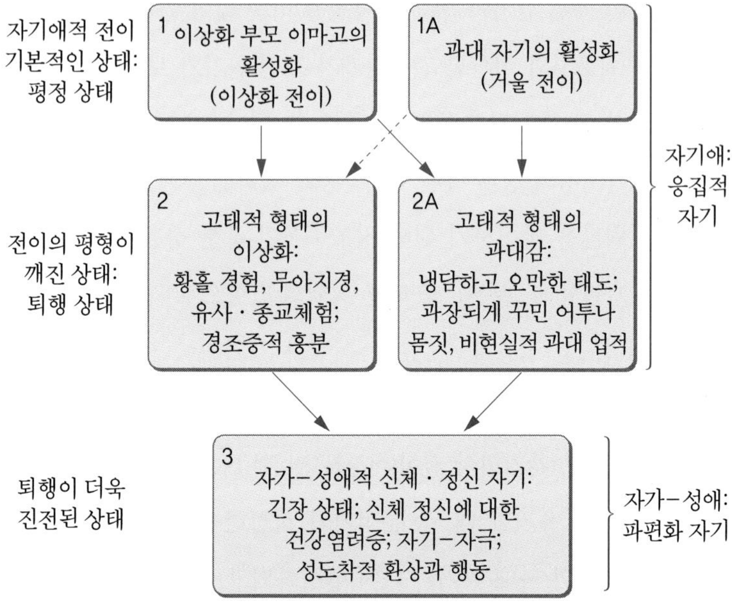

자기애적 인격장애 환자의 분석 중에 발생하는 전형적인 퇴행 흐름 개요

이상화된 분석가에게 실망한 후, 환자는 이러한 퇴행적 흐름을 경험하게 되지만, 분석가의 적절한 해석의 도움을 받아 기본적인 이상화 전이(혹은 거울 전이) 상태로 돌아올 수 있다. 예를 들어, 환자가 보이는 고태적 형태의 과대감, 즉 냉담하면서도 오만한 태도, 과장되게 꾸민 어투나 몸짓, 비현실적으로 과대한 업적 표현 등에 대해 적절한 공감적 해석을 해 줄 때, 환자는 다시 자기대상 전이관계의 평정을 회복하고 분석을 의미 있게 진행할 수 있게 된다. 보통 현재 경험의 모 경험이 되는 과거 실제 경험들을 회상한 다음, 현재 전이 경험의 조명 아래 과거 경험들을 새롭게 이해하게 된다.

한 남자 환자는 어린 시절, 집에 혼자 있게 될 때 강렬하게 관음증적인 집착을 보였던 기억을 떠올렸다. 그는 텅 빈 집에서 장롱을 샅샅이 뒤지곤 했던 것을 상기했다. 장롱을 뒤지면서 어머니 속옷을 입어 보기도 하였다.

위 사례 남자의 아이였을 때 행동은 외부에서 감시하는 부모나 어른이 없는 상황에서 벌어진 성도착적인 행위로 흔히 치부되기 쉽다. 그러나 자기대상 관계의 관점에서 보면 다르게 해석될 수 있다. 아이는 이상화 부모 이마고가 결핍된 상태다. 다시 말해서 이상화 자기대상 관계의 평정이 깨진 상태다. 아이는 성욕화된 대용물(속옷)을 창조하고 과대 자기에게 과도하게 리비도를 부착함으로써 이상화 부모 이마고의 대체물을 만들려고 시도한 것이다. 다시 말해서 아이가 보이는 장롱을 샅샅이 뒤지는 행위, 어머니 속옷을 입는 행위는 어머니와 재연합하려는 원초적 시도들이다. 지금 텅 빈 집에는 없는(즉, 그의 텅 빈 심리구조에서 결핍된) 어머니(자기애적으로 투자되었던 대상)와 시각적 융합이나 다른 원초적 형태의 동일시를 통해 다시 연합을 시도하는 것이다.

자기대상 관계가 결핍된 아이들이 자기의 파편화되는 느낌(퇴행의 위험)을 부정하고 응집된 자기의 느낌을 회복하기 위해 매우 다양한 행동들을 시도하는 것을 볼 수 있다. 지하실의 차가운 바닥에 얼굴을 대면서 자기를 감각하는 행위, 거울을 보면서 자신이 그곳에 있으며 전체로 존재한다는 것을 확인하는 것, 다양한 물체의 냄새를 맡거나 자신의 체취를 맡으며 대상과 자신을 확인하는 행위들이 그것이다. 다양한 자위행위들은 퇴행된 파편화의 모습일 수도 있지만, 때로 성적 자극을 통해 자신의 존재감을 느끼는 행위가 될 수 있다. 전능한 자기대상이 결핍되었을 때, 자신의 신체가 실재한다는 존재감을 확인하려는 과대적이고 위험한 행동들을 할 수 있다. 예를 들어, 높은 곳에서 뛰어내리는 것이나 지붕 위를 올라가는 것 등이 이에 해당된다. 아이는 하늘을 나는 환상을 실제 펼쳐 보일 수 있다. 분석이 중단되는 주말에 성인 환자에서도 이와 유사한 행동들을 관찰할 수 있다. 주말이면 관음증적 행동에 매달리거나, 가게의 물건을 훔치고 싶은 충동이 강해지고, 무모하게 빠른 속도로 운전하는 것 등이 강한 감각 자극이나 성적 자극 등을 통해 자기가 온전하다는 것을 확인하려는 행동들이다(이러한 행동들은 대개 앞 그림의 '2A' 부분에 해당하는 내용으로 볼 수 있다.). 과대주의가 보다 통제되고 덜 위험한 현실적인 모습으로 나타날 수 있다. 아주 긴 시간을 쉬지 않고 걷거나 뛰는 행위가 예가 될 수 있다.

③ 자기대상 전이가 효율적으로 훈습된 결과

자기대상 전이가 효율적으로 훈습된 경우 환자는 외적인 변화, 즉 자아의 승화 능력이 증가하고 자기의 통제력이 향상된 모습들을 보인다. 분석 상황에서 자기대상 전이와 관련된 어린 시절의 기억들을 회상하고 유사한 전이 경험들을 보다 더 깊이 이해할 수 있을 때 환자의 자아는 더욱 강화된다. 자기에 대한 통찰이 증가함에 따라 자신에 대한 통제력이 더욱 커진다. 그런 결과는 실제 행동의 변화로 나타난다. 남을 몰래 엿보는 관음증적인 행동 대신에 사진 찍기나 그림 그리기 등 사회에서 허용하는 활동을 하게 된다. 혼자 필사적으로 끝없이 걷거나 달리는 대신 스포츠나 무용 혹은 음악 등의 예술 활동을 통해 신체 자극을 추구한다. 이러한 것은 모두 자기대상 전이의 훈습 과정을 통해 심리구조가 점진적으로 형성되고 있다는 것을 나타내는 것이다.

자기대상 전이의 효율적인 결과는 분석가의 부재를 견디는 능력이 향상된 모습으로도 나타난다. 분석가가 정기적인 면담을 지키지 못했을 때나(정기적인 면담은 분석가가 계속 존재하는 것과 같다) 즉각적이고 올바르게 공감적 이해를 보여 주지 못할 때에도 훨씬 잘 견딜 수 있는 것을 볼 수 있다. 그 결과, 앞 그림에서 설명했던 것과 같은 연속적인 퇴행의 위험으로부터 상당히 안전해진다.

어린 시절 부모는 어린 환자의 이상화 욕구를 잘 수용하고 적절하게 반응해 주어야 한다. 즉, 초기 이상화 욕구에 걸맞는 영웅적인 존재이고 완전한 존재이어야 한다. 그러나 이런 초기 환상적인 모습은 현실 속에서 좌절될 수밖에 없다. 하지만 아이가 최적의 좌절을 경험할 수 있도록 부모가 적절히 반응해 줄 경우, 아이는 변형 내재화 과정을 통해 부모가 해 주던 기능(자기대상의 기능)을 대신하는 심리내적 구조를 형성하게 된다. 그런데 분석을 받는 환자는 그런 이상화 과정이 순조롭게 진행되지 못한 경우다. 그 결과, 어린 시절 중단되었던 자신의 이상화 욕구를 만족시켜 주는 자기대상을 찾아 헤매는 상태다. 이런 상태에서 분석 관계에 들어오고 이상화 전이를 형성한 것이다. 이상화 전이의 분석을 통해, 즉 분석가의 적절한 반응과 해석에 의해 환자는 이제 그러한 매달림으로부터 상당히 완화될 수 있다. 즉, 자기애적 고착이 많이 느슨해지게 되었다. 자기애적 고착이 느슨해짐에 따라 비자기애적인 대상관계를 맺을 수 있는 환자의 능력이 좋아진다. 즉, 분석을 통하여 인격의 자기애적 영역에 있던 에너지를 흡수하여, 보다 성숙한 대상관계에 투입할 수 있게 된다. 모든 분석의 과정들이 다 중요하고 또 긴밀하게 연결되어 있지만, 이상화 자기대상 전이의 분석에서 가장 핵심적인 과정은 역시 변형 내재화다. 이상화 자기대상을 포기하고 그것에 투입되었던 에너지를 내재화하여 자기대상이 하던 기능을 대신하는 자신만의 심리구조를 형성하는 것이다. 구체적으로 말하면, ① 기본적인 중성화(neutralizing) 심리구조를 강화시키고 확장한다. 이에 따라 욕동을 조절하고 탈본능화(deinstinctulization)할 수 있는 능력이 향상된다. ② 이상을 형성하거나 강화시킨다. ③ 보다 고도로 분화된 심리적 속성들을 다양하게 습득하게 된다. 이런 심리적 속성들을 가지고 자기애적 본능 에너지를 유용하게 사용하게 된다.

거울 전이

상처받은 발달시기의 시점에 의한 거울 전이의 분류

분석 상황에서 과대 자기는 Kohut이 거울 전이라 명명한 전이 속에서 다시 활성화된다. Kohut은 과대 자기가 발달의 어느 시점에서 상처를 받았는가에 따라 세 가지 거울 전이, 즉 ① 과대 자기의 확장을 통한 융합 형태의 거울 전이, ② 쌍둥이 거울 전이, ③ 협의의 거울 전이가 나타난다고 보았다.

① 과대 자기의 확장을 통한 융합 형태의 거울 전이

아이가 성장과정 초기에 상처를 받은 경우 나타나는 가장 원초적인 거울 전이다. 과대 자기와 치료자가 거의 분리되지 못한 상태로, 과대 자기의 연장 속에 치료자가 포함된 상태라고 볼 수 있다. 달리 표현하면 치료자를 확장된 과대 자기로 경험한다. 즉, 치료자를 독립된 존재로 인식하지 못하고 환자의 과대감이나 과시감을 반영해 주는 매개체로만 경험한다. 이는 대상을 일차적 동일시 상태로 경험하기 때문이다. 초기 유아가 어머니를 전능감을 가지고 조절하려고 하듯이, 환자도 치료자를 자기의 일부로 경험하며 마음껏 통제하려고 한다. 때때로 이런 식의 원초적 거울 전이가 억압되는데, 이런 경우 압제에 대한 강한 저항으로 나타나게 된다.

② 쌍둥이 거울 전이

과대 자기의 확장을 통한 융합 시기보다 발달된 시점에서 상처를 받은 경우 나타나는 보다 성숙한 형태의 거울 전이다. 과대 자기는 대상을 어느 정도 분리된 상태로 경험한다. 융합의 거울 전이에서 대상을 일차적으로 동일시한다면, 쌍둥이(분신) 전이에서는 대상과 비슷하거나 유사하다고 느낀다. 1984년 『분석은 어떻게 치유하는가?』에서 Kohut은 쌍둥이 전이를 거울 전이에서 분리하여 별개의 자기대상 전이로 독립시켰다.

③ 협의의 거울 전이

가장 성숙한 형태의 거울 전이다. 상처를 받는 시기도 발달단계의 후기에 나타나고 치료자도 분리된 존재로 경험된다. 그렇지만 치료자는 과대 자기가 재활성화하려는 욕구와 연관되는 범위 내에서만 그 의미를 갖는다.

> "협의의 거울 전이는 과대 자기의 손상된 정상적인 발달단계를 치료적으로 복구하려는 것이다. 정상 발달단계에서 어머니는 아이의 과시적 표현들을 눈빛으로 받아 준다. 그리고 아이의 자기애적이고 과시적인 기쁨에 대해 어머니로서 다양하게 참여하고 반응해 주는데, 이런 어머니의 참여와 반응들이 아이의 자존감을 확인시켜 준다. …… 발달과정에서 어머니처럼, 치료자도 환자의 자기애적 기쁨에 참여하고 그것을 확인시켜 주도록 초대받는다. 치료자는 그런 점에서만 중요할 뿐이다." (Kohut, 1971)

거울 전이의 핵심은 치료자가 그야말로 환자가 요청하는 부분에 대해서만 거울처럼 반향해 주고 확인해 주기를 요구한다는 것이다. 그것을 넘어서는 반향은 환자의 과대 자기를 다시 한 번 좌절시키게 된다.

Kohut에 의하면, 어머니와 아이 사이의 가장 중요하고 적절하며 기본적인 상호작용은 대개 시각적인 영역에서 이뤄진다. 만약 시각 영역에 결함이 있을 때는 청각이 이를 대신하게 된다. 아이의 자기애적 욕구는 시기에 따라 다양하게 표현된다. 구강기적 신체 감각,

즉 입과 입 주위의 촉각을 수용해 주는 것도 전체 자기를 형성해 가는 중간과정에서 도움을 줄 수 있다. 리비도 충족만을 요구하는 상태를 Freud는 자가-성애적 상태라고 불렀다. Kohut은 자가-성애적 상태는 아직 자기가 형성되지 못한 파편화된 자기 상태라고 보았다. 이런 파편화된 자기는 점진적으로 응집성과 연속성을 가진 신체적, 정신적 합일체로 성장해야 한다. 그러기 위해서 어머니의 적절한 신체 접촉은 아이의 자기의 성장을 위해서 필수적이다. 아이와 어머니 사이의 상호작용 놀이는 파편화된 아이가 응집성을 형성하는 데에 많은 도움을 준다. 자기 응집성이 확고하게 형성된 이후에는 역으로 신체의 각 부분과 그 기능을 즐기게 된다. 일단 전체적인 자기가 확고하게 형성된 상태에서 부분 기능을 즐길 경우, 더 이상 파편화의 위험이 없음을 확인할 수 있기 때문이다.

아이들도 발가락 세기와 같이 신체 부위가 파편화되는 놀이를 즐긴다. "이 작은 돼지는 시장에 갔고요, 이 작은 돼지는 집에 있어요. 이 작은 돼지는 구운 고기를 먹었고요, 이 작은 돼지는 아무것도 못 가졌어요. 그리고 이 작은 돼지는 집에 가는 내내 쉬쉬 하며 울었어요." 이런 놀이는 응집성이 확고히 형성되기 전, 파편화의 두려움을 약간 초래하는 것으로 보인다. 그렇기 때문에 까꿍 놀이에서 분리불안의 긴장이 존재하듯이(손가락으로 얼굴을 가리는 순간 일시적이지만 분리불안이 나타날 수 있다) 발가락 세기 놀이 내내 긴장이 유지된다. 마지막 발가락에 이르러 공감적인 어머니와 아이가 까르르 웃으면서 포옹할 때 둘은 하나가 되고 파편화는 취소된다.

B는 20대 후반의 대학 강사로, 여자 분석가에게 3개월째 정신분석을 받고 있다. 분석을 받게 된 표면적인 이유는 성적 장애와 파경에 이른 결혼 때문이다. 분석이 시작되면서, B가 호소하는 외형적 증상의 이면에 모호하고 광범위한 인격장애가 자리 잡고 있는 것이 발견되었다. 그는 극도의 긴장 상태와 고통스러운 공허감을 번갈아 나타냈는데, 둘 다 신체적–심리적 경계에서 경험되는 현상으로 보였다. 덧붙여 격렬하게 분노를 폭발하는 모습도 나타냈다.

번갈아 나타나는 극도의 긴장 상태와 고통스러운 공허감은 자기가 매우 불안정 상태에 있다는 것과 과대감이 충족되지 못하고 있음을 나타낸다. 이런 경험이 신체와 심리의 경계에서 경험된다는 것은 신체적으로든 심리적으로든 혹은 둘 다를 포함하여 결합된 자기 경험을 하지 못하고 있다는 표시다. 격렬한 분노는 자기애적 욕구의 좌절(현실 속의 좌절과 상상의 좌절을 다 포함한다)에 뒤따르는 반응이다.

분석을 시작한 지 몇 주가 지났다. 치료자가 적극적인 어떤 행동을 보인 것도 아닌데, B는 분석이 자신을 매우 진정시켜 준다고 경험하기 시작하였다. 그는 분석을 "따뜻한 목욕과 같다."고 표현하였다. 목욕을 할 때, 따뜻한 온도가 목욕하는 사람의 자기애적 평정을 회복시켜 주고, 따뜻한 물이 신체를 부드럽게 감싸 줌으로써 자기 신체의 응집성을 증가시켜 주는데, 분석을 통해 이런 경험을 하였다는 표현이다. 주중에 매일 분석을 받으며 분석의 효과는 효과적으로 축적되는 것으로 보였다. 극도의 긴장과 고통스러운 공허감이 사라졌고 반대로 일의 생산성은 훨씬 높아졌다. 반면에 주말이 되면 다시 상당히 긴장된 모습을 보이면서 자신의 신체적, 정신적 기능에 대해 걱정하기 시작하였다. 폭력과 파괴적 내용의 위협적인 꿈을 꾸고, 사소한 자극에도 격하게 화를 냈다. B는 점차 주말에 느끼는 긴장이 분석가와 분리되는 것과 연관된다는 것을 인식하게 되었다.

어느 분석 시간이었다. 분석가가, "약 일주일 전에 당신이 이야기하였듯이"라고 표현을 하였을 때, B는 뜻밖의 반응을 나타내었다. 그는 내면의 긴장과 공허감이 갑자기 사라지면서, 행복감, 온전함과 함께 자기 확신이 증가하는 것을 느꼈다. B는 자신이 일주일 전에 이야기한 것을 분석가가 기억한다는 것에 크게 기뻐하였다. 이러한 B의 반응은, 분석가가 경청을 하고, 공감적으로 반응하고, 그의 말을 기억해 준 것이 B의 자기 경험에 큰 지지가 되었다는 것을 보여준다. 즉, 분석가가 거울 반응을 해 줌으로써 B는 과대 자기를 재활성화할 수 있었다.

30세인 M은 상당히 성공한 직장인이다. 외적인 성공에도 불구하고 그는 자신이 하는 일에서 성취감을 느끼지 못하고 있다. M은 내적 공허감을 없애기 위해 끊임없이 다양한 사회활동에 매달리고 있다. 분석을 통하여 어린 시절에 적절하게 반응받지 못한 강렬한 과시감이 있는 것을 인식하게 되었다. 자기대상 전이에 대해 적절히 반응해 주는 치료자 관계와 훈습의 과정을 거치면서 M의 핵심 과대자기가 점차 견고해졌다. 그는 많은 관중 앞에서 바이올린을 연주하는 과시적 환상에 빠질 수 있게 되었다. 동시에 열정을 가지고 보다 주도적으로 그 자신의 직장 일에도 집중할 수 있게 되었다. 직장 일을 하면서 M은 사회적으로 용납되는 형태로 과시적 소망을 충족할 수 있는 셈이다. 점차 일에 매진할 수 있게 되면서 M은 오히려 불안을 느끼게 되었다. 세밀한 분석을 통하여 아직 충분히 통제되지

않는 과시감이 뚫고 나오는 것—이럴 경우 가벼운 조증 반응이 나타날 것이다—에 대한 불안인 것을 확인할 수 있었다. 동시에 그보다 더 큰 불안의 이유가 발견되었는데, 그것은 자기 상실의 불안이었다. 일과 그가 추구하는 목표에 매진하게 됨에 따라, 다시 말해서 자기애적 리비도가 일에만 집중됨에 따라 에너지가 탈부착된 자기가 파편화되는 것에 대한 불안이다.

자기가 충분히 견고하게 결합되지 않은 상태일 때, 직업에 전심전력하다 보면 자칫 자기의 응집성이 느슨해지는 것을 볼 수 있다. 다람쥐 쳇바퀴 돌듯이 정신없이 매일매일 직장 일에만 매달리던 샐러리맨이 어느 날 문득 '나는 도대체 누구야?' '이렇게 사는 것이 올바른 삶인가?' 등으로 자신을 돌아보는 순간이 있다. 그런 의문이 생기는 순간이 바로 자기의 느슨해진 응집성을 알게 모르게 느끼는 것이라고 볼 수 있다.

다행히 자기 파편화의 불안은 일시적으로 지나갔고, M은 점차 그가 간절히 바라는 직업적 성공과 자기 응집성의 강화라는 두 측면을 통합적으로 처리할 수 있게 되었다.

흔히 일중독이라고 하는 사람들은 일을 할 때만 자신이 살아 있다고 느낀다. 그들의 행동은 어떤 목표나 이상을 추구하는 것이 아니라 자기를 대체하는 결과물일 뿐이다. 그런 점에서 과대 자기가 다시 활성화되어 일에 열정을 쏟는 것과는 차이가 있다. 과대 자기가 활성화되어 일을 열심히 하는 것은 오히려 자기의 응집성을 강화시킬 가능성이 크지만, 일중독 때문에 일에 매달리는 사람은 그럴수록 자기를 상실하게 될 가능성이 크다. 왜냐하면 일을 하는 순간의 자기와 다른 일상생활 속의 자기 사이에 괴리만 더 생겨서 자기의 파편화만 촉진되기 때문이다.

발생학적-역동적 고려에 의한 거울 전이의 분류

앞서 상처받은 발달시기의 시점에 따라 융합 수준의 거울 전이, 쌍둥이 거울 전이, 협의의 거울 전이로 거울 전이를 분류할 수 있음을 설명하였다. Kohut은 성장과정과 치료 상황에서 전이가 나타나는 양상에 따라 거울 전이를 또 다르게 분류하였다.

① 일차 거울 전이

환자는 어린 시절 중단되었던 자신의 발달과정을 분석 상황에서 다시 활성화시키려 한다. 자연스럽게 환자는 분석 상황에서 치료자에게 자기대상 욕구를 느끼게 되고, 이는 자기대상 전이로 나타난다. 그러므로 치료자가 적절하게 치료과정을 방해하지만 않는다면 자기대상 전이는 자연스럽게 나타난다. 이렇게 치료 상황에서 자연스럽게 나타나는 거울 전이가 일차 거울 전이(primary mirror transference)다. 단지, 발달의 어느 시점에 고착됐느냐에 따라 일차 거울 전이가 융합 수준의 거울 반사, 쌍둥이 반사, 협의의 거울 반사로 달라질 뿐이다.

거울 전이가 자연스럽게 형성되면 환자는 다음과 같은 불안을 경험하게 된다. 먼저, 분석가와의 관계에서 통제할 수 없는 퇴행에 빠지는 것에 대한 공포가 있다. 이 두려움은 흔히 떨어지는 꿈으로 표현된다. 다른 불안은 원시적인 과시감이 과도하게 재활성화되는 것에 대한 불안이다. 마지막으로 과대 환상들이 급격히 분출됨에 따라 현실감을 잃는 것에 대한 공포를 경험하게 된다.

② 과대 자기의 반동적 활성화

과대 자기의 반동적 활성화(reactive mobilization)란 이상화 전이가 좌절되었을 때 그에 대한 반동으로 과대 자기가 활성화되는 것을 말한다. 이렇게 반동적으로 활성화된 과대 자기가 임상적으로 표현될 때, 고태적인 과대 자기 이미지에 리비도가 일시적으로 과도하게 집중되기 때문에 사실 치료적으로 활용하기는 어렵다. 실제 전이라고 부를 수 없을 정도의 무거운 임상반응들을 보이게 된다는 뜻이다. 예를 들어, 적대감, 냉담함, 거만함, 빈정댐, 침묵 등으로 반응한다. 이상화 전이의 좌절은 고태적 자기애 수준의 퇴행에 머무르지 않고 더 깊은 수준으로 퇴행이 이뤄진다. 그래서 자가-성애적 수준으로 퇴행하여 자기의 파편화와 함께 거의 망상 수준의 융합 환상을 보인다.

③ 이차 거울 전이

이차 거울 전이(secondary mirror transference)는 반동적 활성화에 의한 거울 전이처럼 명백하게 드러나지는 않는다. 자기중심적인 자기애적 성격의 환자를 분석할 때 이상화 전이가 일시적으로 나타나는 것은 틀림없다. 이것은 자기대상 전이를 통하여 환자가 자신의 발달과정을 다시 구성할 때 일차적으로 나타나는 것이 이상화 전이라는 것을 의미한다. 이차 거울 전이는 분석 중에 이상화 전이가 먼저 나타나고 이차적으로 과대 자기 활성화가 나타난다는 뜻에서 붙여진 이름이다. 과대 자기의 반동적 활성화와 달리, 이차 거울 전이는 환자의 어린 시절 발달과정의 경험을 반복하는 것이다. 먼저, 어린 시절 어떤 대상(대개 부모)을 이상화하고, 그 이상화하는 것이 좌절되는 상처를 받은 후, 이상화 대상에 향하던 리비도가 과대 자기에게 과도하게 집중했던 경험을 반복하는 것이다.

Kohut은 이차 거울 전이가 형성되기에 앞서 치료자의 이상화가 나타나는 현상이 지니는 의미를 다음과 같이 설명하였다.

첫째, 치료자의 이상화는 치료 초기에 분석가를 노출시키려는 환자의 시험적 노력이라고 볼 수 있다.

둘째, 치료자의 이상화는 좋은 예후를 나타내는 표시라고 볼 수 있다. 이 경우, 훈습을 통하여 활성화된 자기애가 다음과 같은 경로를 밟을 수 있도록 도와준다. 하나는 고태적 과시주의나 과대감이 현실적인 야망과 자존감으로 변형될 수 있는 기회를 제공한다. 또 하나는 치료가 계속 진행되어 이차 이상화 전이가 과대 자기를 대신하게 되면, 이상화 부모 이마고가 내면의 이상으로 내재화할 수 있는 기회를 제공해 준다.

거울 전이의 치료과정

과대 자기의 해리-억압에 기인하는 장애는 흔히 다음과 같은 양상을 보인다. ① 원시적인 형태의 자기애적-과시적 리비도가 가로막힘으로써 발생하는 긴장 상태를 보인다. 이 경우 건강염려증적 집착, 자기-의식, 수치심, 당혹감 등을 보이는 경향이 높다. ② 건강한 자존감과 자아-동조적으로 활동을 즐길 수 있는 능력이 저하된다. 왜냐하면 수직분열(vertical split)를 통해 부인하고 있는 과대 환상이나 수평분열(horizontal split)로 억압된 과대 자기에 리비도가 부착되어 있기 때문이다. 예를 들어, 어떤 사람이 하늘을 날아다니는 환상에 젖어 있다면, 즉 과대 자기 환상에 붙잡혀 있다면, 땅 위에서 이뤄지는 일상의 활동들에 대해서 생기나 기쁨을 느끼긴 힘들 것이다. 하늘을 날아다니는 환상은 어린 시절 부모가 안고 다닐 때 아이가 느꼈던 황홀했던 경험과 연관된 것일 수 있다. 이때 부모는 전능한 이상화 자기대상이다[Greenacre(1964)에 의하면, 날아다니는 환상은 어느 정도 성장한 남자 아이가 처음으로 발기를 경험할 때 느끼는 쾌감과 연관되어 있다. 물론 날아다니는 환상과 연관된 꿈과 환상은 다양한 의미를 가질 수 있다. 예를 들어, 고소공포증의 증상은 근친상간적 소망이 활성화되는 것에 대한 반응으로 생기는 거세불안에 따라 구성될 수도 있지만, 자신이 공중을 날 수 있다는 수정되지 않은 고태적 과대 자기의 활성화에 기인할 수 있다. 즉, 생명을 위협하는 과대 자기적인 경향에 대한 불안 때문에 생기는 증상일 수 있다.].

치료를 시작하는 시점에서 보이는 자기애적 행동 혹은 인격장애 환자의 특징은 과대 자기가 억압(수평분열)과 수직분열로 의식에서 감지되지 못하는 상태라는 것이다. 자기심리학의 분석은 정지된 자기애적 욕구가 성숙하게 성장하도록 돕는 것이다. 즉, 과대 자기의 억압되고 통합되지 못한 측면들을 성인의 인격 안으로 통합하는 데 있다. 그러므로 치료과정에서 처음 이뤄져야 할 것은 억압되고 분리되어 있는 과대 자기가 치료자 관계 속에서 활성화되어 통합의 방향으로 움직이기 시작하는 것이다. 임상적으로 표현하면, 분석가에 대한 거울 전이를 형성하고 자기 과시적인 욕구와 자기 위대함에 대한 환상을 드러낼 수 있게 하는 것이다. 그러나 분리되었던 과대 환상을 떠올려 현실 자아가 받아들이는 것이나, 그런 환상에 대해 분석가에게 이야기하는 것은 강한 저항을 불러일으킨다. 환자의 과시 환상은 여전히 중성화되지 못한 조잡한 과시성을 띠고 있기 때문에 그런 내용을 드러내는 것은 수치심을 유발할 수 있다. 또 자신의 과대성 때문에 분석가로부터 소외되고 대상관계의 상실을 가져오지 않을까 불안할 수 있다. 이와 같이 분석가는 환자의 과시적이고 과대적인 환상 때문에 환자가 느끼게 되는 수치심과 불안에 공감적으로 이해해 줘야 한다.

Kohut은 환자로부터 경험했던 몇몇 과시적이고 과대적인 환상들의 내용을 다음과 같이 제시하였다. 환자 C는 사람들로부터 존경받고 칭송받기를 소망하였던 시기에 다음과 같은 꿈을 꾸었다. "내 후계자를 찾는 것이 문제로 떠올랐다. 나는 생각하였다. 내 후계자로 신은 어떨까?" 이 꿈은 유머를 통해 과대감을 약화시키려는 시도가 어느 정도 성공했다는 것을 보여 준다. 그럼에도 불구하고 꿈은 환자에게 흥분과 불안을 불러일으켰고, 어린 시절 자신이 신이라고 느꼈던 두려운 환상을 회상해 내었다.

많은 경우, 환상의 핵심이 되는 환자의 과대성은 노골적으로 드러나기보다 분석 상황에서 넌지시 풍기는 식으로 나타난다. 예를 들어 환자 D는 어린 시절에 도심의 전차를 달리게 하는 상상을 하였다는 것을 회상하며 강한 수치심과 저항을 보였다. 환상의 내용 자체는 그렇게 수치심과 저항을 보일 만한 것은 아니었다. 그러나 환자가 단지 '사고 통제'를 통해 전차를 움직였고, 그의 머리는 (명백하게 그의 신체에서 분리된 채) 구름 위에서 마술적인 영향력을 발휘하고 있었다고 이야기하였을 때, 환자의 수치심과 저항은 더 잘 이해될 수 있었다.

때로 과대 환상은 마술적-가학적으로 세계를 지배하는 양상을 띨 수 있다. 히틀러와 흉노족 왕이었던 아틸라의 경우가 이에 속한다. 그들은 자신들이 마술적으로 많은 대중들을 통제한다고 믿으면서 사람들을 마치 기계 부품처럼 사용한다. 그들은 건물과 도시를 파괴하기도 하고 건설할 수도 있다는 환상 속에 살아간다. 환자 G는 학교에 있는 모든 사람들이 자기의 이름을 알고 있다고 확신하고 있다. 자신은 그들의 이름을 다 알지 못하지만, 그들은 특별한 존재인 자신을 다 알고 있다고 믿는다. 결국 두렵고 수치스러운 자기애적 환상의 핵심을 이루고 있는 것은 '특별함' '독특함' '소중함' 등이었다.

이상에서 살펴본 것처럼 억압되고 분리된 과대 자기는 그런 측면들을 드러내고 표현하는 것을 가로막는 일차적인 저항 요소가 된다. 뿐만 아니라 자신에게 과대성이 있다는 것을 인식한 이후에도 과대 자기적 요소는 현실 자아 속에 통합되기까지 상당한 걸림돌로 작용한다. 현실에 맞도록 효율성 있게 활동하거나 현실적인 성공을 염두에 두기보다 여전히 과대 환상의 영향에서 벗어나지 못한 행동양식을 보인다. 예를 들어, 내가 노력만 하면 언제라도 성공할 수 있다고 확신한다든지, 내면에서는 여전히 성공과 갈채에 대한 끝없는 욕구가 지속된다든지 하여 자아에 적합한 현실적인 노력을 하지 못하게 된다.

자기애적 인격장애 환자들을 분석하는 과정에서 접하게 되는 불안의 중심은 자기애적 구조와 에너지가 자아에 무분별하게 침입하는 것에 대한 불안이다. 이러한 자기애적 불안은 대개 다음과 같은 임상 양상으로 나타난다. 이상화 부모 이마고와 황홀한 융합을 통해 현실의 자기를 상실하는 불안. 이 경우 신이나 우주와 융합하는 유사 종교적인 퇴행의 불안으로 나타날 수도 있다. 비현실적인 과대자기 경험을 통해 현실 접촉을 상실하거나 영원히 고립되는 것에 대한 불안, 과시적 리비도의 침입에 의한 수치심과 자기-의식의 공포 경험, 신체와 정신의 단절에 과도하게 집착함에 따라 생기는 신체와 정신질환에 대한 건강염려증적 불안 등 분석이 진행되면서 자기애적 불안의 내용은 더욱 다양하게 확대될 수 있을 것이다.

자기애적 불안은 대부분 오이디푸스 시기의 불안과 어렵지 않게 구분된다. 오이디푸스 불안은 적어도 삼각관계에 대한 암시가 있고, 다소간 개인적인 대적자(동성 부모)에 기인하는 요소가 있다. 그리고 징벌적인 요소처럼 위험의 성질에 대해 상당히 인식하고 있는 것을 볼 수 있다.

같은 신체 증상이지만, 자기의 응집성을 위협하는 원초적 자기애적 리비도 침범에 대한 불안, 즉 파편화의 불안과 거세불안에 의한 증상은 차이가 있다. 자기 파편화에 의한 불안은 주로 건강염려증적 걱정으로 표현되는 반면, 거세불안은 삼켜지고, 먹히고, 물리고, 물에 빠지고, 독살되고, 산 채로 매장되어 질식하는 공포로 나타난다. 이러한 증상들은 전 오이디푸스기로 퇴행한 결과 나타나는 양상들이라고 볼 수 있다. 자기애적 불안은 분석이 진행되면서 오히려 더 모호해진다는 느낌을 받게 된다. 그러면서 위에 열거했던 여러 가지 자기애적 불안이 초래하는 임상 양상들을 나타내게 될 것이다. 거세 불안은 분석이 진행되며 그 내용이 더욱 정교화되고 위험의 근원도 뚜렷해진다. 예를 들어, 어린 시절 자신보다 우월했던 상대와 경쟁을 한 후 보복의 공포를 경험했던 기억을 회상하게 된다.

자기애적 전이에서 나타나는 행동화

자기애적 전이에 의해 과대 자기가 활성화될 때, 비행과 같은 비사회적(asocial) 행위가 나타날 수 있다. 이 경우의 행동화는 초자아의 결함 때문이 아니라, 억압된 과대 자기가 부분적으로 분출됨으로써 나타난 결과다. 과대 자기가 분출되면서 행동화 양상을 띠게 되는 이유는 전이 퇴행 때문에 자기(self)와 자기가 아닌 것(not-self)의 구분이 모호해지고, 그에 따라 내적 충동과 외부로 표현되는 행동, 그리고 그런 과정에 관여하는 생각 사이의 구분이 모호해지기 때문이다.

분석 상황에서 과대 자기의 활성화에 의한 행동화가 나타날 때, 분석가가 어떻게 개입해야 하는가는 환자의 초심리학적 구조에 따라 달라져야 한다. 동시에 고려해야 할 것이 환자의 행동화가 초래할 위험성이다. 자살이나 타인에게 해를 끼칠 위험의 정도, 비행과 성도착 행동의 심각성 등이 현실적으로 평가되어야 한다. 이런 위험성이 큰 경우, 긴급한 위험 상황을 야기하는 환자의 심리역동을 다급하게 해석해 주기보다, 불행한 결과를 초래할 수 있는 계획을 수행하지 않기를 바라고 위험한 행동들을 멈추길 바란다고 단순하고 솔직 담백하게 이야기해 주는 것이 좋다. 이런 상황은 대개 정신병적 수준의 경계선 병리를 가진 환자나 심각한 수준의 자아결함 때문에 충동 조절이 되지 않는 환자에 해당될 것이다.

히스테리 환자의 행동화에 대한 개입은 앞의 경우와 달라진다. 히스테리 환자의 행동화는 어른스럽게 언어로 표현하지 않고 어린아이처럼 행동으로 표현하는 것이다. 즉, 이때 행동화는 유아적인 소통방식이다. 말을 못하는 유아에겐 행동이 자기를 표현하는 언어가 되기 때문에, 성인이 유아 언어를 사용하는 셈이 된다. 그러므로 이 경우 분석가가 극적인 행동을 중단하도록 조언하는 것은, 무의식에 억압되어 있는 근친상간적인 소망과 갈등을 (오이디푸스 갈등과 관련된 환상의 내용들을) 성인의 언어로 표현하도록 격려하는 것이 되어야 한다. 다시 말해서 정신병 수준의 환자가 행동화를 나타낼 땐, 위험한 행동화를 막는 것에 일차적으로 초점이 맞춰진다면, 히스테리 환자의 행동화에 대한 개입은 훨씬 엄격한 정신분석적 태도와 목적을 가지고 위험 행동을 중단시키는 것에 대해 이루어져야 한다.

자기애적 인격장애 환자의 행동화에 대한 개입도 위에 설명한 경우와 크게 다르지 않다. 특히 행동화가 위험한 상황인 경우, 분석가가 그에 대한 관심을 직접적으로 표현하는 것은 전적으로 동일하다. 그러나 위험한 행동을 멈추기를 바란다는 명확한 표현에 이어 환자에게 행동화의 의미를 깨닫게 해 주는 것은 필요한 일이기도 하고 임상적으로 효과적인 개입의 방법이 된다. 앞서 설명하였듯이 자기애적 인격장애 환자의 행동화는 과대 자기가 무의식으로부터 부분적으로 분출되기 때문이다. 즉, 자기를 활성화하는 과정에서 나타나는 것이다. 다만, 머릿속의 생각과 외적으로 표현되는 행동을 구분하지 못하는 상태에서 유아적으로 표현하다 보니까 행동화로 나타나는 것이다. 그러므로 환자에게 행동화가 사실은 자기를 유지하려고 하는 것이라는 점을 인식하게 해 주는 것이 필요하다. 같은 맥락에서, 자기를 보존하려고 하는 현 상황에서 환자의 행동이 스스로를 위험에 빠뜨리고 있다는 것을 단순하게 지적하는 것이 적절하다. 도덕적 관점 등에 대한 이야기를 불필요하게 덧붙일 필요가 없다는 뜻이다.

20대 후반의 남자 환자인 E는 대학원생이다. 처음 분석을 받으려는 동기는 파경에 처한 결혼 때문이었지만, 그는 곧 다양한 도착적 환상에 빠지고 실제 도착 행동을 하는 경향이 있다는 것이 드러났다. 자기애적 전이가 형성되면서 관음증적-과시적(voyeuristic-exhibitionistic) 요소가 분명히 드러났고, 그가 거절당한다고 느낄 때 도착적인 환상과 행동을 통해 만족을 추구한다는 것이 밝혀졌다.

분석가와 떨어지는 주말이 되면 E는 내면에서 모호한 위협을 느꼈다. 보통 동성애적이거나 이성애적인 성적 생각에 사로잡히게 되는데, 대개는 공중화장실에 가서 다른 사람을 관음증적으로 쳐다봐야만 성적 충동에서 벗어날 수 있었다. 관음증적 행동을 하는 동안 E는 그가 쳐다보는 남자와 융합되는 환상에 빠지게 되는데, 그 순간 강렬했던 성적 충동이 해소되곤 하였다.

하지만 이번 주말엔 전과 사뭇 다른 경험을 하게 되었다. E가 성적 생각에 사로잡히는 이유는 그런 강렬한 집착을 통해 자기의 파편화를 막으려는 것이다. 이번 주말에 E는 성적 집착에 매달리지 않고 훨씬 승화된 방법으로 파편화의 위협을 처리하였다. 그는 분석가의 모습을 그렸다. 그런데 분석가의 얼굴에 눈과 코가 그려져 있지 않았다. 이 그림의 핵심은 분석가에게 눈이 없다는 것이다. 이 그림과 그동안의 분석 자료들을 종합할 때, E는 분석가가 자신을 바라보는 시선을 통하여 자기의 이미지를 유지해 왔다고 결론내릴 수 있었다. E는 주말에 분석가와 분리되며 자기 파편화의 위협을 느끼게 된다. 그가 몰래 바라보는 공중화장실의 남자는 전치된 분석가다. 그와 융합을 느끼며 자기의 파편화를 막을 수 있다. 자기가 보다 견고해지면서 E는 보다 직접적으로 과대 자기 전이를 표현할 수 있게 되었다. E가 그린 분석가의 얼굴엔 눈과 코가 없다. 분석가의 눈은 그가 원하는 대로 그려 넣을 수 있다. 즉, 그의 자기애적 욕구를 치료자가 그대로 거울 반응할 수 있게끔 만들 수 있다. 이를 통해 다음과 같은 결론을 내릴 수 있다. 거울 전이 속에서 분석가는 자기의 파편화를 막고 예방하는 접합제처럼 경험되고 있다. 충분히 발달하지 못한 심리내적 기능을 대신해 주는 분석가(즉, 자기대상)가 자기를 수용적으로 바라볼 때 그는 자기가 온전하다고 느낄 수 있다. 분석가는 자기의 자기애적 리비도 결핍을 대신하는 대체물을 제공해 주고 있었던 것이다(Kohut, 1971).

분석가와 떨어져 지내는 주말 동안, 공중화장실에서 환자가 저지르는 관음증적인 행동화에 대해서는 다음과 같은 해석이 적절하다. 먼저, 사회적 통념에 따라 도덕적 관점에 근거하는 해석을 하는 것은 부적절하다. 그것은 해석이라기보다 교육적 지시라고 볼 수 있으며, 치료자가 환자의 초자아 역할을 떠맡는 것이며, 초자아만 더욱 가혹하게 만드는 것이 된다.

환자가 보이는 행동화의 가장 근저에는 어린 시절 부모로부터 인정받고 싶고 이해받고 싶었던 소망이 있다. 부모는 그런 소망을 충족시켜 주지 못했고, 환자는 좌절된 소망을 지금 분석가로부터 거울 전이를 통해 반영 받길 바란다. 주말에 분석가와 떨어져 지내는 시간은 사실 환자가 성장할 수도 있고 퇴행할 수도 있는 두 가지 가능성을 모두 가진 순간이다. 환자가 일시적으로 떨어져 지낼 수 있는 힘이 심리적으로 준비되어 있는 경우, 작은 좌절은 변형 내재화를 가능케 하여 오히려 새로운 심리구조를 형성하는 계기가 된다. 즉, 분석가가 제공해 주던 기능을 스스로 처리할 수 있는 심리가 형성된다. 다시 말해서 분석가와 함께해야만 처리할 수 있었던 것을 혼자 처리할 수 있게 된다. 이런 과정은 거울 전이를 통한 훈습의 과정 중에 흔히 일어나는 현상이다. 반면에 치료 초기 단계에 있는 E의 경우와 같이 아직 일시적으로라도 떨어져 지낼 만한 힘이 없는 상태에서는 퇴행적 융합을 통하여 떨어짐의 고통을 처리할 수밖에 없다. 즉, 주중에 유지하던 전이의 평정이 깨지면서 융합의 상태로 퇴행한 것이다. 환자의 행동화, 즉 관음증은 퇴행적 융합의 표현이다. E가 공중화장실에서 남자를 쳐다보며 불안을 해소한다는 것은, 그가 분석가와 융합하는 방식이 시각적 융합이라는 것을 의미한다.

이러한 치료자의 해석은 환자로 하여금 전이관계, 즉 분석가와 관계에 대한 이해를 높여 줄 뿐 아니라 자기 자신의 심리에 대해서도 더 깊이 이해할 수 있도록 도와준다. E는 자신의 행동화와 연관된 어린 시절의 기억들을 새롭게 회상할 수 있었다. 그는 공중화장실에서 처음 관음증적 행동을 했던 순간을 떠올렸다. 어느 날 어린 E는 어머니와 시골 장터를 갔었다. 어린 E는 어머니에게 자신이 그네를 아주 잘 타서 아주 높은 곳까지 올라갈 수 있다는 것을 자랑스럽게 이야기하였다. 당연히 어머니의 큰 칭찬을 기대하고 이야기했던 것인데, 어머니는 그 어떤 관심도 보여 주지 않았다. 심한 고혈압을 앓고 있던 어머니로선 그럴 만한 심리적 힘과 여유가 없었기 때문이었다. 어린 E는 획 돌아서서 시장에 있는 공중화장실로 들어갔다. 그곳에서 어떤 힘에 이끌리듯 그는 성인 남성의 페니스를 훔쳐보았고 그것이 가진 힘과 강함과 하나가 되는 느낌을 받았다. 처음으로 강한 남성과 시각적으로 융합하는 경험을 한 것이다. 이론적으로 표현하면, 어머니에게 기대했던 자기대상 반응의 좌절이 퇴행적 융합을 초래한 것이다. 이런 반응이 현재 분석가와의 관계에서 동일하게 반복되고 있음을 알 수 있다. 분석가에게 기대하던 자기대상 전이가 좌절될 때 동일한 퇴행적 행동화를 보이고 있다.

현재 E가 보이고 있는 융합의 환상은 일차과정(primary process)의 특징을 잘 보여 주고 있고 동시에 상당히 성적인 색채를 띠고 있다. 어린 시절 부모관계에서 변형 내재화가 실패하여 좌절을 현실적으로 처리할 수 있는 심리구조가 미처 형성되지 못했기 때문이다. 그렇기 때문에 분석이 성공적으로 진행되고 전이과정이 잘 훈습되면, 즉 치료자 관계에서 새로운 변형 내재화를 성취하게 되면, 환자는 좌절 상황을 훨씬 더 이차과정(secondary process)에 따라 처리할 수 있게 된다. 당연히 심리자료들을 성애적으로 경험하는 경향도 줄어들게 된다. 예를 들어, 훈습의 과정이 성공적으로 진행된 뒤, E는 치료자와 떨어지는 주말에 도서관을 찾아가서 다양한 책들을 보는 것으로 소일하였다. 성인 남자의 성기를 보며 시각적으로 융합하는 성적 환상 속에서 분리불안을 처리하던 환자가, 도서관과 책이라는 지적 상징과 현실적 연결성을 느끼며 처리하는 것을 볼 수 있다. 도서관과 책은 명백하게 자기 외부에 있는 대상이다. E가 분석가와 심리적으로 충분히 독립적으로 분리되어 있는 것을 나타낸다. 그렇기 때문에 이런 외적인 보조 심리구조로서 분석가는 E가 현실적 스트레스를 받을 때 그것을 차단해 주는 보호벽의 역할을 해 준다. 동시에 욕동을 중성화하고 정교하게 처리할 수 있게 함으로써, 내적 욕동을 통제하고 조정하는 데 도움을 준다.

분석이 진행되면서 내적 심리구조가 점점 발달하게 되는데, 욕동을 중화하고 정교화할 수 있는 힘이 충분히 형성된 환자들에게서 나타나는 표시 중의 하나가 수면이 호전되고 성적 만족감이 증가하는 것이다. 잠을 자는 것과 성적 절정감을 느끼는 것의 공통점은 일시적으로 이차과정을 상실한다는 점이다. 잠을 잘 잔다는 것은 불안을 느끼지 않고 기꺼이 이차과정으로부터 에너지를 일시적으로 철수시킬 수 있다는 것을 의미한다. 성적 절정감을 느끼는 것도 동일하다. 욕동을 중화하고 정교화할 수 있는 힘을 가졌다고 느끼게 되면, 일시적으로 이차과정에서 떨어져 나가더라도 다시 회복할 수 있다는 확신이 있기 때문에 기꺼이 이차과정으로부터 떨어져 나갈 수 있다. 다시 말해서 잠에 빠져 들어가는 것과 성적 절정감에 불안을 느끼는 일 없이 자신을 맡길 수 있다. 반대로 심리구조가 취약한 사람은 이차과정으로부터 철수하는 것에 불안을 느끼기 때문에, 잠드는 데 어려움을 느끼거나 성적 절정감을 즐기는 것에 어려움을 겪게 된다.

다음의 사례는 분석 후기에 나타난 퇴행적 융합의 예다.

K는 생산직에 근무하고 있는 25세 된 청년으로, 자기애적 인격장애의 분석이 비교적 성공적으로 잘 진행되고 있는 상태다. 분석이 중반부를 훨씬 넘어선 시점에서 K는 처음으로 아동기에 쓴 일기를 갖고 와서 분석가에게 읽어 주기 시작하였다. 환자가 일기를 분석 상황에 가져오는 심리적 의미가 분명하지 않았다. 그렇지만 분석가는 일기의 내용에 흥미를 느끼며 관심 깊게 반응해 주었다. 그러나 이런 경우 흔히 볼 수 있는 심리역동처럼, K도 일기를 사용하여 분석가와 환자 사이에 거리를 두고 있다는 것을 느끼게 되었다. 즉, 자신의 깊은 내면에 대한 직접적인 탐색과 자유연상을 막는 수단으로 일기가 활용되고 있다는 것을 알게 되었다. 분석가는 차츰 일기의 내용에 대해 정서적으로 참여하기가 힘들어졌고 자연스럽게 환자인 K도 분석가의 시큰둥한 반응에 실망하게 되었다. 그 즈음에 K는 두 부분으로 이뤄진 꿈을 꾸었다. 첫 부분은 낚시하는 꿈이었다. K가 커다란 물고기를 잡아서 아버지에게 가져왔는데 아버지가 좋아하기는커녕 못마땅해하는 꿈이었다. 두 번째 부분의 꿈에서 K는 십자가에 달려 있던 그리스도가 갑자기 확 떨어지는 것을 목격하였다. 그리스도는 갑자기 근육이 이완되면서 죽었다.

K가 보였던 자기대상 전이의 흐름을 전체적으로 살펴볼 때, 분석 시간에 일기를 가져와서 읽는 환자의 정서적 의미를 분석가가 제대로 인식하지 못했다는 것이 분명해 보인다. K가 일기의 내용을 분석

가와 함께 나누려고 했던 것은 자유로운 연상과 소통을 가로막으려는 저항이 아니었다. 환자는 이제 분석가와 어린 시절의 비밀을 함께 나눌 수 있는 단계까지 도달했다고 느꼈기 때문에 분석가에게 소중한 그의 비밀을 선물로 준 것이었다. 즉, 일기의 내용은 그야말로 진심 어린 선물이었다. 그러나 분석가는 어린 시절 K의 아버지가 그랬던 것처럼, 그의 선물을 별로 달가워하지 않았을 뿐 아니라, 부정적인 의미가 있는 것으로 반응하였다. 일기의 비밀을 제공하고 그것에 대해 긍정적인 수용을 기대한다는 것은 분석가와 K가 충분히 분화되어 있다는 것을 의미한다. 즉, 상당히 성숙한 자기대상 전이관계를 형성하고 있었던 것을 알 수 있다. 그러나 분석가에 의해 좌절을 맛본 K는 분석가와 융합하는 환상 속으로 움츠러든 것을 볼 수 있다. 다행스러운 것은, 분석이 많이 진행되고 심리구조가 꽤 형성된 분석 후반부이기 때문에 K의 퇴행적 융합이 위험한 행동화에까지 이르지는 않고 단지 꿈으로만 표현되었다는 점이다. 그리스도의 죽음은 하나님 아버지와의 재연합을 뜻한다("아버지여, 내 영혼을 아버지의 손에 맡기나이다." 누가복음 23장 46절). 그리스도 죽음의 꿈은 환자와 분석가의 융합을 의미하는 것이다.

다행히 분석가는 꿈의 의미를 이해하였고, 그것을 K에게 해석해 주었다. 전이에 대한 훈습은 지속되었고 변형 내재화 과정이 잘 진행되고 있다는 징후들이 여러 측면에서 포착되었다. K는 보다 발전된 유머 감각을 나타냈다. 사실, 유머 감각은 일반적으로 치료가 성공적이라는 매우 신뢰할 만한 표시 중의 하나다. 닥쳐올 분석가와의 분리를 낙관적으로 바라보면서도 한편으론 그렇게 충분히 안정된 심리구조가 형성될 수 있을지 염려하는 모습도 같이 보였다. 후자의 염려는 때로 건강염려증적 걱정의 형태로 표출되었다. 때로는 실제 현실에서 환자는 과식을 하였고, 분석가가 항문을 통해 그의 내면으로 들어오는 꿈을 꾸었다. 이는 재성애화된 구강기적 특성과 항문기적 특성의 충동들을 내재화하여 자신의 심리구조를 지탱하려는 욕구가 퇴행적으로 표현된 것으로 볼 수 있다.

변형 내재화를 의미하는 다른 꿈들도 다양하게 보고되었다. 예를 들어, 분석가가 환자의 장 내부에 기거하고 있다는 것이 엑스레이 검사에 의해 밝혀졌다. 이것은 분석을 종료하는 초기 단계에서 보고된 꿈이다. 분석 종료의 후기 단계에 보고된 것은, 환자가 클라리넷을 삼켜 버렸는데 그 악기가 환자의 내면에서 계속 음악을 연주하는 꿈이었다. 클라리넷은 분석가의 페니스를 상징할 수도 있고 분석가의 목소리일 수도 있다. 구체적으로 연주되는 음악은 분석가가 들려주는 잘 정제된 해석일 가능성이 높다. 어떤 형태로든 클라리넷은 분석 상황에서 분석가가 미치는 영향과 효과를 나타낸다.

청소년 비행 환자들의 행동화에 대한 개입

Aichhorn(1936)은 비행 청소년을 치료할 때, 그들이 분석가에게 정서적인 애착을 형성할 수 있도록 적극적인 기법을 도입한 선구자다. Anna Freud(1951)는 그를 추모하는 글에서 그의 기법을 다음과 같이 설명하였다.

> "그들의 독특한 자기애적 심리구조 때문에 비행 청소년은 대상

관계를 형성하지 못한다. 그럼에도 불구하고 넘쳐흐르는 자기애적 리비도를 통하여 치료자와는 애착을 형성하는 것이 가능하다. 그렇지만 환자의 자기애적 전이는 치료자가 그들에게 일정한 상황을 제공하는 범위 내에서만 가능하다. …… 환자 자신의 비행적 자아의 영광스러운 형태를 복제품처럼 제공해 주고 자아-이상을 제공해 주는 한에서 자기애적 전이가 일어날 수 있다."

Anna Freud가 비행 청소년의 비행적 자아의 영광스러운 복제품과 같은 모습과 자아-이상을 구분한 것은 자기심리학의 관점에서 의미가 있다. 왜냐하면 전자는 과대 자기에 근거한 전이, 특히 쌍둥이 전이를 뜻하고 후자는 이상화 부모 이마고의 활성화에 근거한 전이를 의미하기 때문이다.

반면, Aichhorn은 이러한 구분을 명확히 하지 않았다. 그는 치료자가 자신을 환자의 자아-이상으로 적극적으로 제공해 줄 것을 강조하였다. Aichhorn의 적극적인 기법이 자기애적 전이를 형성하도록 촉진한다는 것은 명백하다. 그렇기 때문에 일반적인 비행, 특히 청소년 비행의 치료엔 필수적인 기법이라는 것도 분명하다. 정리하면, 대상관계를 형성할 수 없는 비행 청소년과 정서적 유대를 형성하기 위한 응급수단으로 치료자는 자신을 자아-이상으로 제공할 필요가 있다. 그러나 치료자를 직접적으로 환자의 자아-이상의 자리에 위치시키는 것은 분석적으로 많은 문제를 야기할 수 있다. Kohut 또한 분석가에 대한 이상화를 적극적으로 고무하는 것에 대한 위험성을 지적하였다.

Kohut은 비행자(delinquent, 비행 청소년과 청소년기의 삶을 지속하고 있는 비행 성인도 여기에 포함된다)가 기본적으로 이상화 부모 이마고에 고착되어 있다고 생각하였다. 그렇기 때문에 그들은 이상화 전이를 형성하려는 강한 경향을 보이는데, 이것이 비행자의 핵심적인 병리라고 보았다. 이상화 전이를 형성하는 것 자체는 자기애적 인격장애에서 흔히 볼 수 있는 현상이다. 문제는 비행자들은 이상화 대상에 대한 내적 갈망을 부정하고, 오히려 겉으로는 모든 가치와 이상을 노골적으로 경멸하는 태도를 보인다는 점이다. 주위의 일반적인 가치와 이상을 경멸한다는 것은 자신의 과대 자기를 비현실적으로 과대평가하고 있다는 것을 의미한다. 이렇게 된 이유는 이상화 대상에게 크게 실망하거나 혹은 이상화 대상을 상실한 이후 과대 자기에게 리비도가 방어적으로 과부착된 결과로 볼 수 있다. 과도하게 비대해진 과대 자기는 비행자의 인격 특성으로 자리 잡게 된다. 그 결과, 아무런 제한도 받지 않고 자신이 하고 싶은 대로 할 수 있는 마치 전능한 힘을 가진 사람처럼 행동하거나, 주위 환경과 대상을 잔인하게 다룰 수 있다는 것을 자랑한다. 그러나 얼핏 거칠고 험해 보이는 비행 행동은 이상화 대상을 간절히 소망하고 있다는 것을 인식하지 못하게 하는 방어다. 동시에 과대 자기의 비행행동이 멈췄을 때 엄습할 공허감과 자존감의 결핍을 막기 위한 방어이기도 하다.

분석가는 비행자가 보이는 이 방어 부분을 잘 이해하는 것이 매우 중요하다. 만약 분석가가 비행자의 방어 근저에 있는 이상화 대상의 열망부터 다룬다면, 다시 말해서 분석가가 가치 있는 이상적인 인물로서 자신을 비행자에게 제공한다면, 비행자는 분석가를 받아들이기 어려울 것이다. 분석가는 먼저 비행자의 과대 자기의 거울 이미지로서 자신을 제공해 주어야 한다. 즉, 비행자의 과대 자기를 있는 그대로 반영해 주어야 한다. 그래야만 방어적으로 형성한 자신의 과대 자기를 방해받지 않으면서, 분석가와의 관계에서 이상화 자기대상에 대해 이상화 에너지를 집중하는 것이 가능해진다. 일단 분석가와 환자(비행자)의 유대 관계가 형성되고, 이상화 과정이 활성화되고, 이상화 전이가 훈습되면, 전능하고 안전한 과대 자기를 추구하던 것으로부터 전능하고 상처를 주지 않는 이상화 대상 추구로 점차 초점이 옮겨가게 된다.

분석가에 대한 이상화를 끌어내기 위해 환자의 퇴행적 순응을 적극적으로 활용하는 것은 바람직하지 않다. 환자가 퇴행적으로 순응하는 방식으로 분석가를 이상화할 경우 제일 문제가 되는 것은, 환자의 심리내면에서 변화가 일어나는 것이 아니라 외적으로 끈끈한 전이 결속만 일어난다는 점이다. 이런 상황은 Freud(1923a)가 지적했던 "치료자가 환자에게 예언자, 구원자, 구세주 역할을 하는 것"과 유사하다. 환자는 종교적 대상과 같은 치료자를 대대적으로 동일시함으로써 자신의 갈등을 처리해 버린다. 그러나 이렇게 비교적 짧은 시간 동안 거대하게 이뤄지는 동일시는 곧장 견고한 심리구조를 형성하진 못한다. 동일시가 심리구조 형성으로 이어지지 못하는 이유가 여러 가지 있을 수 있는데, 첫째, 환자가 동일시하는 치료자 상이 현실과 너무 동떨어진 원초적이며 자기애적으로 집중된 대상이기 때문이다. 즉, 치료자 상 자체가 구조화되기 못한 고태적 상이기 때문에 동일시의 결과도 비구조화된 심리일 수밖에 없다. 둘째, 이미 존재하는 기존의 심리구조에 대대적인 덧입히기 식으로 동일시가 일어날 가능성을 고려할 수 있다. 이런 식의 동일시는 덧입혀진 심리가 쉽게 벗겨지면서 다시 원 상태로 돌아가게 될 것이다. 마지막으로, 실제 순간적이고 대대적인 동일시가 일어났을 수도 있다. 그러나 동일시를 했다고는 하지만 아직 충분한 동화과정이 뒤따르지 못한 상태이기 때문에, 굳건한 심리구조 형성으로 이어지기 위해선 이런 대상관계가 지속적으로 유지되어야 한다. 실제 현실에서 지속될 수 없을 땐 상상 속에서라도 구원자와 같은 이상화 대상관계가 유지되어야 한다. 그렇기 때문에 현실적으로 불가능한 지나친 동일시를 추구하게 되는데, 이러한 과도한 동일시는 실패할 수밖에 없다. 결론적으로, 분석가에 대한 이상화를 인위적으로 불러일으키는 것은 바람직하지 않고 대개 해로울 뿐이다.

반면에 과대 자기 전이나 이상화 전이가 자연스럽게 형성되는 것은 치료적으로 필요한 일이고 그렇기에 매우 반가운 일이다. 이런 상황에서 환자는 과대 자기나 이상화 부모 이마고의 치료적 활성화와 훈습의 과정을 통해 환자는 점진적으로 심리구조를 조금씩 통합해 갈 수 있게 된다. 즉, 치료자와의 관계에서 변형 내재화를 통한 심리구조 형성을 달성하게 된다.

미처 충분히 동화되지 못한 채 대대적으로 동일시가 이뤄지는 것과 점진적인 변형 내재화를 구분하는 것은 적절한 일이다. 하지만 실제 자기애적 인격장애 환자를 분석하다 보면 두 가지 방식의 동일시가 다 유용하게 쓰인다는 것을 관찰할 수 있다. 분석가에 대한 대대적인 동일시, 즉 행동과 말하는 방식 그리고 태도와 취향 등을 전반적으로 동일시하는 것은 자기애적 인격을 가진 사람의 분석에서 흔히 관찰되는 현상이다. 이런 대대적인 동일시는 분석을 종료하는 시점에 자기애적 전이 대상을 포기할 때 나타나기도 한다. 거의 심리적 상처에 가까운 충격을 완화하기 위한 방식으로 이해할 수 있다.

치료 초기의 대대적인 동일시는 심리구조 형성의 첫 단계로, 대개 분석을 통해 잘 극복된다. 정신과 의사들이나 심리 전문가들의 개인 분석의 초기엔 얼핏 이런 전이가 전혀 일어나지 않는 것처럼 보일 때도 있다. 그러나 분석이 어느 정도 진행된 후, 특히 자기애적 전이가 방해받는 상황에 처했을 때, 피분석가는 갑자기 동화되지 못한 거친 동일시의 모습을 보인다. 예를 들어, 분석가의 휴가로 분석이 중단된 동안, 분석가가 입고 다니는 것과 똑같은 옷을 구입하였다. 객관적으로 볼 때 그 옷은 피분석가에게는 전혀 어울리지 않는 옷이었다. 그러나 점차 분석이 진행되면서 이런 식의 동화되지 않은 무차별적인 동일시는 점차 줄어들게 된다. 그 대신, 피분석가 자신의 특성이 반영되는 보다 적합한 동일시를 형성해 가는 것을 보게 된다. 분석가를 통째로 혹은 무조건 동일시하는 방식에서 분석가의 특정한 전문적 능력들을 선택적으로 동일시하게 된다. 특히 분석 중에 깨닫게 된 자신의 자질과 재능도 자기 것으로 구조화되는데, 이 과정은 마치 잠자고 있던 잠재력을 깨우는 것처럼 보인다. 자신의 성격과 조화를 이루고 자신의 잠재력이 깨어나는 동일시의 과정이 진행되면서 피분석가는 점차 자율적이고 주도적인 자기의 핵이 견고하게 형성되었음을 알게 된다. 고요하면서도 진정한 깊은 내면의 기쁨은 견고한 자기의 핵이 주는 가장 큰 선물 중의 하나다.

거울 전이는 대부분 분석이 종료되면서 같이 사라지는 것이 일반적이다. 이때 분석가는 전이의 대상에서 이상화된 형상(안정된 이상화 전이)이 되거나, 건강한 사랑의 대상이 된다. 맹목적이지 않은 과시감, 고양된 자존감, 대상에 대한 적절한 과대평가 등은 건강한 사랑에 동반되는 자기애적 요소들이다. 즉, 분석가는 이런 요소들을 활성화시키는 건강한 사랑의 대상이 된다. 또 이상화 전이가 안정화되면서 과대 자기에 부착되었던 리비도가 이상화 부모 이마고에 부착됨으로써, 궁극적으로 초자아의 이상화를 촉진하는 데 사용된다.

쌍둥이(분신) 자기대상 전이

앞서 설명하였듯이, 처음에는 쌍둥이 자기대상 전이를 거울 전이의 한 형태로 보았었다. 즉, 과대 자기의 확장을 통한 융합 시기보다 발달된 시점에서 상처를 받은 경우 나타나는 보다 성숙한 형태의 거울 전이를 쌍둥이 전이라고 생각했던 것이다. 그러나 1984년 『분석은 어떻게 치유하는가?』에서 Kohut은 분신 전이를 거울 전이에서 분리하여 별개의 자기대상 전이로 독립시켰다. 그는 이러한 변화를 가져오게 된 임상경험들을 이야기하며 다음과 같은 사례를 제시하였다.

한 여성 환자가 분석가가 여름 휴가를 떠난다는 것을 알게 된 뒤부터 전에는 볼 수 없었던 내용의 꿈을 꾸고 공상을 하였다. 반복되는 꿈은 사람이 주인공이 아니었다. 꿈에서 그녀는 반복해서 물건들을 덮거나 막았다. 예를 들어, 병의 뚜껑을 닫거나, 꽃병에서 꽃을 빼 버린 후 합판이나 종잇조각을 집어넣었다. 빈 물병에 콜라를 쏟아 채우기도 하고, 빈 어항을 유리판으로 덮는 꿈도 있었다. 분석가가 전에는 볼 수 없었던 꿈, 즉 빈 공간을 강박적으로 채우거나 닫아 버리는 내용의 꿈을 반복해서 꾼다는 것과 그것이 치료자가 수주에 걸친 긴 여름 휴가를 갈 것이라고 통보한 이후부터 나타났다는 것을 지적하였다. 환자는 미처 의식하지 못하지만 치료자만이 느낄 수 있는 미묘한 우울한 정서도 나타난다고 말해 주었다. 이러한 치료자의 설명을 들은 환자는 그녀의 어린 시절을 다음과 같이 연상하였다.

그녀가 6~7세경 그녀의 가족은 낯선 곳으로 이사를 갔다. 그것은 다정했던 할머니와 떨어져서 차가운 부모와만 살아야 하는 것을 의미하였다. 부모는 그녀에게 따뜻한 마음이나 손길을 줄 심리적인 힘도 여유도 없었다. 갑자기 정서적으로 혼자 덩그러니 남게 된 그녀는 어느 날 마개를 꼭 막은 빈 병을 책상 위에 올려놓았다. 그녀에게 그 빈 병은 그냥 빈 병이 아니었다. 그 병 속에는 그녀만의 '나의 지니'가 있었다. 그녀는 외로울 때마다 병 속의 '지니'를 꺼내 끊임없이 이야기를 나누었다. 이런 일은 사실 최근까지 지속되고 있었다. 그녀가 분석 시간에 이 이야기를 하지 않은 것은 그것을 매우 수치스러운 일이라고 생각했기 때문이었다. 이번 분석 상황에서도 그녀는 상당한 저항을 보인 이후에야 비로소 표현할 수 있었다.

그동안 꺼내지 못하고 있던 마음속의 '비밀'을 말하고 난 후 그녀는 상당히 안정감을 되찾았다. 분석가는 환자가 꿈에서 병 속에 무엇인가를 채우고 뚜껑으로 막으려는 것은 휴가를 떠나는 치료자를 '지니'처럼 담아 두려는 것이라고 해석해 주었다. 아동기 시절 다정했던 할머니와 헤어진 후 할머니를 병 속에 '지니'로 담아 둔 것과 같은 것이라고 덧붙였다. 분석가의 해석에 대해 그녀는, 다소 망설임 끝에 그렇지 않다고 분명하게 대답하였다. '병 속의 지니'는 분석가가 아니었다. 어린 시절 '지니' 또한 할머니가 아니었다. '지니'는 작은 소녀였고, 그 소녀는 바로 그녀와 똑같은 쌍둥이였다. 그 쌍둥이는 그녀가 외로울 때마다 그녀의 말을 있는 그대로 다 들어 주고 외로움으로부터 견딜 수 있게 해 주었다. 어느 누구도 줄 수 없는 보살핌을 주었다.

그녀가 분석가에게 쌍둥이 자기대상 전이를 갖게 된 것은 아마 분석가가 휴가를 통보하기 훨씬 전으로 보인다. 분석가는 그녀가 보이는 전이의 핵심이 인정받길 원하는 거울 자기대상 욕구라고 잘못 이해하고 있었다. 그러나 그녀는 단지 그녀를 이해하고 동시에 그녀가 이해해 주는 존재가 있기만 하면 족했다. 그녀가 말할 수 있게 앞에 있어 주고 또 분석가에 대해 이렇게 저렇게 편안하게 경험할 수 있도록 허용해 주는, 마치 그녀의 마음과 같은 그런 똑같은 마음을 가진 존재를 필요로 했다. 고요한 침묵 속에 그냥 함께 있는 것이 어쩌면 쌍둥이들에겐 가장 편안하고 만족스러운 순간일지 모른다. 이미 서로 마음이 똑같은 두 사람이 말을 하기 시작해봤자 차이점만 드러나지 않겠는가?

그렇다면 왜 이 환자는 그녀를 완전하게 인정해 주거나 그녀에게 생기를 불어넣어 주는 완벽한 자기대상과 같은 존재 대신 쌍둥이 같은 '병 속의 지니'를 필요로 했을까? 이것을 이해할 수 있는 결정적인 단서는 그녀가 기억하고 있는 할머니 부엌이었다. 사실, 이 기억은 분석 중에 몇 번 표현되었지만, 그 의미나 중요성을 알 수 없었다. 그녀가 너댓 살 때 할머니는 부엌에서 밀가루 반죽을 하고 있었다. 할머니는 큰 도마 위에 밀가루 덩어리를 놓고 손으로 주무르고 있었다. 어린 그녀도 밀가루 가루가 묻은 얼굴로 할머니 옆에서 조그마한 판 위에 놓인 밀가루 반죽 조각을 조몰락댔다. 고요하기 짝이 없는 풍경 그대로, 부엌에서 일하시는 할머니 옆에서 말없이 똑같이 밀가루 반죽을 조몰락대는 여자 아이의 마음처럼 고요하고 편안한 마음을 찾아보기도 힘들 것이다.

Kohut은 누군가의 옆에 그냥 있으면서 서로 이해하고 이해받는다는 이런 경험은 기존의 과대 자기 욕구나 이상화 자기대상 욕구와는 다른 것이라는 것을 알게 되었다. 그래서 쌍둥이(분신) 자기대상 욕구로 따로 분류하기 시작하였다. Kohut은 쌍둥이 자기애적 욕구가 쌍둥이 자기대상의 적절한 반응을 받을 때, 4~10세 사이에 재능과 기술이 형성된다고 보았다. 그러나 이런 쌍둥이 자기대상 경험은 다른 자기대상 경험과 마찬가지로, 일생을 두고 필요한 경험이라고 생각하였다.

어린 시절 전형적인 쌍둥이 자기대상 경험으로 Kohut은, 앞에서 예로 제시되었던 할머니 옆에서 말없이 같은 일을 하는 것, 면도하는 아버지 옆에서 같이 면도하는 흉내를 내는 아들, 그리고 공구로 무엇을 만드는 아버지 옆에서 같이 두드리고 자르는 행동을 하는 자녀들을 들었다. 그렇기 때문에 쌍둥이 자기대상 경험에서 중요한 것은 외적으로 닮은 것이 아니라, 정체성이나 기능적으로 유사한 것이다.

Kohut에 의하면, 4~10세보다 훨씬 앞선 시기에도 쌍둥이 자기애적 경험의 전구 경험이라고 할 수 있는 경험들이 존재한다. 아이가 자기 자신을, 여러 사람들 속에 한 사람으로 존재한다고 느끼는 경험이 그것이다. 이때 수반되는 안정감은 어린아이에게 자기-확신과 자기-유지를 경험하게 하지만, 거울 욕구나 이상화 욕구로 분류할 수 없는 것들이다. 그 대신 할머니 옆에서 빵 반죽을 하거나 아버지 옆에서 공구를 만지며 느끼는 그런 안정감을 제공해 준다는 점에서 쌍둥이 욕구로 분류할 수 있다.

Kohut은 카프카의 변신과 심한 자기애적 인격장애 환자들의 분석 경험을 예로 들며, 가장 고통스러운 인간 경험 중의 하나가 자신이 인간 존재가 아닌 것 같다고 느끼는 것이라고 주장하였다. 그리고 이러한 인격의 중심적인 장애는 어린 시절 그의 주변에 인간다운 인간이 없었기 때문이라고 생각하였다. 그냥 사람다운 사람이 아이의 주변에 있어 주는 것만으로도, 아이는 자신이 그들에 속해 있고 그들은 자기의 삶에 참여한다고 느낄 수 있게 된다는 뜻이다. 주위 사람들의 일정한 목소리와 체취들, 그들이 표현하는 감정의 방식, 그들이 활동할 때 생기는 일정한 소리들, 그들과 함께 먹는 음식의 맛과 향, 이런 것들이 아이에게 동질감과 안정감을 제공하게 된다.

Kohut은 성인기에 나타나는 쌍둥이 자기대상 욕구들의 예도 제시하였다. 외국 여행 중에 모국어를 듣는 순간, 혹은 외국 여행 후

고국에 돌아와서 경험하게 되는 편안함과 안도감은 모두 공통의 것을 갖고 있다는 것에서 나오는 것이다. 거꾸로 외국 여행을 많이 한 사람들은 "결국 사람 사는 것은 다 똑같네."라고 말하는 것을 본다. 선하고 악한 면이 있는 점에서, 비슷하게 감정을 느끼고 행동하는 점에서, 기본적으로는 다 똑같다고 느끼는 것이 쌍둥이 경험이라고 볼 수 있다.

많은 성인의 경험들은 세 가지 자기대상 욕구가 선명하게 구분되지 않고 겹치는 것으로 해석될 수 있다. 힘들어하는 친구의 어깨에 손을 얹는 것은 이미 자기-자기대상 관계가 형성되어 있다는 것을 표시한다. 자기대상으로서 친구가 그렇게 해 줄 때, 약화된 자기가 힘을 얻고 보다 결속력 있는 자기로 회복된다. 하지만 그런 회복이 거울 자기대상, 이상화 자기대상, 혹은 쌍둥이 자기대상 중 어떤 것 때문인지를 명확히 판단하는 것은 쉽지 않다.

친구가 어깨에 손을 얹는다는 모습이 얼핏 쌍둥이 자기대상 반응을 연상시키지만, 다른 자기대상 반응의 가능성도 충분히 있다. 어깨에 손을 얹는 행동은 고태적 이상화 자기대상 경험을 다시 나타낸 것일 수 있다. 어머니는 우는 어린아이의 겨드랑이에 손을 넣어 아이를 번쩍 들어 올린 다음 가슴에 안아서 토닥거려 준다. 아이는 자신을 번쩍 들어올리는 어머니의 전능감을 느끼고, 그녀의 토닥거림 속에서 평온함을 찾게 된다. 그런 어머니와의 융합 속에서 완벽함에 함께 참여하는 느낌을 받는다. 어깨에 손을 얹는 경험도 그런 경험의 구현일 수 있다.

한편, 어깨에 손을 얹는 것은 인정의 표현일 수 있다. 내적 잠재력과 너는 회복할 수 있다는 신뢰의 표시일 수 있다. 즉, 거울 자기대상 경험의 연장으로 해석할 수도 있다. 이런 특정한 분석적 연관성을 떠나서, 어깨에 손을 얹는 것은 단순하게 '지지한다'는 정상적인 일상 경험이다. 그런 의미에서 쌍둥이 자기대상 경험이 포함된 지지받는 경험의 연장으로 볼 수 있다.

7 자기심리학 정신분석의 고유한 개념들

7. 자기심리학 정신분석의 고유한 개념들

자기 해체의 불안과 자기-상태 꿈

Kohut은 분석 상황에서 피분석가가 보이는 불안을 두 가지 종류로 분류할 수 있다고 제시하였다. 첫 번째 불안은 비교적 응집적인 자기가 특정 상황에 대해 경험하는 불안이고, 두 번째 불안은 자기 자체의 상태에 대해 느끼는 불안, 즉 자기가 해체되기 시작하는 것에 대한 불안이다. 두 가지 불안은 대개 임상 초기엔 잘 구분되지 않지만 오랫동안 공감적으로 내성할 때 그 차이가 분명해진다.

광범위한 불안이 아닌 국한된 불안의 예로는 버림받음의 위협이나 인정받지 못함의 불안을 들 수 있다. 사랑의 대상을 상실하는 불안, 거세 공포 등도 이에 포함된다. 사회적 상황에서 경험하는 불안(Realangst) 혹은 초자아 불안(Gewissensangst) 등도 국한된 불안을 초래한다. 불안이 초기에 나타날 땐, 그 내용이 분명하게 드러나지 않고 막연한 불안과 긴장 상태로 경험되지만, 저항을 극복하고 분석이 진행되면서 핵심적인 불안의 내용이 도출된다. 예를 들어, 전이관계 속에서 오이디푸스 갈등을 경험하고 있는 환자는 거세불안을 경험하게 된다. 그렇지만 거세불안을 처음부터 직접 대면하고 표현하는 환자는 없다. 처음에는 다소 모호한 이런저런 두려움을 표현하다가, 분석이 잘 진행되는 경우 점차 저항이 극복되면서 거세불안의 핵심적인 내용이 드러나게 된다.

자기 해체의 불안(Self-disintegration anxiety)은 명확하게 정의할 수 없지만 강렬하면서도 광범위하게 경험된다. 자기 파편화의 위험이나 주도성을 심각하게 상실할 위험에 처한 경우, 자존감의 극심한 손상, 극도의 무의미감 등이 광범위한 자기 해체의 불안을 야기하는 상황들이다. 이런 세밀한 불안의 내용 역시 초기에는 뚜렷하게 구분되지 않는다. 저항이 극복되면서 조금씩 불안의 핵심적인 내용에 접촉하게 되지만, 많은 경우 비유나 은유를 통해서 불안의 내용을 표현할 수 있을 뿐이다.

Freud(1923b)도 자기-해체의 불안과 유사한 불안에 대해 언급한 바 있다. 그는 '리비도 위험(libidinal danger)'은 '압도되거나 멸절'의 공포로 경험된다고 표현하였다. Anna Freud(1966) 역시 '본능의 강렬함 공포'를 말했는데, 이것은 자기 해체의 불안을 초심리학적으로 표현한 것으로 이해할 수 있다. Kohut은 자기의 응집성이 해체되어 압도되거나 멸절되는 불안이 본능에 의해 이차적으로 나타나는 것이기 때문에, Freud나 Anna Freud가 말한 욕동에 의

한 불안은 자기 해체 불안의 원인이 아니라 자기 해체의 결과라고 보았다.

분석가는 환자의 자기 해체의 불안을 어떻게 포착할 수 있을까? Kohut은 자기 해체의 불안은 흔히 일련의 꿈을 통해서 나타난다고 보았다. 초기엔, 건강염려증적인 양상이나 공포의 모습으로 나타나기도 한다. 예를 들어, 실제 환자가 사는 집의 벽에 미묘한 균열이 생겼는데 그것을 집 전체의 심각한 구조적 결함으로 걱정한다든지, 환자의 피부에 조그마한 염증이 나타났는데 그것이 진행되어 패혈증으로 잘못될 것 같은 불안에 시달린다. 자기 해체의 불안은 꿈으로도 나타나는데, 거주지역이 해충으로 뒤덮이거나, 수영장이 조류로 뒤덮이는 불길한 징조를 보인다. 이러한 공포들이 환자의 마음을 사로잡아 끝없이 걱정스럽게 궁리하고 공황 상태에 빠지곤 한다. 그렇지만 그 밑바닥에는 자기가 매우 쇠약해졌거나 해체되는 것에 대해 말로 표현하기 어려운 두려움이 자리 잡고 있는 것을 발견하게 된다.

Kohut은 자기 해체의 불안과 관련된 꿈을 '자기-상태 꿈(self-state dreams)'이라고 따로 명명하였다. 전통적인 정신분석에서 통상적으로 다루는 꿈이 욕동 소망이나 갈등 혹은 갈등 해결 등과 관련된 꿈이라면, '자기-상태 꿈'은 자기의 해체나 과도한 자극에 대한 공포 등과 관련된 꿈을 말한다. 자기-상태 꿈은 이렇게 말로 표현하기 힘든 공포로 가득 찬 자기 해체의 불안을 구체적인 시각 이미지로 다루려는 무의식적 시도라고 볼 수 있다. 그렇기 때문에 전통적인 분석에서 자유연상을 통해 무의식적인 꿈의 잠재 내용에 도달할 수 있지만, 자기-상태 꿈에서는 그런 결과를 기대하기 어렵다. Kohut은 자기-상태 꿈의 발현 내용을 세밀하게 탐색하고 연상해 갈 때, 건강한 자기의 부분이 자기 해체의 불안에 대응하고 있는 것을 발견하게 된다고 설명하였다.

Kohut에 의하면, 자기-상태 꿈은 어린아이의 꿈과 유사하고, Freud가 말한 외상성 신경증 환자의 꿈도 이와 유사하다. 또 고열이나 중독 상태에서 경험하는 환각적인 꿈과도 비슷하다고 하였다. 그는 자기-상태 꿈의 예로 다음과 같은 꿈을 들었다. 이는 자기애적 전이에서 활성화되는 정신 병리가 정신증 수준으로 해체되지 않는다는 것을 나타낸다.

> 꿈 1: 환자는 로켓을 타고 지구를 돌고 있다. 점점 지구로부터 멀리 떨어지면서 돌고 있지만 궤도를 이탈하여 우주 공간으로 날아가지는(정신병 상태가 되는 것을 의미) 않는다. 눈에 보이지는 않지만 궤도의 중심에 있는 지구(분석가를 상징)가 로켓을 효과적으로 끌어당기고 있기 때문이다.

지구와 로켓 사이에 일정한 궤도를 유지시켜 주는 중력이 자기애적 전이를 의미한다. 로켓을 타고 도는 꿈은 분석을 통해 원초적 과시주의가 활성화된 것을 나타낸다.

> 꿈 2: 환자가 그네를 타고 있다. 앞뒤로 그네를 타며 점점 더 높이 올라가고 있다. 그러나 환자가 그네를 놓치고 공중으로 날아가

버리거나, 그네가 한 바퀴 완전히 돌아 버리는 심각한 위험은 결코 없는 상태다.

환자는 고태적인 과시적 리비도가 활성화되면서 높이 올라가는 그네 꿈을 꾸었다. 이럴 경우 과도한 자극에 의해 경조증 혹은 조증 상태로 빠질 위험이 생긴다. 꿈은 그네의 줄(분석가와 연결된 자기애적 전이)에 의해 과도한 조증 상태(완전히 한 바퀴 돌아 버리는 것)나 정신병 상태(그네에서 튕겨 공중으로 날아가 버리는 것)에 빠지지 않고 보호받는 것을 나타낸다.

자기애적 분노

전통적인 정신분석이론에서 공격성은 리비도와 함께 일차적으로 타고나는 본능이다. Kohut은 공격성과 파괴성을 일차적인 욕동의 표현이라고 보지 않는다. 그는 공격성, 즉 파괴적 분노를 자기애적 상처를 받은 결과로 생긴 자기 해체의 결과물이라고 보았다.

본질적으로, 나는 심리적 현상으로서 사람의 파괴성을 이차적인 것이라고 믿는다. 파괴성은 본래 아이의 필요성에 '자기대상 환경'이 최적의 반응(최고의 반응이 아님을 강조해야 한다)을 해주지 못한 결과로 발생한 것이다. 심리적 현상으로서 공격성은 근본적인 것이 아니다. 유기체의 분자에 있는 비유기체 구성요소처럼, 공격성은 처음부터 아이의 자기주장의 한 구성요소일 뿐이다. 그리고 정상적인 조건하에선 성인의 성숙한 자기의 자기주장의 한 요소로 남아 있다(Kohut, 1977).

Kohut은 분노를 아이의 타고난 건강한 자기주장에 문제가 생긴 결과로 간주한다. 그는 아이가 자기주장의 능력을 갖고 태어난다고 보았다. 그러한 자기주장은 자기대상의 공감적인 반응을 통해 지지받아야 한다. 하지만 자기대상 환경에 의해 상처를 받고 실망하게 될 때, 자기주장은 분노로 변형된다. 그러므로 Kohut은 일차적인 심리로 타고나는 것은 공격성이 아니라 자기주장이라고 생각하였다.

Kohut은 공격성뿐만 아니라, 성욕동이 병적으로 표현되는 것도 일차적인 욕동의 문제가 아니라, 자기와 자기대상의 문제에서 발생한다고 설명하였다. Kohut의 견해에 의하면, 성도착은 취약해진 자기가 성적인 방법을 통하여 자기 자신을 자극하고 생동감 있게 하려는 시도다. 다시 말해서 성도착은 자기가 자기대상과 공감적인 관계에 실패하여, 성욕화된 관계를 맺고 있음을 나타내는 것이다.

유아의 격리된 성적 욕동은 일차적인 심리 구성요소가 아니다. …… 일차적인 심리 구성요소는 …… 자기와 공감적인 자기대상의 관계 경험이다. 격리된 형태로 나타나는 욕동 현상은 자기대상 환경으로부터 상처를 받거나 동시에/혹은 오랫동안 공감의 실패 때문에 나타나는 것이다. …… 우울로부터 벗어나기 위하여, 아이는 공감적이지 않은 혹은 공감이 결핍된 자기대상으로부터 구강, 항문, 남근기적 감각으로 향하여, 강렬한 자극을 경험하여야 한다. 이러한 어린 시절에 있었던 욕동의 과부착 경험의 결정체가 어른의 정신 병리로 형성되기 때문에, 얼핏 보면 성도착이 성욕동의 장애처럼 보이지만, 본질적으로는 자기의 장애다. …… 분석에서 도달할 수 있는 가장 깊은 심리는 욕동이 아니라 자기의 구조에 대한 위협이다. …… 생명을 유지하는 것이 결핍된 경험 …… 자기대상의 공감적 반응이다(Kohut, 1977).

자기심리학 정신분석에서의 저항

저항(resistance)은 전통적인 정신분석치료 상황에서 다뤄지는 가장 중요한 사안 중의 하나다. Kohut은 저항을 바라보는 전통적인 정신분석이론과 자기심리학의 차이를, 의학적으로 훈련된 마음과 내성과 공감으로 접근하는 마음의 차이와 같다고 설명하였다. 의학적으로 훈련된 마음을 설명하기 위하여 Kohut은 잘 알려진 Freud의 비유를 들었다.

"나는 혼자 속으로, 카타르시스적 정신치료(cathartic psychotherapy)를 외과적 개입에 비교해 왔다. 나는 내 치료를 정신치료적 수술이라고 묘사하였다. 고름으로 가득 찬 주머니를 열어서 썩은 부위를 긁어 내는 것과 같다고 비유해 왔다." (Freud, 1895)

> "나는 나의 동료들에게, 정신분석치료를 하는 도중에 스스로 너무 성급하게 외과 의사를 모델로 삼으라고 권유할 수 없다. 외과 의사는 기술적으로 최대한 잘 수술하려는 단 하나의 목적을 위해, 그의 모든 감정, 심지어는 인간적인 연민까지도 제쳐 놓고, 그의 마음을 집중한다. …… 분석 중에 이렇게 감정적으로 냉정함을 요구하는 것은 그것이 의사와 환자에게 모두 큰 이익이 되기 때문이다. 의사에게는 그 자신의 감정으로부터 바람직한 보호책이 되고, 환자는 우리가 줄 수 있는 도움을 가장 많이 받을 수 있다." (Freud, 1915)

Kohut은, Freud의 정신분석이론은 고름이 가득 찬 병소를 제거하듯이 격리된 한 심리나 심리과정을 설명하기에 적합하다고 생각하였다. 예를 들어, 말실수나 일상생활의 병리 등을 설명하기에 적합하고, 제한된 심리기능으로 꿈을 해석할 때에도 유용하다고 생각하였다. 단, '자기-상태 꿈'을 해석하기엔 부적합하다고 보았다. 반면에 자기의 성장이 중단되어 나타나는 병리와 같이 인격 전체가 관여하는 정신 병리를 설명하기엔 고전적 정신분석이론이 적합하지 않다고 생각하였다. 왜냐하면 고전적 정신분석이론은 인간의 마음을 하나의 심리기제로 보고 그 메커니즘의 장애를 다루는 것이라고 Kohut은 생각하였기 때문이다. 그는 저항을 유아적 소망에 집착하는 것이라든지, 불안을 회피하려는 것이라든지 등으로 '쾌락 원리'에 따라 설명하는 것도 역시 저항을 하나의 메커니즘으로 다루는 것이라고 생각하였다. 반면에 Kohut은 저항을 보다 적응적인 것이고 궁극적으로 자기를 보호하고 지키려는 것이라고 보았다. 그렇기 때문에 전통적인 정신분석이 저항의 해석을 통하여 자아가 욕동과 소망을 현실적으로 잘 처리할 수 있게 도와준다면, 자기심리학은 자기를 안전하게 지키려는 저항의 기능을 먼저 공감해 준다. 즉, 온전한 자기 발달의 위협에 대한 저항의 기능을 공감해 줌으로써 자기-자기대상의 관계 형성을 강화하고 치료를 진전시키는 역할을 하게 한다. 그러므로 자기심리학 정신분석에서 저항은 자기대상 전이의 과정에서 거의 필연적으로 나타나게 된다. 자기대상 전이와 관련되어 나타나는 저항에 대해선 각 자기대상 전이의 치료 부분에서 설명하였다.

자기심리학 정신분석에서의 해석

자기심리학 정신분석에서 치유는 중단되었던 자기 발달이 자기대상 전이를 통해 다시 활성화되는 것이다. 전통적인 정신분석에서와 마찬가지로, 해석은 자기심리학의 분석에서도 치유를 촉진시키는 중요한 기법이 된다. Kohut은 동일한 사례를 다양한 정신분석학파의 견해에 따라 각각 다른 식으로 해석하는 것이 가능하다고 보았다. 그리고 해석의 내용은 서로 다르지만 동일한(혹은 비슷한) 치료적 효과를 얻는 것이 가능하다고 생각하였다. 어떻게 이런 것이 가능할까? Kohut은 다음과 같은 사례를 예로 들어 해석이 갖는 치료적 기능을 좀 더 세분화하여 설명하였다.

남미에서 온 어떤 분석가가 현재 진행 중인 사례에 대해 발표를 한 내용이다. 한 분석 시간의 말미였다. 분석가가 자신이 가까운 장래에 휴가를 가야 하기 때문에 그동안 정신분석을 중단할 수밖에 없다고 말하였다. 환자는 다음 분석 시간에 왔지만, 침묵을 지키면서 말을 하지 않았다. 지금 경험하고 있는 것에 대해 말해 달라는 분석가의 요청에도 아무런 반응을 보이지 않았다. 결국 분석가는 환자의 그런 반응을 이해할 수 있다는 따뜻한 목소리로 해석을 해 주었다. "지난 시간에 분석을 일시적으로 중단하고 휴가를 떠날 것이라는 분석가의 통보 때문에 환자가 분석가를 바라보는 시선이 완전히 바뀌었다. 전에는 분석가가 자신을 수유해 주는 선하고 따뜻하고 좋은 젖가슴이었는데, 지금은 차갑고 자신에게 우유를 주지 않는 나쁜 젖가슴으로 경험하고 있다. 그 결과, 환자는 지금 나쁜 젖가슴인 분석가에게 격렬한 가학적 분노를 느끼게 되었고, 그래서 분석가를 물어뜯어서 산산이 조각내고 싶은 마음을 갖게 되었다. 그렇기 때문에 그런 가학적 충동에 대한 방어로 환자는 모든 활동을 억압하고 있다. 특히 구강 활동을 중단하고 있다."고 해석해 주었다. 놀랍게도 환자의 마음을 단지 짐작해서 말한 에두른 해석임에도 불구하고 환자는 매우 호의적인 반응을 나타냈다. 환자는 보다 자유롭게 말하기 시작하였고 지난 분석 시간 이후 그의 턱 근육이 매우 긴장되어 있었다고 보고하였다. 그리고 분석가를 물어뜯는 많은 환상들을 언어로 표현하고 때론 분석가를 구체적으로 비난하는 말을 하기도 하였다. 결국 그 분석 시간은 다시 좋은 관계로 끝을 맺었다. 분석가와 환자는 아무런 이의 없이 분석가가 다시 예전의 좋은 젖가슴의 위치를 회복하였다는 점에 동의하였다.

Kohut은 Klein 학파의 관점에 따른 이 해석이 환자에게 치료적인 반응을 가져온 것처럼, 다른 식의 해석도 동일한 효과를 가져올 수 있다고 생각하였다. 예를 들어, '분석가가 휴가 기간 중 분석을 중단한다고 말했기 때문에 버림받은 느낌을 받아서 아무런 말을 하지 않았다. 그런 버림받음의 느낌은 어머니가 아버지와 성교를 하기 위해 침실의 문을 잠갔을 때 느꼈던 것과 동일하다.'고 오이디푸스 갈등의 관점으로 해석해 주어도 동일한 효과를 가져온다는 것이다.

또한 자기심리학 관점으로 해석해 주어도 동일하다고 Kohut은 생각하였다. 환자는 어린 시절 가정부와 매우 친밀하였다. 부엌에서 가정부가 요리를 할 때 어린 환자는 옆에서 가정부를 돕는 시늉을 하였다. 가정부는 어린 환자가 요리를 잘한다며 칭찬을 해 주곤 하였다. 어느 날 차갑고 냉정한 그녀의 어머니가 갑자기 가정부를 해고하였을 때 어린 환자는 그녀를 지탱해 주던 자기대상을 상실하였다. 어린 그녀는 자신이 다 빠져나가서 텅 빈 느낌이 들었다. 살아 있다는 생생함을 느낄 수 없었다. 환자는 지금 휴가 기간 중 분석을 중단한다는 말을 듣고 어린 시절 경험하였던 것처럼 자존감의 손상이라는 자기애적 상처를 받았다.

Kohut은 다양한 관점의 해석이 동일한 치료 효과를 나타낼 수 있는 것은, 부정확한 해석이 때로 치료 효과를 갖는 것과 동일하다고 생각하였다. 그는 부정확한 해석이 치료 효과를 갖는 것이 암시성 때문은 아니라고 주장하였다. 부정확한 해석이 효과적일 수 있는 것은 언어로 표현된 내용은 틀렸다고 해도, 근본적으로 소통하고자 하는 메시지는 옳을 수 있기 때문이라고 설명하였다. 앞 사례에서 언어로 전달된 해석의 내용은 서로 다른 관점을 나타내고 있지만, 근본적으로 전달하고 있는 것은 동일하다. 그것은 분석 시간이 중단될 거라는 말을 듣고 환자가 좌절감을 느끼며 마음 깊이 속상해한다는 것을 따뜻하게 전달하고 있다는 점이다. 마음 깊이 속상해하는 내용들은 여러 관점으로 해석이 가능하지만, 이 사례에서 핵심은 속상해한다는 것을 이해받았다는 점이다. 지금까지 살펴본 것처럼 정신분석에서 해석은 두 단계로 구성된다고 Kohut은 생각하였다.

정신분석에서 해석은 두 단계로 이뤄진다. 먼저, 피분석가는 그가 이해받고 있다는 것을 인식할 수 있어야 한다. 그 이후에 분석가는 특정한 역동과 기원적인 요소들을 설명해 줄 수 있다. 그래야만 피분석가는 해석을 받아들일 수 있다.

Kohut은 해석의 두 단계 중 첫 단계를 ① 이해(understanding)의 단계(혹은 부분)라고 불렀고, 둘째 단계를 ② 설명(explaining)의 단계(혹은 부분)라고 불렀다. 그리고 다시 설명의 단계는 (a) 역동적 요소(dynamic element)와 (b) 기원적 요소(genetic element)로 구성된다고 설명하였다. 역동적 요소는 현재 경험하고 있는 환자의 감정이 어떤 심리적 역동 때문에 나타나는지를 설명해 주는 것이다. 분석가와 자기대상 전이관계에서 자기애적 발달의 욕구가 재활성화되었기 때문에 지금과 같은 감정 체험을 하고 있다는 해석이 이에 해당한다. 기원적 요소는 환자의 어린 시절 생활사를 고려하여 현재 전이 경험이 어디로부터 기원하는지를 연결하여 설명해 주는 것을 말한다. 해석의 이해 부분은 시간이 감에 따라 희미해진다. 해석의 설명 부분이 더해질 때, 환자는 전이 경험을 자신의 삶의 맥락에서 바라보고 이해할 수 있게 된다. 그렇기 때문에 역동적이고 기원적인 설명은 훈습의 과정에 필요한 핵심적인 요소가 된다. 실제 분석 상황에서 이 두 요소는 상호 연결되어 있고 많은 경우 동시에 나타난다. 그렇지만 어떤 경우 설명의 단계 이전에 오랜 기간의 이해 단계가 필요한 환자들이 있다고 언급하였다.

해석의 두 단계를 앞의 사례에 구체적으로 적용해 볼 수 있을 것이다.

- 이해의 단계: 지금 나에게 아무 말도 하고 싶지 않을 것 같다. 지난 시간에 내 휴가 기간 중 분석을 중단한다고 했을 때, 좌절감을 느끼고 마음이 많이 상했을 것이다.
- 설명의 단계:
  - (a) 역동적 설명: 당신은 분석을 진행하면서 분석가에게 안정감을 느끼고 의지할 수 있었는데, 내가 휴가 기간 중 분석을 중단한다고 하니까 마치 치료자로부터 떨어져 나가는 느낌을 받았을 것이다(이 역동적 설명은 분석가에 대한 이상화 전이와 이상화 대상으로부터 떨어져 나가는 경험을 설명하려는 것이다.).
  - (b) 기원적 설명: 당신은 이런 식으로 떨어져 나가는 것과 같은 경험에 특히 민감할 수밖에 없다. 당신뿐만 아니라 모든 아이들에게 해당되는 이야기지만, 어머니가 항상 옆에 있어야 아이들은 안정감을 느낄 수 있다. 어린 시절 당신의 어머니는 우울증에 시달렸고 자신의 외로움을 떨쳐 내려고 당

> 신을 유모의 손에 맡기고 자주 여행을 떠났었다. 어린 당신은 그때마다 어머니로부터 떨어져 나가는 느낌을 받았고, 어느 유모도 당신의 그런 고통을 보살펴 주지 못했었다(이상화 대상을 필요로 하는 것은 보편적이라는 것을 설명해 줌으로써, 즉 환자의 탐욕 때문에 생긴 것이 아니라고 비판적이지 않게 설명해 줌으로써 자기대상 욕구의 자연스러움을 설명해 주었다. 그리고 그런 욕구의 빈번한 좌절 경험이 현재 이상화 대상인 분석가와의 분리 경험을 민감하게 느끼게 만들었다는 기원적 설명을 해 준 것이다.).

Kohut은 정확하지 않은 설명에도 불구하고 치료적인 의미를 갖는 것이 결국 핵심적인 경험(마음 깊이 속상해한다는 점)을 이해받았기 때문이라고 설명하였다. 다시 말해서 설명의 단계에서 해석의 내용이 오류가 있음에도 불구하고, 이해의 단계가 적절했을 때 치유적 효과가 나타날 수 있다는 것이다. 그렇지만 위 사례에서 결국 분석가의 휴가로 분석이 일시적으로 중단되는 것은 변함이 없다. 즉, 좌절감과 마음이 상했다는 것을 이해는 받았지만, 분석이 중단되지 않기를 바라는 환자의 소망은 좌절되었다. Kohut은 이를 최적의 좌절이라고 설명하였다. 그리고 이때 최적의 좌절은 다음과 같은 3단계로 구성된다고 설명하였다.

- (자기애적) 욕구 혹은 필요성: 분석가와 자기대상 전이 관계에서 초기 자기애적 욕구(need)가 다시 활성화된다. 사례에서는 이

상화 자기대상과 지속적인 융합의 욕구가 분석가가 지속적으로 함께하기를 바라는 욕구로 표현되었다.

- 중단: 재활성화된 자기애적 욕구의 좌절이 뒤따른다. 사례에서는 분석가의 휴가 기간 중 분석의 중단(disruption)을 예고함으로써 자기애적 욕구가 좌절되었다.
- 회복: 환자의 자기와 자기대상으로서의 분석가 사이에 공감적인 연합이 다시 형성된다. 사례에서는 분석가가 분석 중단에 대해 예고함으로써 환자가 좌절감을 느끼고 또 마음이 깊이 상했다는 것을 해석해 줌으로써 회복(repair)이 시작된다.

Kohut은 '욕구-중단-회복'이라는 순서가 일반적인 건강한 발달단계에서 일어나는 최적의 좌절에서도 동일하게 일어난다고 생각하였다.

8 자기심리학 분석 사례

8. 자기심리학 분석 사례

X씨에 대한 자기심리학 분석

다음은 Kohut(1977)의 책 『자기의 회복』에 수록되어 있는 사례다.

X는 22세 남자다. 그는 혜택 받지 못하고 고통 받는 사람들을 돕고 싶다는 일생의 소망을 실현하기 위해 평화봉사단에 지원하였으나 거절당했다. 거절당한 것이 정신치료를 받도록 자극한 것이 사실이지만, 평화봉사단에 지원하기 전부터 정신치료를 받는 것에 대해선 진지하게 생각하고 있었다고 주장하였다. 다만, 평화봉사단에서 몇 년 근무한 후에 치료를 받을 계획이었다. 정신치료가 진행되면서 점차 분석을 받으려는 진짜 동기가 드러났다. 그는 성적 문제에 대해 수치심을 느끼고 있었다. 그리고 성적 수치심 때문에 사회적으로

소외된 상태였고 전반적으로 외로움을 느끼고 있었다. 청소년기 초반부터 치료를 시작할 즈음까지, 그는 심한 자위행위를 지속하였다. 하루에도 수차례씩 자위를 하였고 그 양상은 거의 중독에 가까운 모습이었다. 자위 중에 동성애적인 환상이 동반되었으나, 동성애나 이성애 어느 것이든 실제 성경험은 전무하였다.

어린 시절 X의 어머니는 그를 마치 대단한 아이처럼 대하였다. 어머니는 다른 아이들보다 훨씬 뛰어난 아이라는 느낌을 받도록 X를 대하였고, 커서 위대한 사람이 될 것이라는 말을 끊임없이 들려주었다. 어느 정도 총명하긴 하였지만, 어린 X가 그렇게 뛰어난 아이라는 근거는 어디에도 없었다. 그러나 어머니의 지지 속에 어린 X는 다른 아이들에 대해 점점 우월감을 느끼기 시작하였다. 다른 아이들을 얕잡아 보는 건방진 행동들도 나타났고, 학교 공부도 우습게 알았다. 주위 친구들과 지내는 일상생활엔 무관심해 하면서, 종교적인 내용에 흥미를 보였다. 어머니는 X가 나타내는 과시적인 모습들을 오히려 강화시켜 주었다. 다만, 그녀의 지지는 그가 어머니를 정서적으로 멀리하지 않는 범위 내에서 이뤄졌다. 한편, 어머니는 아들 X를 이상화한 것과 대조적으로 X의 아버지, 즉 그녀의 남편을 매우 무시하였다.

루터 교도였던 X는 청소년기가 시작되면서 성직자가 되고 싶다는 욕구를 느꼈다. 이러한 욕구는 청소년기 동안 더욱 강화되었다. 어머니가 성직자가 되려는 그의 선택을 지지해 주었는지는 명확하지 않지만, 어머니의 영향이 있었다는 것은 명백하였다. X의 의식 수준에서 보면, 성직자가 되려는 것은 어쨌든 예수와 동일시하려는 과대사고를 구현하려는 것이었지만, 거기엔 또 다른 의미가 내포되어 있었다. 어린 X에게 어머니는 성경책을 읽어 주곤 하였다. 성경을 읽어 주며 어머니는 특히 예수와 성모 마리아의 관계를 강조하였다. 그런 관점에서 볼 때, X가 성직자가 되는 것은 어머니로부터 독립을 포기하는 것이고 남성적인 목표를 버린다는 의미가 들어 있었다. 어린 X와 어머니가 가장 좋아하는 성경 구절 중의 하나가 성전에서 설교하는 어린 예수 이야기였다. 누가복음 2장 41절부터 52절 사이에 있는 이 이야기 중 특히 "그가 선생들 중에 앉으사 저희에게 듣기도 하시며 묻기도 하시니 듣는 자가 다 그 지혜와 대답을 기이히 여기더라."라는 구절을 특히 좋아하였다. 이 구절은 비록 어린아이에 불과하지만 예수가 주위의 어른들, 즉 아버지 상들(father figures)보다 우월하다는 것을 암시하고 있는 부분이다. 나중에 이 부분은 환자 백일몽의 핵심 주제가 된다.

X가 평화봉사단에 들어가려는 것이 구원자 상과의 초기 동일시에 의해 파생된 결과임에는 틀림없다. 그러나 X는 성직자가 되는 과정을 실제로 밟지는 않았다. 성직자가 되는 과정을 가로막고 있는 것이 무엇인지 세밀히 탐구되지 않은 상태였지만, Kohut은 이에 대하여 다음과 같은 해석을 해 주었다.

X는 초기 과대사고(구원자 환상)를 성직자의 삶으로 변환시킬 수 없었다. 왜냐하면 그가 종교와 맺고 있는 관계가 성적화(sexualize)되었기 때문이다. 초기 청소년기에 시작된 자위행위에는 집전하는 성직자와의 동성애 환상이 동반되었다. 특히 성찬식을 받는 순간에 성직자와 동성애를 하는 환상이었다. 성체를 먹는 순간과 성적 행위가 뒤섞여 있는 동성애 환상은 성적 구강 합일화(oral incorporation)의 욕구가 심리적 표면에까지 상당히 도달한 것을 보여 준다. 한편, 내면 깊은 곳에는 부성(paternal) 심리구조에 대한 갈망이 자리 잡고 있었지만, 의식 수준의 오럴섹스(fellatio) 환상에서는 포착되지 않았다.

자위에 동반되는 환상의 내용은 환자가 성찬을 받는 순간 그의 페니스가 성직자의 페니스와 교차하는 것이었다. 결국 환자가 절정에 도달해 사정을 하는 순간은, 강인한 남성 페니스에 사로잡히는 순간이고 구강 합일화의 순간이며 이상적인 힘을 얻는 순간이 된다.

치료 초기, X가 의식하고 있는 기억에 근거해 볼 때, 그는 아버지와 의미 있는 정서적 관계를 거의 맺지 못한 것으로 추정되었다. X도 그가 아버지에게 깊이 실망했음을 암시하였다. 이때만 하더라도 분석가나 환자 모두 아버지에 대한 언급이 갖는 깊은 의미를 알 수 없었다. 그것은 어릴 때부터 중요한 심리적 욕구가 있었음을 나타내는 것이었다. 겉으로는 오히려 얼마 전에 아버지가 돌아가신 후 어머니가 유산을 적게 분배한 것에 대해 불만을 토로하였다. 너무나 억울하게 호소하였기 때문에 혹시 편집증적인 면이 있지는 않은지, 분석에 적합한 환자인지를 잠깐 의심해 볼 정도였다. 되돌아볼 때, 아버지 재산을 적게 물려받았다는 비난의 이면에는 보다 깊은 심리적 의미가 있었다. 그것은 단순히 재산을 공정하게 물려주지 않은 어머니에 대한 분노가 아니었다. 어머니는 아버지를 무시하였다. 그렇게 함으로써 X로 하여금 아버지를 존경하고 그로부터 부성적 이상과 가치 목표들을 형성하는 것을 가로막은 것에 대한 분노였다. 즉, 정당하게 받아야 할 심리적 유산을 받지 못한 것에 대한 분노였던 것이다.

점진적으로 환자의 주제는 어머니로부터 아버지로 옮겨갔다. 처음 약 2년 반 동안 분석가는 X의 과대감에 전적으로 초점을 맞춰왔다. 환자는 거만한 태도, 비현실적인 목표, 그리고 사람들과의 소외를 통해 그의 과대감을 공공연하게 표현하였다. 분석가는 X에게 그의 과대감이 한편으론 '오이디푸스 승리'를 나타내는 것이라는 점을 보여 주려고 노력하였다. 또 한편으론, 어린 X는 부정하고 있지만, 여전히 어머니는 아버지를 더 좋아한다는 것, 다시 말해서 아버지가 어머니의 소유자이며 결국 아버지는 어린 X를 처벌(거세)하고 있다는 사실을 방어하기 위해 과대감을 나타내는 것이라는 점을 해석해 주려고 노력하였다. 간단히 말해서 분석가는 X의 드러난 과대감 밑에 '오이디푸스 패배'의 우울 감정이 자리 잡고 있다는 것을 보여 주려고 노력하였다. 이 말은 이제 환자는 더 이상 어머니의 야망(예수와 같은 위대한 아들의 어머니, 즉 마리아처럼 되는 것. 이때 환자도 어머니의 독점적 사랑을 받는 오이디푸스 갈등의 승자가 된다)의 대리인이 아니라는 것을 의미한다. 즉, 어머니의 야망에 의해 부여받은 인위적인 과대감과 과시감이 아니라, 이제 억압되어 있는 본래 X의 과대 자기가 재활성화되고 다시 성장과정을 밟아 가야 한다는 것을 의미한다. 현재 억압되어 있는 과대 자기는 어린 시절 성장이 멈춘 채 고태적 상태로 남아 있는 과대 자기다. 그러므로 원시적 형태에서 보다 성숙한 어른스러운 모습으로 과대 자기가 성장하여야 한다.

환자는 고태적 과대 자기의 욕망을 쉽게 포기하지 못하고, 충족되지 못한 어린 시절의 과대 욕구를 지속적으로 표현하였다. 하지만 어느 정도 분석가로부터 이해받고 있다는 것을 나타내기도 하였다. 다음의 예가 그중 하나인데, 꼬박 2년의 분석이 진행될 무렵 몇 주에 걸쳐 여름 휴가가 있었다. 분석이 중단된 이 시기에 X는 휴가를 갔었다. 그는 시카고로부터 멀리 떨어진 산악지역을 혼자 자동차로 달리고 있었다. 그는 운전하는 대부분의 시간 동안 백일몽에 빠져들었다. 이런 습관은 거의 일생동안 지속된 것이다. 그는 거의 실제 꿈처럼 생생한 상상에 빠져 들었다. 상상 속에서, 달리던 환자의 차가 갑자기 덜컹거리기 시작하였다. 엔진도 이상하게 굴더니 결국 완전히 서 버렸다. 그는 연료 계측기를 쳐다보았고 휘발유가 다 떨어진 것이 원인이라는 것을 알게 되었다. X는 차를 옆으로 끌고 가서 고속도로 갓길에 세웠다. 그는 차에서 내려 지나가는 차들에게 도움의 신호를 보냈지만, 모두 쌩쌩 지나쳐 갈 뿐이었다. X는 점차 혼자뿐이라는 생각과 혼자서는 아무것도 할 수 없다는 무력감 때문에 불안해졌다. 그 순간 한 가지 생각이 스쳐 지나갔다. 오래전에 휘발유가 가득 찬 연료통을 트렁크에 넣어 두었던 것이 떠올랐다. 그는 차의 트렁크를 열었다. 오래된 물건들이 마치 고물상의 상점처럼 여기저기 널려 있었다. 그는 그것들을 이리저리 휘젓다가, 세상에! 정말로 그 오래된 연료통이 거기 있는 것을 발견하였다. 비록 겉은 녹슬고 찌그러지고 삭은 것처럼 보였지만 휘발유가 여전히 가득 차 있었다. X가 휘발유를 연료통에 부어 넣고 다시 차를 모는 것으로 백일몽은 끝이 났다.

운전 중에 빠져 들었던 백일몽을 이야기한 후 X는 그 뒤 실제 있었던 이야기를 이어 갔다. X가 도착한 곳은 시카고에서 꽤 떨어진 산악지역이었다. 바위가 듬성듬성 적당히 뒤섞여 있는 아름다운 산속이었다. 사람이 거의 보이지 않는 한적한 숲길을 X는 혼자 걷고 있었다. 혼자였지만, 고속도로 위 휘발유가 떨어진 차 옆에 홀로 있던 것과는 전혀 다른 마음이었다. 숲을 산책하면서 X는 그의 마음이 어떤 설렘과 활발함으로 충만해지는 것을 느낄 수 있었다. 그 순간 어린 시절의 기억이 하나 떠올랐는데, 그것은 분석 중에 한 번도 얘기한 적이 없는 것이었다. 유일하게 단 한 번 있었던 경험이긴 하지만, 어린 시절 아버지와 함께 숲 속을 산책했던 기억을 떠올렸다. 숲 속을 산책하는 동안 두 사람은 매우 가까운 친밀감을 느꼈다. 보통 때에는 거의 느낄 수 없는 가까움이었다. 평소 분석에서 아버지를 매우 빈약한 존재로 무시하던 X가 놀라운 표현들을 하였다. 숲 속 산책을 하는 순간의 아버지는 놀랄 만한 분이고, 존경스러운 선생님이며 가이드였다는 것이었다. 아버지는 나무들의 이름을 알고 있었고, 동물들이 지나간 길도 알고 있었다. 자신이 젊었을 때 훌륭한 사냥꾼이었다는 것과 동물들을 잡기 위해 어떻게 접근해야 하는지 그리고 접근한 다음 사냥총으로 한 방에 명중시키는 법까지 자세히 이야기해 주었다. 말할 것도 없이 어린 X는 귀를 쫑긋하며 아버지의 이야기를 경청하였다. 아버지가 나무 제품을 만드는 기초적인 방법을 얘기해 줄 때는 눈을 동그랗게 뜨고 존경의 눈초리로 쳐다보았다. 아버지와 함께하는 이런 놀라운 경험은 꿈속에서나 있음 직한 행복한 순간이었다. 이런 일은 실제 거의 일어나지도 않았지만, 숲 속의 순간은 X의 삶 속에 마치 오래된 보물처럼 묻혀 있었을 뿐이었다. 너무나 행복했던 이 경험은 X의 다른 인격 속으로 통합되지 못한 채 동떨어진 기억으로 묻혀 있었다. 그 뒤 어느 한 순간도 X와 아버지는 숲 속의 산책에 대해 어머니 앞에서 결코 언급한 적이 없었다. 마치 암묵적인 약속처럼.

현재 X의 모습에서 두드러지게 나타나는 것은 어머니와 융합이 깨지지 않고 지속되고 있다는 점이다. 그 나이에 어울리는 젊은이의 삶이 아니라, 어머니에 의해 주입된 과대 자기의 삶을 살아가고 있다. 다른 사람들에 대해 공연히 우월감을 느끼고 까닭 없이 건방지게 굴며 마치 세속을 초월한 듯 오만한 태도를 보인다. 종교적인 삶, 특히 성직자가 되는 것에 대해 관심을 보이고 있는데, 예수와 동일시의 심리를 엿볼 수 있다. 이때 예수는 구원자 예수라기보다 어머니 마리아와 깊이 연결되어 있는 예수 쪽에 더 가까워 보인다. 왜냐하면 실제 X는 어머니의 과대 욕구를 실현하는 어머니 자신의 연장된 모습이었고 어떤 면에선 그녀의 부속물이었기 때문이다. 결과적으로, X의 고태적 과대 자기는 성숙한 과대 자기, 즉 현실에 맞는 야망을 갖고 적절한 자기주장과 표현을 자유롭게 할 수 있는 자기로 성장하지 못하였다. 그 대신 X의 고태적 과대 자기가 어머니 자신의 과대 욕구를 드러내는 대리자처럼 변형되었다. 어머니와의 융합에 바탕을 둔 과대 자기는 그의 인격에서 분리(수직분열)되어, 일상생활 속에서 변형되지 못한 미숙한 과대감과 과시적인 모습을 보인다. 그러나 이러한 과시는 참 자기의 자기애적 표현이 아니라 거짓자기의 표현이기 때문에 그의 또 다른 모습에는 공허함과 우울감이 자리 잡고 있다. 변형되지 못한 과대감과 과시 욕구가 부인(disavowal)을 통

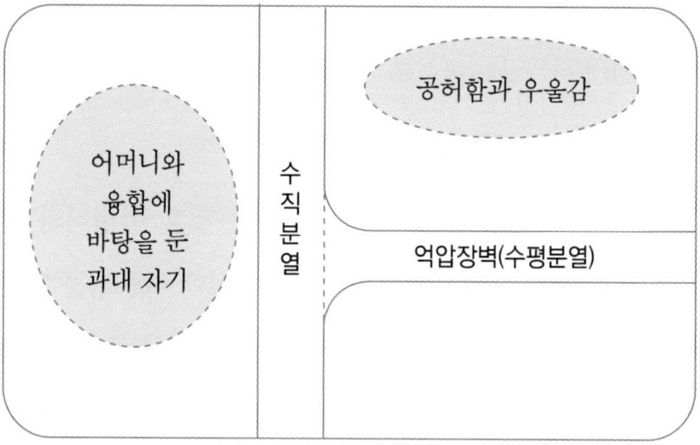

(a) X의 고태적 과대 자기는 변형(성장)되지 못한 채 어머니와 융합되어 미숙한 과대감과 과시적인 모습을 보이고 있다. 이것은 거짓자기의 표현이기 때문에 인격의 다른 부분에선 우울감과 공허함을 느낀다.

해 수직분열되는 이유는 그 미숙함이 노출될 때 생길 수 있는 수치심과 당혹감을 방어하려는 것이다(그림 a).

한편, 이상적인 부모의 적절한 반응을 받고자 하는 X의 핵심 자기의 이상화 욕구는 거의 반응받지 못하고 차단된 셈이다. 결국 이상화 부모 이마고는 성숙한 형태, 즉 적절한 이상과 가치로 성장하지 못하고 고태적 이상화 부모 이마고 그 상태로 무의식 속에 자리 잡게 된다. 다시 말해서 이상적인 아버지의 공감적 반응을 받고자 하는 자기애적 열망은 완전히 거절당하였기 때문에, 고통스러운 이상화 욕구는 억압(수평분열)에 의해 무의식 속으로 차단된다. 그 결과, X는 이상화 자기애적 욕구를 미숙하게(고태적으로) 충족시키는 이상적 대상관계에 집착하게 된다. 중독적인 성직자와 동성애 환상이 이상적 대상관계를 만족시키는 고태적 방법인 셈이다. 성직자를 신과

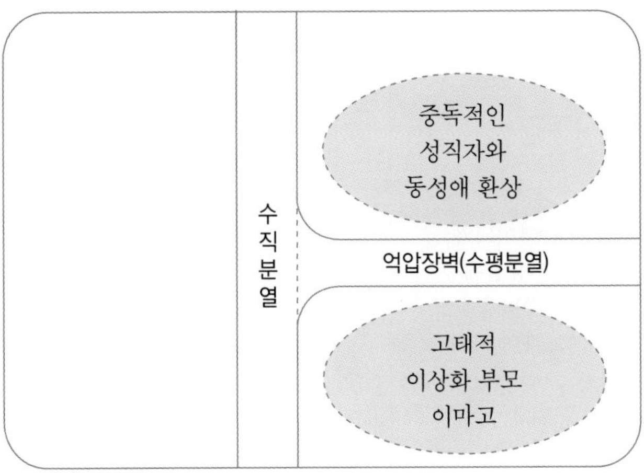

(b) X의 이상화부모 이마고는 성장하지 못하고 고태적 형태로 무의식적으로 억압된다. 그 결과, X는 중독적인 성직자와 동성애 환상처럼 이상화 욕구를 고태적으로 충족시키는 대상관계에 집착하게 된다.

같은 존재로 느끼며, 그와 구강 합일적 동성애를 통해 그가 가진 힘을 자신의 것으로 만들려고 한다(그림 b).

수직분열와 수평분열에 의해 방어되고 있는 X의 모습을 통합하면 다음과 같다(그림 c).

실제 분석은 다음과 같은 두 단계로 진행되었다. 첫 단계는 수직분열을 유지하고 있는 심리적 장벽을 낮추고 허무는 것에 초점을 두었다. 수직단계가 존재하기 때문에, X는 서로 상반된 두 모습을 일상생활에서 보일 수 있었다. 하나는 어머니와의 융합에 바탕을 둔 모습으로 공공연하게 우월감을 드러내거나 오만하고 과시적인 모습을 보였다. 다른 한편으론 실제 그 자신의 모습, 즉 우울하고 공허한 마음으로 현실관계에서 소외된 삶을 살아왔다. 그렇기 때문에 수직분열의 장벽이 낮아지면서 그는 우울하고 결핍된 자신의 모습이 항

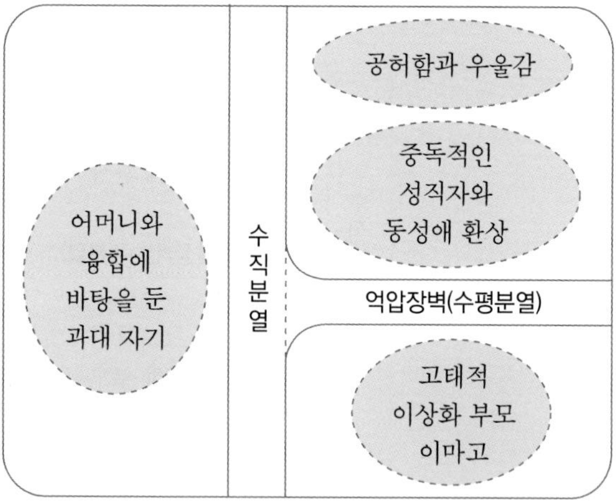

(c) 그림 a와 b를 통합한 그림이다. 수직분열과 수평분열에 의해 고태적 과대 자기와 이상화 부모 이마고가 방어적으로 처리되고 있는 것을 나타낸다.

상 있어 왔다는 것을 점차 자각하게 되었다. 그리고 스스로 남들보다 우월하다고 느끼던 과대 자기가 사실은 어머니의 연장으로서의 자신이었다는 것을 인식하게 되었다. 즉, 독립된 자신으로부터 나오는 우월감이 아니라 어머니의 부속물인 자기에게서 비롯된 것임을 깨닫게 된 것이다.

분석의 두 번째 단계는 수평분열의 장벽이 제거되면서 시작된다고 말할 수 있다. 이 시기 분석의 초점은 억압, 즉 수평분열의 장벽을 다루는 것이다. 전통적인 분석의 경우와 마찬가지로 무의식의 심리구조를 의식화하는 것이다. 이때 수평분열을 통해 무의식에 억압되어 있는 것은 미처 성장하지 못한 자기애적 욕구, 즉 고태적 이상화 욕구다. 이를 의식화한다는 것은 다시 고태적 이상화 욕구를 활성화하여 중단되었던 이상화 자기애적 욕구가 건강하게 성장하도록 하는 것이다. X의 아버지는 어린 환자의 이상화 욕구에 대해 이상화 자기대상으로서 적절한 반응을 해 주지 못하였다. 분석가가 자기대상 전이의 대상으로서 적절하게 X에게 반응해 줌으로써 X는 자신의 고태적 욕구를 인식할 수 있게 되고 다시 성장시킬 수 있게 된다. X의 아름다운 백일몽의 도움을 받아 분석의 두 번째 단계를 설명하면, 분석은 트렁크 속에 오랫동안 방치돼 왔던 휘발유 통을 찾아내어 다시 차가 움직일 수 있게 하는 것이다.

환자의 무의식에는 수평분열에 의해 묻혀 있는 참 자기가 있다. 아직 자기대상의 적절한 반응을 받지 못해 미처 성장하지 못한 채 미숙한 상태로 남아 있다. 의식의 자기는 공허한 상태로 우울감을 느끼고 있다. 분석이 진행되면서, 분석가가 공감적이고 내성적인 성

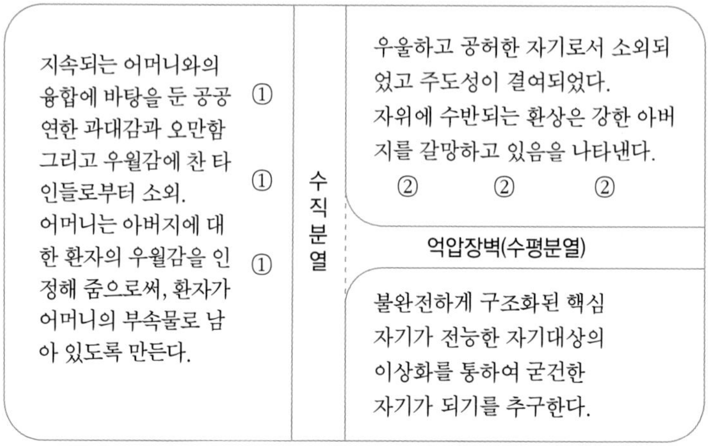

자기심리학의 분석적 관점: 분석은 두 단계에 걸쳐 행해진다. 첫 단계에서는 ①①①로 표시된 수직분열에 초점을 맞춘다. 두 번째 단계에서는 ②②② 로 표시된 수평분열에 초점을 둔다.

찰의 태도를 잘 유지할 때, 자기대상 전이는 자연스럽게 형성된다. 왜냐하면 무의식의 고태적인 자기애적 이상화 욕구가 자연스럽게 치료자에게 투사되기 때문이다. 비로소 환자는 자신의 고태적 욕구를 인식할 수 있게 되고, 이어지는 자기대상 전이의 훈습과정을 밟아 가게 된다. 자기대상 전이의 훈습과정을 밟아 가며 환자의 자기는 점점 어른스러운 야망과 이상들을 형성할 수 있게 된다. 건강한 심리적 성장에 발맞추어, 내적 자유로움과 회복력도 증가된다. 그리고 새로 생긴 심리적 힘 때문에 보다 적절한 새로운 삶의 목표를 추구하게 된다. 예를 들어, 성직자나 평화봉사단 대신 '선생님이나 가이드'가 되고자 한다. 이는 숲 속을 거닐면서 이상화 자기대상이었던 아버지의 모습에 따라 자신의 핵심 자기를 변형시킨 것이다.

지금까지 분석은 억압된 이상화 자기대상 욕구를 인식하고 치료자 관계에서 전이를 통해 활성화시키는 것에 초점을 둔 것이었다. 다른 식으로 분석하는 것은 어떤 효과가 있을지 생각해 볼 필요가 있다. 예를 들어, X의 사례는 오이디푸스 갈등의 요소를 고려할 수 있다. 그의 과대감과 오만함은 환상 속의 오이디푸스 승리에서 나오는 것이고, 이는 무의식에서 느끼는 실질적인 오이디푸스 패배와 거세불안에 대한 방어적 태도다. 이러한 심리를 적절히 해석해 줄 수만 있다면, 환자가 부적절한 과시적 태도와 거만한 모습을 교정하는 데 많은 도움이 될 것이다. 자아가 보다 많은 중성화된 에너지를 쓸 수 있기 때문에 현실적 판단을 하는 데에도 적지 않은 도움을 줄 것이다. 문제는 그런 해석을 해 주고 훈습을 밟아 갈 수 있으려면 전통적인 의미의 전이가 형성되어야 하는데, 그것이 현실적으로 힘들다는 점이다. 환자는 어머니와의 환상 속 오이디푸스 승리를 누리고 있는데, 어머니가 심리적으로 이런 면을 조장하고 있다. 그 결과, X는 Freud가 말하는 자기애 상태에 있다. 즉, 리비도가 자기에게 과도하게 부착된 상태다. 쾌락원리에 의하여 X는 최대한 자신을 순수쾌락자아로 유지하려고 하기 때문에 부정적인 것과 공격성은 모두 타인, 즉 치료자에게 투사한다. 리비도는 환자에게 부착되어 있고(어머니에 의해 더욱 견고하게 부착되어 있다), 공격성과 부정적인 것이 치료자에게 투사되는 상황에서 전이가 형성되는 것은 결코 쉬운 일이 아니다. 인격장애 환자들은 전통적인 의미의 전이신경증 형성이 어렵기 때문에 분석이 잘 안 된다고 생각하게 된 것이 대상관계이론이 대두된 주된 이유 중의 하나이기도 하다.

또 다른 의견으로, 자기심리학에 근거한 분석이지만, 어머니의 부적절한 거울반응을 교정하기 위해 거울 전이에 초점을 두고 분석을 하는 것에 대해서 생각해 볼 필요가 있다. 이것은 과대 자기의 극과 이상화 부모 이마고의 극 중 어느 쪽에 분석의 초점이 맞춰지느냐 하는 질문과 같은 것이다. Kohut은 이미 형성된 환자의 심리적 요인들이 분석의 초점을 결정한다고 보았다. 산 위의 눈이 녹아 시내를 이루면서 흘러내릴 때 이미 형성된 산의 지형에 따라 흘러가듯이, 환자의 심리내면에 형성된 요소들에 따라 전이가 자연스럽게 형성된다는 것이다.

구체적으로 X의 경우를 예로 들면, 어머니와의 병리적인 엮임이 X에게 준 것은 언어 능력과 그것이 주는 개념들을 형성하는 힘이었다. 아버지가 들려주었던 남성적인 능력—동물을 잡고 자연을 다스리는 능력—은 더 이상 공감받지 못하고 거절당했다. 이런 영향들을 고려할 때 다음과 같은 상황들을 가정해 볼 수 있다. 그는 학교를 다닐 때 체육 시간이나 경쟁적인 운동은 좋아하지 않았을 것이다. 반면, 그는 지적 탐구를 즐겼을 것이다. 자연과학(아버지 영향)보다는, 특히 문학(어머니 영향)을 좋아했을 가능성이 크다. 그렇기 때문에, 만약 가족들의 기대와 전통에 따라 의대에 진학했다면, 행복하지 않았을 것이다. 자연과학인 의학에 흥미를 곧 잃고 그는 우울하게 됐을 것이다. 그리고 이 시점에서 분석을 받으러 왔다고 가정해 보자. 이 경우 각각의 자기의 극에 초점을 둔 다음과 같은 두 가지 분석이 가능하다.

첫째, 어머니와의 병리적 엮임에 초점을 둔 분석이다. 성공적인 분석을 통하여 환자는 어머니로부터 해방되어 독립된 자기를 갖게 되었다. 자유롭고 즐겁게 칭찬받고 인정받는 것을 즐길 수 있게 되었고, 기쁜 마음으로 성공도 추구할 수 있게 되었다. 하지만 이미 어머니와의 융합 속에서 갖게 된 이상(전능자 이상)은 포기하지 않았다. 그 결과, 그는 매우 창조적이고 많은 업적을 이루는 정신과 의사가 되었다.

둘째, 어머니와의 병리적인 엮임은 일정한 수준까지만 다루고, 부성적 이상과 연합을 갈망하는 자기의 부분을 깊이 다루는 것이다. X는 병리적인 어머니와의 엮임으로부터 해방되었을 뿐 아니라, 아버지로부터 받은 거절의 상처도 극복할 수 있었다. 그래서 이미 어머니와 연합하여 형성한 가치들이 상당히 존재함에도 불구하고, 아버지를 이상화한 목표들을 다시 추구할 수 있게 되었다. 즉, 억압되었던 이상화 아버지 이마고를 다시 활성화하여 강화할 수 있게 되었다. 의대 공부를 마친 그는 외과 의사가 되었다. 그는 자기애적 상처를 치유할 수 있었기 때문에, 지금까지 봉쇄되었던 그의 재능, 즉 균형 잡힌 움직임으로 도구를 다루는 능력(아버지가 보여주었던 능력)을 다시 깨어나게 할 수 있었다.

어떤 분석을 하느냐 하는 것은 X의 심리내적 요인들에 달려 있다. 왜냐하면 이미 형성된 그의 심리내적 요인에 따라 주된 전이가 자연스럽게 나타나기 때문이다. 자연히 중심이 되는 전이에 따라 훈습의 과정을 밟아 가게 되므로, 분석가가 인위적으로 과대 자기의 극에 초점을 둘지 아니면 이상화 부모의 극에 주안점을 둘지는 함부로 정할 수 없는 일이다. X의 경우엔, 궁극적으로 이상화 극, 즉 인생의 가치와 목표가 분석의 주된 초점이었다.

그렇다고 어머니와의 융합 속에서 형성된 이상들이 X의 궁극적인 인격 형성에 전혀 영향을 미치지 않았다는 뜻이 아니다. 오랜 기간 어머니와 융합했던 경험들은 지적인 영역, 특히 언어적이고 개념 형성의 능력이라는 유산을 물려주었다. 그는 이런 능력들은 분석을 통해 없어지는 것이 아니다. 많은 지적 능력을 갖고 있는 X의 경우, 그런 능력들은 새롭게 갖게 된 인생의 목표와 이상들 속으로 통합되고 그는 새로운 심리적 균형을 형성하게 된다. 말하자면, X가 전문가로서 취하는 행동이 아버지 이상화 자기대상과 연관되어 있다면, 그 내용은 어머니 거울 자기대상의 영향 아래 형성된 지식과 호기심에 연관된다. 이런 통합을 유지해 나갈 수 있는 힘이 X에게 존재한다는 것을 의미하는 것이기도 하다.

Z씨에 대한 두 가지 분석

Kohut은 자기심리학이 어느 정도 자리 잡았다고 판단하였기 때문에, 이제는 자기심리학이 임상적으로 유용하다는 것을 본격적으로 논증할 필요를 느꼈다. 그 첫 번째 작업이 1978년에 Wolf와 함께 발표한 「자기의 장애와 치료」였다. 그 해 Goldberg는 『자기의 심리학–사례집』을 같은 맥락에서 출간하였다. 「Z씨에 대한 두 가지 분석(The two analyses of Mr Z)」(1979)의 증례는 임상 현장에서 자기심리학이라는 새로운 정신분석적 통찰의 적절성을 보여 주고자 하는 것이다.

Z 사례를 보고하면서 Kohut은 특히 두 가지 관점에 초점을 맞추었다. 첫째, Z의 성격구조를 자기심리학으로 명확하게 해석하려고 노력하였다. 둘째, Z는 두 번 정신분석을 받았다. 각각 1주일에 5회씩 4년 동안 정신분석을 받았는데, 첫 분석과 두 번째 분석 사이에 5년 6개월 정도 간격이 있다. 처음 4년간의 정신분석은 전반적으로 전통적인 정신분석의 관점에서 시행하였고, 두 번째 정신분석은 Kohut이 「자기애의 형태와 변형」(1966)을 쓰고 있을 때 시작하여, 『자기의 분석』(1971)을 한창 집필하고 있을 때 종결하였다. 즉, 자기심리학의 새로운 관점에서 분석을 시행할 수 있었다. 결과적으로 Z 사례는 전통적인 정신분석과 자기심리학적 정신분석을 비교 분석할 수 있는 좋은 자료가 된다(Strozier는 Z씨에 대한 두 가지 분석을 Kohut 자신의 위장된 자서전적 이야기라고 주장하였다. Strozier에 의하면, 본래 사례의 시초는 수련과정 중에 있던 독일의 젊은 분석가인 Anita Eckstaedt가 1970년 12월에 발표한 것에 기인한다. 마침 독일에 있던 Kohut은 사례의 발표를 들었고, 그는 젊은 분석가가 사례를 지속적으로 잘못 이해하고 있다고 생각하였다. 사례를 인상 깊게 들은 Kohut은 그녀의 양해를 받아 그의 책 『자기의 회복』 안에 '젊은 신학자의 사례'로 발표하였다. 그러나 『자기의 회복』 독일어판 출간을 앞두고 Anita는 자신의 역할을 보다 강조해 줄 것을 요청하면서 동시에 사례가 실제 누구인지 노출될 위험성에 대해 걱정을 하였다. 그런 과정에서 Kohut이 자서전적인 내용으로 다시 작성하였다는 것이다. Strozier 자신도 Kohut이 Z씨라는 증거는 모두 정황적이라고 말하였지만, Z 사례가 전통적인 정신분석과 자기심리학 정신분석을 비교 분석할 수 있는 좋은 사례연구라는 것에는 별 이

의가 없다고 말할 수 있다.).

첫 번째 분석

처음 분석을 위해 의뢰되었을 때 Z는 20대 중반의 대학원생이었다. 그는 잘생겼고, 몸매도 좋고, 근육질의 남자였다. 창백하고 예민해 보이는 얼굴, 몽상가 혹은 사상가처럼 보이는 얼굴은 운동선수 같은 그의 전체적인 인상과 뚜렷한 대조를 이루었다. 그는 부드럽게 이야기했지만 종종 말이 끊어졌다.

4년 전 죽은 그의 아버지는 사업적으로 크게 성공한 분이었다. 그의 아버지는 돌아가시면서 외동아들인 Z와 아내에게 꽤 많은 유산을 남겨 주었다. 그 덕에 현재 그는 홀로 남은 어머니와 매우 풍족한 경제적 여건 속에서 안락하게 살고 있었다.

처음 Z의 문제는 명확하지 않았다. 개인적으론, 심장의 기외 수축, 손바닥에서 땀이 나는 증상, 복부 팽만감, 변비 혹은 설사 등의 경미한 신체증상을 호소하였다. 사회적으론, 여자들과 친구관계를 맺을 수가 없어서 점점 고립되는 느낌이라고 말하였다. 그의 성적과 교수의 반응으로 봐서 학교 성적은 좋은 편으로 추정되었지만, 그가 가진 능력을 충분히 발휘하지 못하고 있었다. Z는 고등학교 때부터 친한 친구 한 명과 주로 다녔는데, 그 역시 여자들과 관계를 잘 맺지 못하고 주로 독서를 하거나 혼자 지내는 것을 좋아하는 친구였다. 둘은 영화와 연극을 보고 콘서트를 감상하며 외로움을 덜어 내려고 노력하였다. 드물지 않게, 두 사람 모임에 Z의 어머니가 동반하기도 했는데, 그녀는 다양한 예술적 취향을 가지고 있었다(그녀는 그림을 그리고 시를 썼다.). 잘생긴 젊은 남성인 20대 중반의 Z가 이런 식으로 살아가는 것은 어느 모로 보나 병적인 모습에 가까운 것이었다. Z는 어머니와 친구 사이에서 이런 식의 생활을 하면서 그의 문제를 직면하지 않고 피해 왔다고 볼 수 있다. 이런 균형이 깨어진 것은 Z의 친구에게 연상의 여인이 생기면서부터다. 친구는 Z에게 그 여자를 소개해 주지도 않았을 뿐 아니라, 점점 그와 관계도 소홀히 하였다. Z가 정신분석에 의뢰된 것은 이 시점이었다.

Z의 초기 분석은 매우 천천히 진행되었다. 그는 자주 자위를 하였고 자위 중 환상이 강하게 동반되었기 때문에 그것들을 수치스럽게 느꼈다. 분석에서는 이것들을 표현하는 데 강한 저항을 보였다. 자위 중 환상의 내용은 피학적인 것이었다. 환상 속에서 그는 강한 권력을 휘두르는 여성에게 봉사하는 하인으로 나타났다. 여성은 강하고 요구가 많은 만족을 모르는 여성이었다. 그녀는 강제로 성행위를 하도록 요구하였고, 그는 사정의 순간 극심하게 혹사를 당하는 느낌을 받곤 했는데, 그것은 마치 마부의 채찍을 맞으며 감당할 수 없는 무거운 짐을 옮기는 말이나, 감독관의 채찍을 혹독하게 맞으며 노를 젓는 노예와 비슷하다고 표현하였다.

Z의 발생학적 자료는 크게 청소년기 전 시기와 초기 청소년기의 자료, 두 시기로 나눠진다. 육아일기와 사진 그리고 홈 무비 등의 실제 자료들과 Z의 성격으로 볼 때, 초기 한 살 혹은 한 살 반까지 그는 매우 행복했던 것으로 추정되었다. Z의 성격 속에는 생동감, 장난스러운 활기와 진취성이 있었는데, 비록 나중 성장과정에서 왜곡되긴

하였지만 이런 특성들은 생애 초기에 살아남을 수 있었던 속성들이었다.

환자가 세 살 반쯤 되었을 때 매우 의미 있는 일이 발생했다. Z의 아버지가 심한 질병에 걸려 몇 개월 동안 병원에 입원하였다. 그것 자체도 당황스러운 것인데, 더 큰일은 아버지가 그를 돌보던 간호사와 사랑에 빠져 버린 것이었다. 아버지는 퇴원하면서 집으로 돌아오지 않고 간호사와 살기 시작하였다. 어머니와 이혼은 하지 않은 채 약 1년 반 정도 간호사와 살면서 집엔 거의 오지 않았다. Z가 다섯 살 때 아버지는 다시 집으로 돌아왔다. 가족은 다시 모였지만, 결혼 생활이 불행했음은 의심할 여지가 없다.

분석의 첫 해 동안 가장 눈에 띄는 것은, Z가 비현실적으로 과대망상에 가까운 과대감을 보인다는 것과 마치 무슨 특권이라도 가진 것처럼 내(Kohut)가 전적으로 그에게 관심을 가져 주기를 요구하는 것이었다. 이런 Z의 태도는 초기 어머니 관계에서 비롯된 것으로 보였다. 어머니는 형제가 없는, 즉 경쟁자가 없는 전-오이디푸스 시기 동안 Z에게 거의 맹목적인 사랑을 퍼부었다. 오이디푸스 시기 역시 경쟁자인 아버지가 부재한 동안(간호사와 사는 동안) Z는 어머니의 사랑을 독점하였다. 현재 보이는 Z의 과대감은 그 시절의 경험을 재경험하고 싶은 것이고, 분석가와의 관계에서도 Z는 독점적인 어머니 사랑을 요구하듯이 분석가의 관심을 요구하는 것이라고 나는 해석해 주었다. Z는 분석가의 이러한 해석에 대해 격렬하게 저항하며 강하게 화를 내었다. 분석 초기 1년 반 동안 Z가 주로 보인 반응은 분노였다. Z는 자기중심적으로 존경받길 원했고 특별한 권리를 주장하였다. 나는 그런 자기애적 욕구 역시 퇴행적인 어머니 전이(regressive mother transference)로 해석해 주었고 그런 해석에 Z는 격렬하게 화를 내는 식이 반복되었다. 이런 분노는 분석가가 휴가를 가는 등 어쩔 수 없이 스케줄이 변경될 때 더욱 심해졌다. 특히 이럴 때는 건강염려증이 동반된 우울증상을 보였고 자살사고도 스쳐 지나갔다.

분석을 시작한 지 1년 반이 지날 즈음, 그는 갑자기 훨씬 차분해진 모습을 보이기 시작하였다. 분석가가 그를 이해하지 못하기 때문에 그가 분노하는 것이라는 끈질긴 주장도 눈에 띄게 줄어들었다. 내가 그런 변화가 만족스러운 것이고, 자기애적 망상을 훈습해 가면서 치료적으로 열매를 맺고 있다고 하자, Z는 이 설명을 거부하였다. 하지만 그의 태도는 친근하고 차분했다. 그는 자신의 변화가 내가 말한 어떤 내용 때문이 아니라고 말하면서, 내가 그에게 해석하면서 덧붙였던 한 부분을 이야기하였다. "물론 자신의 권리라고 생각되는 것을 받지 못할 때는 상처를 받죠." 그는 그 말이 그에게 영향을 주었다고 말하였다. 그 당시 적어도 의식 수준에서 나는 내가 한 말이 갖는 의미와 중요성을 이해하지 못했다. 단지, 그가 이제 자기애적 요구를 포기하였고 또 자기애를 훈습해 가는 과정에서 그의 분노와 우울증이 사라졌다고 믿었다. 심지어 나의 해석의 효용성을 부정함으로써, 즉 그가 나 때문에 좋아진 것이 아니라 스스로의 힘으로 좋아졌다고 주장함으로써 Z가 자기애적 욕구를 지키려는 마지막 저항을 보이고 있다고 지적해 줄 것인지 심사숙고했었다. 하지만 분석이 잘 진행되고 있다고 생각했기 때문에 이 해석을 해 주진 않았다.

분석의 핵심에는 지금까지 살펴본 것과 같은 전이현상과 무의식적인 유아 성욕동 그리고 공격성 등이 있었다. Z가 겨우 너댓 살이었을 때, 아버지가 집으로 돌아왔다. 성적으로 어머니를 독점하고 있는 상황에서 강력한 오이디푸스 라이벌이 나타난 것이다. 어린 Z는 어머니를 성적으로 소유하고 있는 사람이 이제는 자신이 아니라 사실은 아버지라는 고통스러운 사실에 직면해야 했다. 그리고 경쟁자인 아버지에 대한 적대적인 공격성과 경쟁심에서 생기는 거세공포에 대항해야만 하는 입장이 되었다. Z는 이런 사실들을 한편으로는 부정(denial)하면서 다른 한편으론 강한 아버지를 극복하기 위한 방어적인 책략으로, 특별함, 과대 자기라는 방어적 자기애를 나타내게 된 것이라고 해석해 주었다.

이 해석에 반응하여 Z는 두 무리의 기억들을 떠올렸다. 하나는 부모의 성교장면을 묘사하는 것이었고, 다른 하나는 어린 시절 자위와 그에 동반되는 환상이었다. Z는 아버지가 돌아오기 전까지 어머니 옆에서 잠을 잤다. 아버지가 집으로 돌아온 뒤부터 그가 여덟 살 때 따로 독립된 방에서 잠을 잘 때까지, 즉 Z가 다섯 살 때부터 여덟 살 될 때까지 그는 부모와 한 방에서 잠을 잤다. 이 시기 그가 잠을 자던 작은 침대가 부모 침대보다 낮았기 때문에 부모의 자는 모습을 직접 눈으로 볼 수는 없었다. 그러나 Z의 침대가 부모 침대와 붙어 있었기 때문에 그 진동이 그대로 전달되었다. 나와 Z는 부모의 성교를 경험하면서 느꼈을 많은 충격들에 대해서 얘기를 나누었다. 부모의 성교는 Z를 놀라게 하는 소음 등 전체적으로 불안한 성적 자극이었다. 특히 평소 생활에서 목격하는 부모의 잦은 다툼과 이러한 원초경(primal scene) 경험이 맞물려서, 남녀의 성관계를 사랑을 창조하는 행위가 아니라 싸움으로 경험했을 것에 대해 이야기를 나누었다.

Z의 자위행위는, 그가 기억하는 한, 대략 아버지가 집으로 돌아온 5살경부터 시작되었다. 그리고 그가 독립된 방에서 자기 시작한 뒤부터 더욱 강화되었다. 어린 시절 자위의 환상은 상당히 피학적(masochistic)이었다. 자위 환상은 초기 어린 시절 잠자기 전이나 혹은 그가 아플 때 어머니가 읽어 주었던 『톰 아저씨의 오두막』과 연관된 것이었다. 자위 환상 속에서 그는 여성에 의해 사고 팔리는 노예였다. 여성을 위해 마치 가축처럼 혹은 의지나 주도성이 전혀 없는 물건처럼 사용되는 존재였다. 그는 아주 가혹하게 다뤄졌는데 특히 여주인의 대소변을 처리해야 했다. 특별하게 반복되는 환상 중의 하나가 여주인이 그의 입에 소변을 보는 것이었다. 그는 화장실의 대야처럼 취급받았다.

나는 어머니와 전-오이디푸스기에 고착 혹은 퇴행되어 있는 요소에 초점을 맞추려고 노력하였다. 즉, 오이디푸스 시기의 경쟁적인 관계에서 아버지와 마주치는 것에 대한 공포, 즉 거세불안 때문에 그전 단계인 전-오이디푸스기로 퇴행하여 어머니를 독점하려는 것임을 강조하였다. Z의 환상의 피학성의 주제는 노예로서 완전히 여자 주인에게 속하는 것이다. 또 심한 피학성은 오이디푸스 경쟁에 대한 죄책감을 완화시키기 위해 자기 처벌을 하는 것으로 볼 수 있다. 한편, Z는 지배적인 남성 같은 강력한 주인 여자를 상상 속에서 창조하였다. 주인 여성은 마치 강한 페니스를 가진 사람 같고 Z는 페니스를 거세당한 남자 같은 모습이다. 이런 이미지를 창조함으로써 Z는 두 가지 방법으로 거세불안에 대처하고 있다. 하나는 그가 이미 거세당하였기 때문에 더 이상 아버지로부터 거세당할 공포로 시달릴 이유가 없다는 것이다. 그리고 다른 하나는 아버지보다 더 강한 어머니를 소유하고 있기 때문에 어머니가 그를 아버지로부터 잘 보호해 줄 거라는 것이다.

Z가 열한 살이었을 때, 단체로 여름 캠핑을 가게 되었다. 그곳에서 캠프의 공식 카운슬러로 일하던 사람과 동성애적인 접촉을 하게 되었다. 이 주제는 분석 후반부 약 2년 반 동안에 집중적으로 표현되었다. 오랫동안 지속되던 자위가 이 시기에 일시적으로 멈추었던 것이 확인되었다. 그는 카운슬러와의 동성애적 관계에 있던 시기를 무척 행복했던 시기로 묘사하였다. 그가 갈등 없이 그의 어머니를 독점했던 생애 초기를 제외하면 그 시기는 아마도 그의 인생에서 가장 행복했던 때로 보였다. 그 시기 둘 사이에 명백한 성적 접촉이 간간이 있었던 것으로 보였다. 처음에는 주로 키스와 포옹으로, 나중에는 나체로 가까이 붙어서 어느 정도 부드럽게 손으로 그리고 입술로 서로의 생식기를 애무했다. 그렇지만 Z는 그들 사이에 명백한 성행위는 없었다고 주장하면서, 단지 그들은 다정한 관계였다고 표현하였다. 어린 소년 Z는 그를 이상화하였다. 여름 캠프에서 카운슬러는 다양한 야외스포츠 전문가로서의 뛰어난 능력을 가진 사람이었다. 또 거의 자연에 대한 종교적인 사랑을 소년들에게 불러일으키는 영적인 지도자와도 같은 존재였다. 캠핑에서 돌아온 후에도, 둘의 만남은 지속되었다. Z는 여전히 그를 철학과 문학, 예술적 소양을 갖

춘 이상적인 존재로 숭배하며 경탄하였다. 대체로 내가 볼 때, 전-오이디푸스 단계에서 이상적인 어머니와 연합하며 느끼는 희열을 지금 카운슬러와의 관계에서 즐기는 것으로 보였다. 이 시기에 Z가 생애 처음으로 어머니로부터 겉으로는 물론, 감정적으로도 완전히 분리되었다는 사실이 이런 해석을 뒷받침해 주었다.

카운슬러와의 관계는 Z가 사춘기에 접어들면서 끝이 났다. 즉, 그의 목소리가 변하고, 수염과 체모가 자라기 시작하고, 그의 생식기가 성숙하면서, 그들 관계의 마지막 몇 달은 아주 최악이었다. 빠르게 진행하는 사춘기의 변화들은 그들 우정의 정신적 기초를 제거해버렸다. 그들 사이의 다정한 결합이 깨어진 반면, 처음으로 총체적인 성행위가 문제로 등장했다. 한번은 카운슬러가 소년의 항문으로 삽입을 시도했고(시도는 실패했다), 또 한번은—이런 일은 그들의 2년 기간의 우정 중 처음이자 마지막이었다—소년이 그의 페니스를 애무할 때 카운슬러가 사정을 했다. 이 일들이 있은 후 곧 그들은 만남을 그만두었다(Z가 더 이상 환상 속에서 카운슬러를 이상화할 수 없는 현실에 부딪쳤다는 것을 의미한다.).

Z는 그에 대해 분노의 감정을 나타내지 않았고, 분석 중 그에 대해 언급할 때마다 따뜻하게 표현하였다. 그는 그들의 감정이 진심이었고 그들의 우정이 서로 충만했다고 느꼈다. 비록 그들이 헤어지고 난 후 서로 거의 보지 못했지만, 그들은 현재까지도 서로 연락을 끊지 않고 있었다(덧붙이자면, 그 남자는 현재 결혼했고 행복해 보인다. 그는 여러 명의 아이들을 두었고 사회 경력 또한 성공적이다.).

행복했던 2년의 관계 후, Z의 생활은 점차 불만족스러운 것으로 변했다. 사춘기임에도 소녀들에 대한 흥미가 안 생겼고 점차 사회적 고립만 경험하게 되었다. 그리고 점점 다시 어머니와 연결되었다. 어머니는 Z가 카운슬러와 관계를 맺기 전쯤 다른 남자와 불륜이 있었는데, 아버지는 그런 사실을 알면서도 모른 척하였다. Z는 이후 중독적이라고 할 정도로 빈번하게 자위에만 매달렸고 다른 성행위는 없었다. 자위행위를 할 때 여전히 피학적인 환상이 동반되었다.

첫 번째 분석의 경과를 간략히 요약하면 다음과 같다. Z의 피학적인 환상은 분석 후반기 2년 반 동안 점차적으로 줄어들어 종결 시점에서는 거의 없어졌다. 그는 어머니의 집에서 나와 자신의 아파트로 이사를 함으로서 결정적으로 성숙해 가는 단계를 밟았다. 그리고 마침내 Z는 데이트를 시작했다. 뿐만 아니라 그의 나이와 문화적 배경, 교육 수준에 적합한 소녀들과 성적으로 활발한 관계를 몇 번 가졌다. 분석의 마지막 1년 동안 그는 한 연구 프로젝트를 수행하였다. 그 과정에서 그는 한 살 연상의 전문직 여성과 친해졌고, 그녀와 만족스러운 성관계를 가질 수 있었다. 비록 분석이 종결될 시점까지 결혼에 관한 어떤 결정을 내린 상태는 아니었지만 그녀와 결혼할 생각에 즐거워하였다.

여러 측면에서 그가 향상된 것은 명백하였다. 그렇지만 치료의 효과를 평가하는 데 있어 내가 가장 중요하게 생각했던 것은, 그것들이 Z의 핵심 갈등의 훈습과 변화의 직접적인 결과로서 나타났다는 점이다. 분석의 초기 동안, 전-오이디푸스 시기의 어머니에 대한 고착이 지속되었고, 나는 오이디푸스 경쟁과 거세공포에 대한 방어로 나타나는 과대성과 자기애적 욕구를 인지하고 훈습하게 하였다.

이 주제들은 물론 곧바로 사라지지 않았지만 빈도와 강도가 점진적으로 줄어들었다. 분석의 진정한 종결의 예측인자로서 나에게 더 중요했던 것은 환자가 다루고 있는 주된 주제의 이동이었다. 전-오이디푸스기의 어머니 소유와 관련된 내용이 점점 줄어드는 대신에, 억제된 오이디푸스 갈등이 활성화되는 언급이 점차 증가하였다. 나는 더욱더 Z에게, 남성적 주장 그리고 남성과의 경쟁과 연결된 좀 더 깊고 강렬한 공포에 직면하는 것을 피하려는 저항이 있다고 확고하게 지적해 주었다. 돌이켜 보면 그것은 Z의 자기애적 욕구를 거절하는 것이었지만, 당시 그는 나에게 진실로 호의적인 태도를 보였다. 점차 Z의 자기애적 양상은 옅어졌고, 환자의 요구와 기대도 점점 현실적으로 변했다. 그리고 자신의 경력을 쌓아 가고 여자들과 접촉하는 것에 적극적인 모습을 보였다. 분석가와의 전이관계에서도 나에 대한 공격적인 생각들을 보고했고 나의 성생활을 포함한 사생활에 관한 호기심을 표현했다.

분석을 종결하기 약 6개월 전, 나로 하여금 Z의 가장 깊은 갈등이 호전을 보이고 있다는 것을 확실하게 믿게 만든 꿈이 보고되었다. 꿈과 그의 연상들은 분명하게 아버지가 가족에 복귀하는 것이었다. "그는 집 안에 있었다. 집 문이 열려 있었는데, 바깥쪽에 아버지가 있었다. 아버지는 포장된 선물을 들고 안으로 들어오고 싶어 하였다. Z는 매우 놀라서 아버지를 밀어내기 위해 문을 닫으려고 했다." 나와 Z는 이 꿈에 대해 많은 작업을 하였다. 결론은, 꿈은 아버지에 대한 그의 양가적 태도를 말하고 있다는 것이었다. 그리고 전체적인 이미지에서 볼 때 복귀하는 아버지를 향한 적대감, 거세공포, 강한 성인과 마주치는 것을 나타낸다고 강조하였다. 그리고 남성적으로 경쟁하거나 주장하지 않고 어머니에 대한 전-오이디푸스기의 애착으로 퇴행하려는 것과 아버지를 향한 방어적인 순응과 수동적인 동성애적 태도로 물러나려는 그의 경향을 지적했다.

Z의 내적 심리에 대한 나의 재구성은 논리적으로 잘 구성되었고 나무랄 데가 없어 보였다. 또한 Z가 좋아진 것이 무의식적 갈등들을 의식으로 가져온 결과 발생한 구조적 변화에 기초를 두고 있다는 것에 대해서도 의심할 여지가 없었다. Freud 식의 전통 정신분석 훈련을 받은 나의 분석적 시각에서 볼 때, 모든 것이 제자리를 찾은 것처럼 보였다. 우리는 오이디푸스 갈등에 도달했다. 오이디푸스 갈등 속에서 느꼈던 아버지에 대한 무의식적 양가감정을 앞으로 가져왔다. 전-오이디푸스기 갈등으로 인한 일시적인 악화와 그에 동반된 퇴행적 양상도 다루었다. 종결을 앞두고, 분석가 그리고 분석가와의 좋은 관계를 상실해야 하는 것에 대한 애도의 기간도 있었다. 모든 것이 올바르게 보였고, 무엇보다 중요 생활 영역에서 의문의 여지가 없는 명백한 호전이 있었다.

그러나 Z와 내가 전의식적으로는 어느 정도 인지하고 있었지만 결정적으로 실패한 부분이 있었다. 한마디로 충분히 깊은 감정이 다뤄지지 못했다는 점이다. 분석의 전반부에 이상화한 어머니와 카운슬러에 대해 이야기할 때 그는 깊은 감정적인 울림을 표현하였다. 그러나 그런 깊은 감정 표현이 이후에는 분석 내에서나 생활 속 어디에도 없었다. 단지, 분석가와 관계를 종결하는 것에 대해서 깊은 감정을 느끼는 것으로 보였다. 그리고 그것을 힘들게 수용하는 것으로 보였다.

어찌 되었든 분석은 따뜻한 악수로 끝을 맺었다. 이후 5년간 나는 Z와 거의 연락을 취하지 않았다. 두 번 우연히 마주쳤지만 잘 지내는 것으로 보였다. 분석을 종결한 후 약 4년 반이 지날 즈음, Z가 다시 어려움을 겪고 있다는 것을 알게 되었을 때 나는 놀랐다. 그가 크리스마스 카드를 보내 왔다. Z는 내가 분석 사무실을 낸 것을 알고 있었다. 6개월 전에 신문을 통해 그것을 알았지만 지금 카드를 보낸 것이다. 그가 잘 지내지 못하고 있고 가까운 시일 내 아마 나에게 연락을 취할 것이라는 암묵적 내용이 담겨 있는 것으로 보였다. 답장에서, 나는 그에게 만약 필요한 부분이 느껴지면 나에게 연락을 하라고 말했다. 얼마 지나지 않아 그는 분석 시간을 잡아 달라고 요청하였다.

첫 번째 분석과 두 번째 분석 사이에 행해진 두 번의 면담

내가 받은 첫 인상은 Z가 좀 긴장하고 있다는 것이었다. 하지만 그는 자유롭고 개방적으로 그동안 있었던 일들과 이 시점에서 나와 연락을 취한 이유를 이야기했다. 그의 삶에서 크게 바뀐 것은 거의 없었다. 그는 여전히 혼자 아파트에서 살고 있었다. 특정 여성과 사귀지는 않았지만, 최근까지 연애를 계속해 왔다. 그는 항상 성적으로 유능했다. 경미한 조기 사정의 경향이 있었지만 심각한 어려움은 없어보였다. 하지만 그는 점점 그가 맺는 관계가 감정적으로 깊이가 없고, 특히 그의 성생활이 그에게 진정한 만족을 주지 않는다는 사실을 느끼게 되었다. 그의 이야기 속에서 두 가지 특징적인 모습이 대조를 이뤘다. 하나는 예전에 보였던 피학적 환상을 동반하던 중독적인 자위행위가 사라졌다는 것이다. 반면에 그가 일하는 전문적인 분야에서 겉으론 성공한 것처럼 보였지만 내면에선 자신의 일을 즐기지 못하고 지루해하고 힘들어했다. 나는 이런 사실을 통해, 나의 희망과는 달리, 첫 번째 분석 동안 심리구조의 변화를 통해 피학성이 근본적으로 좋아진 것이 아니라, 단지 억압되어 그의 일과 생활 속으로 옮겨간 것이 아닌가 의심하게 되었다. 이 의심은 두 번째 분석을 통해 결국 그렇다는 것이 확인되었다.

사실, Z도 피학적 환상들이 완전히 사라진 적은 없었다고 얘기하였다. 지금도 여자 친구와 성교하는 동안 생생하게 그것들을 불러온다고 말하였다. 그렇게 하는 이유는 조기 사정을 막는 데 도움이 되고 동시에 성행위를 더욱 격렬하게 하는 데 도움이 되기 때문이었다. Z는 최근 여자 친구와 헤어진 후 고립감을 심하게 느꼈고 다시 피학적 환상을 동반하는 자위에 빠지고 싶은 충동을 깊이 느꼈다.

Z의 어머니는 당시 50대 중반이었다. 그녀는 약 1년 반 전부터 심각한 성격의 변화를 보였다. Z가 어머니를 떠나 이사를 간 후(약 5년 전 일이다) 그녀는 집을 나가지 않는 등 점점 고립된 생활을 하기 시작하였다. 약 2년 전부터는 극단적으로 오해를 하는 일이 늘어나더니 점차 피해 망상으로 발전하였다. 어머니의 변화가 Z의 상태를 다시 악화시킨 것은 아닌지 따져 볼 필요가 있었다. Z는 어린 시절부터 사랑의 대상이었던 어머니를 아직까지 포기하지 못했던 것인가? 그래서 그런 사랑의 대상인 어머니를 상실하는 것을 힘들어하는 것

인가? 아니면 그가 떠났기 때문에 어머니가 병이 났다고 생각하여 죄책감을 느끼는 것인가? 실제 Z는 어느 정도의 상실감과 죄책감을 느끼고 있었다. 그러나 어머니의 병적 상태가 그를 병적으로 만든 것이 아니라, 오히려 건강한 방향으로 이끄는 면이 있다는 것을 나중에야 알게 되었다.

나는 Z와 두 번 면담을 하였다. Z는 분석을 다시 시작하자고 요구하였으나, 나는 망설였다. 왜냐하면 첫 면담 후 많은 긍정적인 변화가 있었기 때문이었다. 얼굴도 편해지고 모든 움직임에 활기가 생겼다. 자세도 훨씬 좋아지고 말에도 생동감이 돌았다. 나는 추가 분석을 6개월 정도 연기하자고 제안하였고 그도 동의하였다. 나는 Z가 그를 다시 만난 이후 생긴 변화들을 전이의 효과가 아닌가 의심하였다. Z가 어머니를 떠나 카운슬러와 잘 지냈던 것처럼, 자신을 이상화 대상으로서 이상화 전이를 하고 있다고 가정하기 시작하였다.

두 번째 분석

Z가 분석가에게 이상화 전이(idealizing transference)를 하고 있다는 가설은 새로 분석을 시작하면서 금방 확인되었다. 그는 첫 번째 분석 시간에 그 전날 꿈을 가져왔다. 그 꿈에선 말이나 행동이 나타나지 않은 것이 특징적이었다.

> 꿈의 배경은 언덕과 산 그리고 호수들이 있는 시골이었다. 그 풍경 속에 짙은 머리색을 가진 남자가 서 있는 것이 꿈의 이미지였

> 다. 조용히 휴식을 취하며 서 있었지만, 그는 강하고 자신감이 충만해 보였다. 그는 도시 사람처럼 복합적인 옷을 세련되게 입고 있었다. Z는 그 남자가 반지를 끼고 있고, 손수건이 가슴 주머니에 꽂혀 있으며 양손에는 뭔가를 들고 있는 것을 보았다. 아마 한 손에는 우산, 다른 손에는 장갑을 들고 있는 것으로 보였다. 남자의 형상이, 배경은 흐릿하게 처리하고 대상은 선명하게 부각시킨 사진처럼, 뚜렷하였다.

사진 속 남자는 Z 주변 사람들의 몇 가지 속성들이 혼합된 복합물이라는 것을 쉽게 알 수 있었다. 캠프 카운슬러(풍경의 모습이 여름 캠프의 장소와 연관이 있었다), 그의 아버지(짙은 머리 색깔), 분석가(우산, 장갑, 손수건, 반지)의 혼합체라는 것을 쉽게 연상할 수 있었다. 이상화 전이의 감정은 그 남자의 인상적인 외모와 자랑스러운 태도 그리고 환자가 그를 표현할 때의 경탄스러운 어조에 의해서도 나타나고 있었다. 사실, 당시만 해도 나는 Z가 보이고 있는 이상화 전이의 풍성한 의미를 충분히 알지 못했다.

이상화 전이의 초기 기간은 짧게 지나갔다. 다행히 나는 이상화 전이에 대한 새로운 통찰을 얻기 시작할 때였기 때문에, 환자의 이상화 전이를 방해하지 않았다. 채 2주가 지나지 않아 이상화 전이는 점차 줄어들고, 곧 융합 형태(merger-type)의 거울 전이(mirror transference)로 대치되었다. 이상화된 분석가에 의해 제공된 환경 속에서 잘 지낸다는 내적 안정성이 흐려지며, 대신에 완벽한 거울반응을 요구하였다. 환자는 자기중심적이고, 요구하며, 치료자의 완벽한 공감을 요구하였다. 그의 정신 상태에 조금이라도 잘 맞추지 못하거나 그와의 의사소통에서 조금이라도 오해가 생기면 분노로 반응하였다. 두 번째 분석 초기에 보이는 이런 양상은 첫 번째 분석의 초기와 동일한 것이었다. 그러나 그것을 바라보는 나의 시각은 전혀 다르게 변화되었다. 첫 분석에서 그런 자기중심적 태도는 근본적으로 방어적인 것으로 보았고 해석을 통해 수정되어야 할 퇴행적 심리였다. 두 번째 분석을 하는 나는, 전이를 통해 Z가 자신의 어린 시절의 조건을 분석 상황에서 재연하는 것이라는 것을 알게 되었다. 이런 시각의 변화는 긍정적인 분석의 흐름으로 이어졌다. 첫 분석에서 치료자가 방어에 대해 해석할 때 Z는 격렬한 저항을 보였었다. 이번에는 그런 저항이 자연히 없어졌다. 무엇보다 바람직한 것은, 전에는 탐색하지 못했던 깊은 곳을 탐색할 수 있게 되었다는 점이다.

전통적 관점의 이해로 보면, 아주 어릴 때 Z는 어머니와 단 둘이 생활하였다. 어머니는 어린 그에게 자기애적 만족을 지나치게 충족시켜 주었다. 이런 지나친 만족은 어린 Z를 훼손시켰고 더 이상의 발전을 못하게 방해하고 그 시기에 고착시켰다. 지금 분석가와의 관계에서 보이는 전이는 바로 그런 관계를 재생하려는 것이다. 그러나 이런 이해는 Z의 다른 두 가지 성격 특성을 전혀 설명할 수가 없었다. Z가 자기중심적 요구를 하고 오만한 태도를 보이지만, 그 기저에는 만성적인 절망감이 깔려 있다는 점과, 그것보다 훨씬 두드러진 것으로, 주목받기를 요구하는 독선적인 태도와 극명하게 대립되는 성적 피학성을 설명하지 못했다.

[저자 주: Kohut은 그의 분석 태도가 어떻게 달라졌는지를 다음과 같이

기술하고 있다.

첫 분석을 할 때, 나는 환자를 근본적으로 자기를 독립적으로 주도해 가는 존재로 보았다. 분석을 통해 통찰을 얻게 되면 자기의 길을 분명하게 보고, 자기애적 욕구를 포기하고 성장할 것으로 기대하였다. 그러나 두 번째 분석을 하며 나의 강조점이 바뀌었다. 성장 자체에 대해 보다 신중하게 생각하게 되었고 성장을 이뤄 간다는 것에 대해 훨씬 냉철한 태도를 갖게 되었다. 나는 전에 환자가 성장해야 한다는 치료 목표에 너무 매달렸었다. 이제 그런 치료 동기를 접고, Z의 초기 경험의 상황을 재구성하는 데에 내 자신의 역할을 제한하였다. 특히 어머니의 병적인 성격과 얽혀 있는 부분에 초점을 맞추어 재구성하려고 하였다. 이제는 초기 어린 시절 Z가 유아적 만족을 포기하지 않으려고 변화에 저항하거나 성장에 반대했다고 보지 않는다. 그와 반대로, 해로운 자기대상(selfobject)으로부터 필사적으로 때로는 절망적으로 벗어나려 했다는 것을 알 수 있다. 그래서 어머니와의 경계를 분명히 하고 싶고 자기로서 성장하고 독립적인 존재가 되고 싶어 했다는 것을 이해하게 되었다(Kohut, 1978).]

Z의 어머니가 최근 보이는 피해 망상과 같은 정신증 상태가 갖는 의미가 점차 명확해졌다. 첫 번째 분석에서 나는 어머니에 대한 환자의 지속적인 애착을, 환자가 깨뜨리고 싶어 하지 않는 리비도적인 결속(libidinal tie)이라고 보았다. 어머니에 대한 그의 이상화는 첫 번째 분석 동안 두드러진 것이었다. 나는 그것을 의식적 증상과 그녀에 대한 무의식적 근친상간의 사랑이 동반된 것이라고 이해했다. 하지만 점차 어머니의 성격과 Z의 관계를 새롭게 볼 수 있게 되었

다. Z의 어머니는 매우 강하고 완고한 자기 생각을 가진 사람이었다. 주위 사람들을 정서적으로 예속시키고 독립적이지 못하도록 숨막히게 만드는 여자였다. 첫 분석에서 Z는 어머니가 자신을 만족스럽고 즐겁게 해 주었다고 말하였다. 그것이 틀린 것은 아니지만, 거기엔 결정적인 내용이 빠져 있었다. 어머니가 주는 만족은 그녀의 절대적인 지배에 순종한다는 조건하에서 주어진 것이었다. 어머니는 Z의 독립을 결코 허락하지 않았다. Z의 어머니는 병적으로 질투심이 강했다. 그것은 Z와 아버지에게 국한된 것이 아니라 그녀의 하인에게도 마찬가지였다.

아버지가 간호사와 사랑에 빠지고 집을 떠나 산 것도, Z도 나중에 이해하게 된 것이지만, 사실은 어머니로부터 벗어나기 위한 것이었다. 하지만 그것은 또한 아들을 버리는 행위이기도 하였다. Z는 두 번째 분석 후반기에 이르러, 아버지가 어머니로부터 아버지 자신을 구하려고 노력했다는 것과 그런 과정에서 자신을 희생시켰다는 것을 알게 되었다.

어머니의 정신병적 상태에 대한 이해가 늘어나면서 Z는 심한 불안과 저항을 나타냈다. 그는 이제 어머니를 이상화하지 않았다. 고태적 이상화 자기대상을 상실하면서 심한 불안이 뒤따랐다. 점점 어린 시절 Z가 어머니의 이상한 점들을 전적으로 부인했다는 것을 알 수 있게 되었다. 그래야만 어머니를 이상화 자기대상으로 유지할 수 있고 그로부터 보호받을 수 있었기 때문이었다.

두 번째 분석을 통해 어머니가 Z에게 어떤 관계를 맺었고 어떤 영향을 끼쳤는지가 보다 분명해졌다. 분석가와의 관계에서 지지를 느끼며 Z는 어머니 관계가 신성불가침한 것이 아니라는 것을 더욱 인식하게 되었다. 그녀는 Z를 '주도성을 가진 한 존재'로 보지 않고 '그녀의 부속물'로 여겼다. Z가 미래에 대해 생각하고 독립적이고 주도적인 어떤 계획을 세울 때, 전혀 공감적인 반응을 해 주지 않았다. Z가 갖고 있던 어머니 상은, 그가 아무리 성인으로 성공하더라도 두 사람의 관계는 결코 변하지 않을 것이고, 그도 어머니를 떠나지 않는 것이 당연하다는 것이었다.

어머니의 비정상적인 행동과 반응들에 대한 인식이 늘어나면서, 어머니가 보였던 세 가지 특이한 반응이 새롭게 보고되었다. 하나는 어머니가 Z의 대변에 보인 과도한 관심이었다. 그녀는 그가 여섯 살이 될 때까지 장운동이 있을 때마다 변들을 자세히 관찰해야 한다고 주장했다. 어머니가 관심을 보인 것은 Z가 아니었다. 단지, 그의 표정을 관찰하였고, 그의 장기기능에 관심을 보였고, 그녀가 그것을 지배한다는 것에 매혹되었을 뿐이었다. 그것은 어머니에게 강력한 감정이었고 스스로에 대한 확신을 주었다. 그런 지배는 어머니의 확고한 권리라고 인식하게 만들어 Z로 하여금 어머니에게 저항하지 못하고 전적으로 굴복하게 만들었다.

Z가 여섯 살이 되었을 때 대변에 보였던 어머니의 집착이 갑작스럽게 중단되었다. 동시에 대장운동에 관심을 보였던 것과 마찬가지로 이번에는 그의 피부에 사로잡혔다. 매주 토요일 오후에는 피할 수 없는 하나의 의식과 같은 행위들이 이루어졌다. 그녀는 수 분 동안 꼼꼼하게 Z의 얼굴을 들여다보면서 까만 여드름이 발견되는지 관찰하였다. 그리고 이런 행위는 그가 청소년기로 갈수록 더욱 증가

하였다. 어머니는 그녀의 길고 딱딱한 손톱을 내보이면서 아들의 얼굴에서 매우 작은 피지까지 짜내어 그것을 자랑스럽게 보여 주며 만족스러워 하였다. 가장 최악인 경우는 잘 익은 여드름이 나오지 않거나 이를 빼내려는 시도가 실패로 돌아갔을 때였다.

Z가 기억해 낸 또 다른 어머니의 이상한 점은 가구와 골동품 그리고 예술품을 수집하고 진열하려는 강렬한 소유욕이었다. 그녀의 이런 모습을 누군가는 항문기에 고착된 강박적인 소유욕이라 할 것이다. 또 까만 여드름을 짜내는 의식들은 항문기의 가학성으로 볼 것이다. Z의 어머니 마음의 중심에는 공허함이 있었음을 쉽게 알 수 있다. 그녀는 모든 물건들을 소유하고 통제하거나 제압하는 것으로 공허함을 덮어 온 것이다. 그녀는 Z의 생활까지 통제해야 했기 때문에 아무 때나 그의 방문을 확 열어 보곤 하였다. 누구에게나 느껴지는 그녀의 공허함과 그것에서 벗어나기 위해 주변을 통제하려는 그녀의 태도 때문에, Z의 친구들 중 어느 누구도 그의 집을 오려 하지 않았다.

어머니의 특이한 세 가지 반응과 같은 중요한 자료들이 왜 첫 분석에서는 나타나지 않았을까? 돌이켜 보면 아주 나타나지 않았던 것은 아니다. 단지, 그것에 대해 충분히 주목하지 못했을 뿐이다. 특히 분석가가 전이에 대해 제대로 다루지 못했다는 것이 명백해졌다. 나는 그것들을 유아기 욕동과 갈등의 관점에서 바라보았고, 심리장치 기관들(이드, 자아, 초자아)의 기능적 측면으로 해석하였다. 분석가의 이런 해석은 분명히 잘못된 것이었다. 그것은 마치 세상을 병적으로 왜곡되게 바라보는 어머니의 시선과 마찬가지였다. Z는 어린 시절 어머니의 그런 왜곡된 시선에 적응할 수밖에 없었듯이, 분석가의 잘못된 해석에 순응했던 것이다. 결과적으로 첫 분석을 통해 Z가 좋아진 것은 전이 내에서 좋아진 것뿐이었다. 분석 상황 안에서 환자는 오이디푸스 주제를 제시하면서 나의 신념을 따라 주었다. 분석 상황 밖에서, 그는 피학적 환상을 억제하고 행동을 바꿈으로써 치료자가 갖고 있는 정상적 성장의 개념—자위라는 자기애로부터 대상 사랑으로 바뀌어야 한다는 개념—에 맞춰 주었다.

그렇다면 두 번째 분석을 통해 좋아진 것도 역시 분석가의 새로운 신념(자기심리학적 관점)에 환자가 맞춘 결과로 볼 수 있지 않을까라는 의문이 떠오를 수 있다. 나는 그렇지 않다고 분명히 말할 수 있다. 그 이유로, 먼저 순응해야 한다는 무의식적인 주제에 대해 이미 깊이 있게 탐색하고 훈습했기 때문이다. 더욱 중요한 것은, 분석을 통해 삶에 대한 새로운 열정이 활성화되었는데, 이런 열정의 깊이와 진실성은 첫 분석에서는 없던 것이었다.

어머니의 병적인 부분들과 그것들이 그에게 끼친 영향들을 점점 더 이해하게 되면서 Z는 심한 심적인 동요를 보였다. 그는 이유를 알 수 없는 불안[저자 주: Kohut은 이런 불안을 '해체 불안(disintegration anxiety)'이라고 불렀다]을 보이면서 심한 저항을 나타냈다. 그러나 Z는 어머니의 병적인 모습을 현실적으로 받아들이게 되었고, 보다 내적 안정감을 찾게 되었다. 이런 저항이 극복되면서 Z는 한 단계 더 전진할 수 있었다. 그것은 어머니와 뒤얽힌 융합으로부터 벗어나 새로운 시각을 갖게 된 것이다. 어머니와 융합으로부터 벗어나며 나와 Z는, 어린 시절의 경험들 특히 자위와 원초경 경험을 전혀 새롭게 바라볼 수 있게 되었다. 첫 분석에서 어린 시절의 경험들은, 전-남근기의 욕동 만족을 얻으려고 유아적 쾌락 추구 방식에 고착된 것 혹은 퇴행한 것이라고 해석하였었다. 지금은 쾌락 추구를 위해 욕동을 만족시키는 것으로 보지 않고, 병적인 자기대상(어머니)에게 무기력하게 붙잡혀 있는 자신을 발견하고, 그로부터 벗어나기 위해 자기를 주장하고 자기 경계를 확보하려는 소망으로 인식하게 되었다. 자위나 원초경은 Z에게 결코 즐거움을 주지 못했다. 오히려 우울했고 어린 시절 대부분이 시꺼먼 구름으로 뒤덮인 기분이었다. 그는 환상 속에서조차 한 존재(self)로서 활기찬 행복을 느낄 수 없었기 때문에, 자위를 통해 최소한의 쾌락이라도 누리려고 시도하였다. 그것은 존재(self)의 가장 예민한 부분인 성기를 자극하면서 얻는 기쁨 없는 쾌락이었다.

이즈음 Z는 서로 연결되는 두 가지 기억을 떠올렸다. 하나는, 즐거움이라곤 전혀 없이 낮 동안을 보내면서 '이제 밤이 올 거야, 밤이 오면 침대에 들어갈 수 있고, 자위를 할 수 있어'라고 스스로에게 말했던 기억이었다. 어린 Z는 건강한 한 아이로 성장하면서 느껴야하는 삶의 즐거움을 전혀 느낄 수 없는 아이였다. 그런 어린아이로선 외로운 신체를 끊임없이 자극하는 것만이 스스로를 달랠 수 있는 유일한 방법이었다. 그런 자위 속에서도 어린 Z는 독립된 주체가 아닌 환상 속 어머니의 노예였다(자위 후 Z가 별로 죄책감을 느끼지 않았다는 점이, 자위가 자기를 찾으려는 Z의 필사적인 노력이었다는 것을 뒷받침해 주는 또 다른 단서가 된다). 또 다른 기억은 무의식의 가장 깊은 곳에 자리했던 것이었다. Z는 피학적 자위 환상을 떠올린 것과 함께 자신이 항문 자위를 했던 것을 떠올렸다. 항문 자위를 하고 냄새를 맡고 심지어는 변을 맛보기까지 했다는 것을 말하면서 심한 수치심을 함께 표현하였다. 이야기를 한 후 한동안 강한 수치심을 느꼈지만, Z는 점차 그것이 일어난 상황의 맥락 속에서 자신의 행동들을 보게 되었다. 그리고 치료자와 공감적인 일치감 속에서 처음으로 어린 시절의 그런 행위들이 못된 짓도 아니고 혐오스러운 것도 아니라는 것을 알게 되었다. 그런 행동들은 단지 그나마 남아 있는 어린아이의 초기 자기(rudimentary self)가 스스로에게 생동감과 활기를 넣어 주려는 필사적인 시도들이었음을 깨닫게 되었다. 동시에 어머니로부터 분리하려는 것은 악한 일도 아니고 위험한 것도 아니며 오히려 건강한 자기의 정당한 주장이라는 것을 이해하게 되었다.

나와 Z는 원초경 경험 또한 새롭게 조명하기 시작하였다. [저자 주: 본래 원초경이란 용어는 Freud가 쓴 '늑대인간(Wolf Man)' 사례에 관한 글에서 처음 등장한다. 원초경은 아이가 본 부모의 성관계 장면을 일컫는 말이다. 부모의 성적 관계는 실제 관찰한 것일 수도 있고, 자기가 본 것에 기반하여 마음속에서 새로 구성된 것일 수도 있으며, 아예 처음부터 환상이거나 환상이 덧붙여진 것일 수도 있다. 아이는 원초경을 대부분 이해할 수 없는 수수께끼 같은 것으로 경험한다. Freud는 아이가, 아버지가 어머니에게 강제적으로 폭력을 휘두르는 것으로 원초경을 경험한다고 생각하였다. 그러면서 동시에 아이에게 성적 흥분을 유발하는 것으로 이해하였다. 그는 원초경의 환상이 모든 신경증 환자에게서 발견된다고 생각하였고, '원초적(primal)' 환상에 속한다고 생각하였다.

Klein은 수수께끼 같이 이해할 수 없는 것으로 원초경을 경험한다는

Freud의 견해와 달리, 아이가 원초경에 자신의 환상을 투사해서 경험한다고 생각하였다. 아이가 투사하는 것이 적대적이고 파괴적인 성향으로 가득 차 있기 때문에 아이는 원초경을 위험한 것으로 경험한다. 원초경은 Klein의 '결합된 부모상(combined-parent figure)'의 토대를 이룬다.]

Z에게 원초경 경험이 갖는 핵심은, 건강한 대여섯 살짜리 어린아이의 호기심을 자극하는 그런 경험이 아니었다는 것이다. 그는 건강한 어린아이도 아니었고 원초경은 그를 과도하게 자극하는 전혀 공감적이지 않은 자극들이었다. 어린 Z는 그 자극들을, 어머니가 벌이는 행동에 그가 빠져 들어 융합하도록 요구하는 것으로 이해하였다. 그렇기 때문에 어머니에게 노예처럼 성적으로 굴복하는 피학적 환상을 통해 어머니의 요구에 순응하였다. 물론 자신의 독립적인 성욕동을 포기하는 비싼 대가를 치러야만 했다.

두 번째 분석이 새로운 국면으로 접어들고 있었다. 무엇보다 감정의 변화가 두드러졌다. 우울한 감정이 많이 약화되면서 자신이 원하는 것을 강하게 요구하기도 하고 전체적으로 활기가 넘쳤다. 간간이 쾌활한 모습도 보이고 눈에 띄게 희망찬 모습을 보였다. 동시에 거의 어머니 중심이었던 분석의 소통 내용이 이제 아버지에 대한 생각으로 바뀌었다. 예를 들어, 여전히 부모의 성적 관계에 대해 얘기하지만 아버지의 참여에 대해 거의 고려하지 않던 초반부와 달리 아버지의 역할을 점점 더 자연스럽게 이야기하기 시작하였다. 부모의 성관계에 대해 이야기할 때 Z가 느끼는 전반적인 감정은 무력감과 막연한 우울 감정이었다. 아버지에 대한 자료들이 나오면서 Z가 느꼈던 막연했던 우울 감정이 훨씬 명확한 내용들과 연관되어 있다는 것을 알게 되었다. 그것은 아버지가 약한 사람이라는 것 그리고 어머니가 아버지를 지배하고 억누르는 양상과 연결되어 있었다.

이 시기에 Z는 어머니와 함께 콘서트도 다니며 어울렸던 학교 친구를 떠올렸다. 그 친구가 다른 여자 친구를 사귀면서 Z가 분석을 받게 되었던, 첫 분석에서 언급했던 그 친구이다. 그 친구로부터 Z가 많은 심리적 지지를 받았다는 것을 잘 알고 있으면서도, 이 시점까지 나는 그 의미를 명확히 이해하지 못했다. 그 친구와의 관계는 본질적으로 상호 지지적인 쌍둥이 자기대상 관계였다.

이즈음 쌍둥이 심리와 나약한 아버지에 대한 실망은 치료자에 대한 강한 전이로 대체된 상태였다. 그는 나에 대한 강렬한 호기심을 나타내기 시작하였다. 그는 분석가의 과거 어린 시절이 어땠는지, 무엇을 좋아하는지, 어떤 교육을 받았는지 등을 알고 싶어 했다. 또 분석가의 가족들에 대해서도 알고 싶어 했다. 아내와의 관계는 어떤지, 아이는 있는지에 대해 질문을 하였다. 나는 Z의 질문이 유아적 호기심이 다시 나타난 것이라고 해석해 주고, 그의 부모의 성 생활과 연결된다고 지적해 주었다. 이런 해석에 대해 Z는 우울해 하면서 자신을 잘못 이해하고 있다고 주장하였다. 치료자가 질문에 답해 달라는 Z의 요구에 응하지 않았지만 심각한 치료 난관이 발생하지는 않았다.

지속적으로 Z의 요구에 대해 경청하면서 그리고 치료자의 해석에 대한 그의 반응을 관찰한 끝에, 나는 Z가 나타내는 '호기심'이 어린 시절의 성적 관음증(voyeurism)이 재연된 것이 아니라는 것을 알게 되었다. Z의 질문 뒤에 숨겨진 욕구는 본질적으로 강한 아버지에 대한 욕구였다. Z는 치료자가 약한 남자는 아닌지, 성교 시에 아내에게 지배당하지는 않는지, 아들에게 정서적으로 이상화 대상이 될 만한지 등을 알고 싶어 했던 것이다. 나의 해석 방향이 강한 아버지에 대한 욕구로 바뀌면서 Z의 우울감과 무력감이 현저하게 좋아졌다. 결과적으로 분석가가 Z의 사적인 질문을 따뜻하게 받아 주면서도 대답을 안 해 준 것이 Z의 눈에는 의연하고 강한 모습으로 비쳐졌다. 그는 분석가를 강한 남자로 보게 되었고 강한 분석가와의 관계에서 우울 증상이 한결 좋아질 수 있었다. 그리고 전에는 어머니의 그림자에 가려져 있던 아버지에 대해서 보다 구체적으로 생각하기 시작하였다.

나는 첫 분석에서 언급되었던 캠프의 카운슬러와 관계도 동성애적인 것이 아니라는 것을 인식하게 되었다. 그것은 순전히 성적인 관계라기보다 강하고 존경할 만한 사람과 나누는 풍요로운 친구관계였다. 전체적으로 첫 분석 동안 나는 친구관계를 남근기적인 어머니를 원하는 퇴행이라고 해석했었다. 하지만 이 시점에서 그것이 강한 아버지다운 남자상을 갈망한 것이었음을 알게 되었다. 어쩌면 Z로선 한 번도 가져 보지 못했던 좋은 형을 소망했는지도 모른다.

분석이 또 다른 새로운 국면으로 접어들기 시작하였다. 아버지에 대한 주제에 매달릴 뿐만 아니라, Z는 처음으로 아버지 성격의 긍정적인 부분들을 이야기하기 시작하였다. 그는 아버지에 대해 이야기하며 행복해하고 만족해하였다. 돌이켜 보면 이 부분은 분석에서 매우 중요한 순간이었다. 왜냐하면 정서적으로 건강한 길로 들어서기 시작한 순간이었기 때문이다. 그렇지만 그 길이 순탄한 것만은 결코 아니었다. 한 단계씩 나아갈 때마다 심한 불안이 강한 아버지를 회복하려는 그의 심리를 방해하였다. 때론 거의 정신병적 수준의 해체 공포를 보일 때도 있었고 심한 건강염려증으로 괴로워할 때도 있었다. 공포가 꿈으로도 나타날 때가 있었다. 황량한 풍경을 배경으로 도시들이 불타고, 모든 것이 완전히 뒤죽박죽인 상태의 꿈과 같은 경우다. 그 속에서 사람의 몸이 겹겹이 쌓여 무리를 이루고 있는데, TV에서 본 집단수용소와 같은 모습으로 나타났다. 특히 사람의 몸이 죽은 시체 같기도 하고 겨우 숨이 붙어 있는 것처럼 보이기도 했기 때문에 굉장히 두려움을 주었다. 이런 해체 불안이 비공감적이고 지배적인 자기대상, 즉 어머니와 연결되어 있는 고태적 자기(archaic self)를 포기하는 것 때문에 나타난다는 것은 명백하였다. 어머니와 융합된 고태적 자기는 지금까지 Z에게 유일한 그의 모습이라고 여겨졌다. 그런 어머니와 연결된 유일한 자기를 포기하고, 아직은 미지의 모습이지만 아버지와의 관계를 중심으로 독립적인 핵심 자기를 형성해 가는 과정에서 해체 불안을 경험한다고 볼 수 있다.

어머니에 관한 꿈은 딱 한 번 나타났다. 꿈의 시각적인 내용은 매우 단순하였고 위협적인 내용은 아니었다. 아주 윤곽이 뚜렷한 어머니 상이 그에게 등을 돌린 채 서 있는 것이 꿈의 내용이었다. 그 모습을 보며 Z는 그 어느 때보다 더 깊은 불안을 경험하였다. 나와 Z, 우리는 연상할 수 있는 데까지 최대한 접근해 보았지만, 드러나는 그 의미는 매우 단순하였다. 어머니가 그에게 말 그대로 등을 돌렸다는 것이다. 그가 아버지에게 가까이 가니까 이제 어머니가 Z를 버리려는 것이다. 그는 몇 가지 예를 덧붙였다. 전에도 어머니는 그녀로부터 독립하려는 Z를 차가운 시선으로 대한 적이 있었다. 특히 독립적인 남자가 되고 싶어 할 때 냉정하게 대했다. 차가운 시선을 느낀 Z는 다시 어머니에게 돌아감으로써 버림받는 느낌에서 벗어날 수 있었다. 어머니의 차가운 시선에 Z는 어머니의 품으로 다시 돌아가는 것으로 반응한 것이다.

꿈의 보다 깊은 의미는 보이지 않는 부분, 즉 보이지 않는 어머니의 앞 모습에 있었다. 앞 모습에서 무엇이 보이는지 연상하게 했을 때, 그는 강렬한 불안에 싸여 그가 본 것을 설명할 단어를 찾지 못하겠다고 했다. 나는 거세의 공포, 성기를 잃는 모습, 생리 혈과 여성 생식기를 본 것과 연관된 피와 신체 손상 등을 해석으로 제시하였다. 그러나 Z는 이런 제안을 일소에 거부하였다. 그는 손상, 거세, 피 등이 알 수 없는 불안과 연관되는 것은 사실이지만 지금 느끼는 불안의 핵심 요소들이 아니라고 명확히 말하였다. 이에 대해 내가 어머니가 페니스를 상실한 것이 아니라 얼굴을 상실한 것일지 모르겠다고 수정해서 말하자, Z는 그 의견에 반대하지 않고 긴 침묵으로 반응하였다. 그리고 곧 이어 눈에 띄게 편안한 감정 상태를 보였다. 최종적으로 도달한 결론은, 꿈에서 어머니의 보이지 않는 부분은 그녀의 왜곡된 성격과, 세상과 Z를 바라보는 병적인 시선을 의미한다는 것이었다. Z는 어머니가 강한 분이고 힘을 갖고 있는 사람이라고 확신하고 있었다. 그리고 그 확신에 근거하여 자신의 성격을 형성하였다. 즉, 강인한 어머니와의 융합 속에서 자신을 유지해 왔다. 어머니의 왜곡된 성격과 병적인 시선을 아는 순간 Z의 존재도 동시에 붕괴될 수밖에 없다. 그러므로 그는 어머니의 진면목을 볼 수 없었고 봐서도 안 됐던 것이다.

전체 분석은 아버지에 관한 내용으로 명백하게 흘러가고 있었다. Z는 아버지에 대한 기억들을 하나하나 떠올릴 때마다 심한 공포와 저항을 나타냈다. 그런 가운데 아버지에 대한 긍정적인 기억들이 진행되면서, 치료자에 대한 이상화 전이가 표현되기 시작하였다. 유능한 분석가로서 이상화하며 Z는 자기도 분석가가 되고 싶다고 말하기도 하였다. 하지만 분석가가 되고자 하는 소망은 저절로 곧 사라졌다.

Z는 그가 아홉 살 때 아버지와 콜로라도의 스키 리조트로 2주간 여행 갔던 기억을 새롭게 떠올렸다. 당시 어머니는 중병에 걸린 상태였기 때문에 두 사람만 여행을 갈 수밖에 없었다. 이 기억은 결정적으로 중요한 것이었다. 왜냐하면 아버지가 약한 사람이 아니고 어머니의 그늘에 가려진 존재가 아니라는 것을 알게 되었기 때문이다. 또 어려서부터 아버지에 대해 뭔가를 강렬하게 알고 싶어 했다는 것도 인식하게 되었다.

Z의 아버지는 실제 스키를 잘 탔을 뿐만 아니라 사회적으로도 유능한 사람이었다. 리조트의 종업원들도 잘 다루었고 주위 사람들은 그의 이야기에 매혹되어 귀를 기울였다. 그는 사업적으로도 지각 있고 결단력 있고 능력 있는 사업가였다. 이 시기 분석에서 핵심적인 것은 아버지의 능력을 새롭게 발견한 것이 아니라, 아버지가 어떤 존재였는지, 어떤 성격을 가졌는지를 새롭게 인식하게 되었다는 것이다. 아버지는 어머니의 삶으로부터 분리된 독립적인 존재였다. 또 아버지의 성격은, 비록 결점이 있지만, 강력한 그의 어머니 성격처럼 왜곡된 것이 결코 아니라는 것이 확실해졌다.

분석가에 대한 이상화 전이와 아버지에 대한 긍정적인 측면을 회복해 가는 과정에서, 나는 Z의 아버지가 적지 않은 결점을 가진 사람이라는 것을 직면시키지는 않았다. 대신 Z의 심리적 필요성에 초점을 맞추었다. 즉, 어린 시절부터 그리고 지금 전이관계에서 Z는 그가 자랑할 수 있고 존경할 수 있는 이상적인 남자가 필요했다는 점이다.

분석이 계속되면서 Z는 더욱 놀라운 기억을 떠올렸다. 그가 대여섯 살 때 겪은 원초경 경험을 이야기하며 그가 아버지에 대해 거의 아는 게 없었다고 불만스럽게 말했다. 그리고 곧 이어 아버지에게 다른 여자가 있었던 것 같다고 이야기하였다. 그 여자는 콜로라도 리조트에도 나타났던 것으로 보였다. 이 기억은 리조트에서의 다른 기억들을 다 말한 후에야 비로소 표현되었다. 리조트에서의 마지막 날 저녁이었다. Z가 기억하는 한, 처음으로 아버지는 그를 바에 데리고 갔다. Z의 아버지는 술을 많이 마시는 편이 아니었지만, 그날은 꽤 취했던 것 같았다. 아버지는 신나게 즐겼고 바에 있는 작은 밴드에 맞춰 노래를 불렀다. 노래가 끝나자 사람들은 환호를 보냈고 특히 한 여성이 다가와서 축하해 주었다. 그 여자는 어린 Z와도 잠깐 얘기를 나누었다. 그 기억을 떠올리며 Z가 지금 생각해 보니까, 그녀는 아버지와 특별한 관계에 있었던 것 같았으며 아마 입원해 있던 병원의 간호사인 것 같다고 말하였다.

콜로라도 리조트 여행에서 돌아온 Z에게 어머니는 어떤 일이 있었는지 이런저런 질문을 하였지만, 그 여자에 대해 전혀 이야기를 하지 않았다. 아버지가 미리 입단속을 한 것은 전혀 아니었다. 아무런 사전 약속은 없었지만, Z와 아버지는 그 일에 대해선 비밀을 지켜야 한다는 암묵적인 이해가 있었다.

이 기억은 Z가 아홉 살 때에 있었던 일이다. 전통적인 관점에서 볼 때 잠복기에 해당하는 시기다. 만약 가장 깊은 심리에 해결되지 못한 오이디푸스 갈등이 있다면, 아버지에게 다른 여성이 있었다는 것이 오이디푸스 갈등을 방어적으로 은폐하려는 기억은 아닌지 의심해 볼 수 있다. 나의 결론은 그렇지 않다는 것이다. 왜냐하면 만약 오이디푸스 갈등과 관련된 기억이라면, 압도하는 경쟁 상대인 아버지를 떠올리는 것이기 때문에 무력감이 동반되거나 우울 감정이 수반되어야 하는데 그렇지 않았다. 그와 반대로 Z는 아버지를 강한 남성상으로 경험하며 활기차고 생기 있는 감정 반응을 보였다. 아버지의 남성다움에 대해 자랑스러워하였으며, 그를 속박하는 어머니로부터 자신을 자유롭게 만들어 주는 아버지의 능력을 기뻐하였다.

분석의 실질적인 종결 단계는 첫 분석의 종결 단계로 돌아가는 듯한 느낌을 주었다. 왜냐하면 Z가 첫 분석의 종결 단계에서 꾸었던 꿈을 다시 떠올렸기 때문이다. Z에게 줄 선물 꾸러미를 잔뜩 갖고 아버지가 집으로 돌아오는 꿈이었다. 꿈에서 반쯤 열린 문으로 들어오려는 아버지를 어린 Z가 필사적으로 막으려고 했었다. 놀랍게도 Z는 동일한 꿈에 대해 첫 분석과는 전혀 다른 의미를 제시하였다. 첫 분석에서 꿈은 오이디푸스 경쟁자인 아버지에 대한 양가감정이었다. 선물은 기쁜 것이지만 어머니와의 독점적인 관계를 파괴하려고 들어오는 아버지는 동시에 두려운 존재였다.

동일한 꿈에 대해 지금 Z는 전혀 다른 반응을 나타냈다. 우선 꿈을 다시 떠올리면서 별 다른 저항을 전혀 보이지 않았다. Z가 한 말을 분석적으로 정리하면, 꿈이 전달하는 메시지는 거세공포를 불러일으키는 성인 남자에 대한 아이의 거친 공격이 아니었다. 그것은 심리적인 아버지가 귀환한 것을 느끼며 너무나 압도적인 흥분 때문에 아이가 당황하고 있다는 것을 나타내는 것이다. 아이는 심리적으로 아버지를 내재화하며 독립적인 남성성을 키워 간다. 그런 의미에서 Z에게 심리적인 아버지는 부재하였다. 지금 꿈에서 아버지가 들고 있는 선물꾸러미는 남성성과 심리적인 강인함이란 선물이다. 반쯤 열려 있는 문은 아버지의 귀환을 바라보며 느끼는 압도적인 흥분을 조절하려는 시도다. 꿈은 너무나 오랫동안 소망해 왔던 아버지의 귀환을 바라보며 아이가 느끼는 심리적 불균형, 즉 흥분 상태를 표현하는 것이다. 그리고 그 흥분을 조절하려는 마음을 나타내고 있다.

분석의 종결 단계는 비교적 짧고 순탄하게 진행되었다. 이미 1년 전부터 금년에 분석이 종결될 것이란 생각이 두 사람 모두에게 은연중에 있었다. 그렇지만 종결을 명확하게 표면으로 끌어올린 것은 여름 휴가를 앞두고였다. 주 5회 4년이란 긴 분석의 종결을 앞두고 이런 저런 반응들이 예상되었지만, 특별한 종결반응이 나타나진 않았다. 성적 피학증 같은 증상이 다시 나타나지도 않았고, 분석가와 분리를 앞두고 불안 증상을 보이지도 않았다. 전체적으로 별다른 퇴행의 모습을 보이지 않았다. 단지, 약 3주 정도 지지적인 분석가를 상실하는 것에 대한 슬픔을 표현하였고 이와 더불어 아버지가 돌아가신 것에 대한 안타까움을 나타냈다. 아버지가 살아 계셨으면, 지금 Z의 모습을 자랑스러워했을 텐데 그렇지 못함을 속상해했다. 그러면서 첫 분석에서 제대로 분석을 해 주지 못해서 결과적으로 분석이

길어진 것에 대해 적지 않게 화를 냈다.

분석의 마지막 몇 주 동안 미래 계획에 대한 이야기도 나왔다. 새로운 직업과 결혼의 가능성 등이 주제로 나왔다. 그가 원하는 부인상에 대한 뚜렷한 이미지를 말하지는 않았다. 이 시기 동안 Z가 그의 부모에게 보이는 태도는 매우 인상적이었다. 그들의 약점들을 상당히 너그럽게 받아들였다. 어머니가 그의 성장과정에 끼친 해롭고 나쁜 영향들에 대해서도 이해와 용서로 반응하였다. 한 걸음 더 나아가, 어머니의 긍정적인 부분들, 예를 들어 예술적 소양 등이 자신에게 끼친 영향들도 있는 그대로 받아들였다. 그렇지만 어머니와의 퇴행적 융합의 위험은 전혀 나타나지는 않았다. 오히려 아버지와의 관계 때문에 어머니의 성격이 아주 나쁘게 왜곡되었을 가능성을 이해하게 되었다.

분석이 종결된 후 Z는 간혹 크리스마스 카드를 보냈다. Z의 부하 직원을 새롭게 분석하게 되었기 때문에 Kohut은 그의 소식을, 비록 간접적이긴 하지만, 자연스럽게 접할 수 있었다. 물론 부하 직원은 내가 Z를 분석하였는지 모르는 상태다. 그 부하 직원은 다소 Z를 이상화하고 있었기 때문에 그의 말을 액면 그대로 다 받아들일 순 없었다. Z는 분석이 종결된 1년 후 결혼하였고 얼마 후 딸을 출산하였다. 그의 부인은, 상대방을 조종하거나 편집적으로 확신하려는 그런 여성이 아니었다. 다소 외향적이고 지적인 여성이었다. 즉, 어머니를 닮은 여성이라기보다 아버지 쪽 성향을 가진 좋은 성품을 가진 사람으로 보였다.

참고문헌

최영민(2008). 정신병리적 종교성에 대한 정신분석적 시각. 정신분석, 19: 111-124.

Aichhorn A(1936). The narcissistic transference of the "Juvenile imposter". Cited from Kohut H(1971). *Analysis of the self: A systematic approach to the psychoanalytic treatment of narcissistic personality disorders*. New York: International Universities Press.

Bacal H(1998). *Optimal responsiveness: How therapists heal their patients.* Northvale NJ: Jason Aronson.

Basch M(1983). Empathic understanding: A review of the concept and some theoretical considerations. *J Am Psychoanal Assoc, 31:* 101-126.

Fliess R(1942). The metapsychology of the analyst. Cited from Meissner W(2010). Some notes on the epistemology of empathy. *Psychoanal Q, 79:* 421-469.

Freud A(1951). Obituary: august Aichhorn. *Int J Psychoanal, 32:* 51-56.

Freud A(1966). *The ego and the mechanisms of defense*. New York.

Freud S(1895). *Studies on hysteria*. SE-2

Freud S(1905). *Three essays on the theory of sexuality*. SE-7

Freud S(1911). *Psycho-analytic notes on an autobiographical account of a case of paranoia (dementia paranoides)*. SE-12.

Freud S(1912). *Recommendations to physicians practising psycho-analysis*. SE-12.

Freud S(1913a). *Totem and Taboo*. SE-13.

Freud S(1913b). *On The beginning of treatment*. SE-12.

Freud S(1914). *On Narcissism: An Introduction*. SE-14.

Freud S(1915a). *Instincts and their vicissitudes*. SE-14

Freud S(1916). *On Transience*. SE-14.

Freud S(1923a). *The ego and the id*. SE 19.

Freud S(1923b [1922]). *Two encyclopedia articles: Psychoanalysis and the libido theory*. SE 18.

Freud S(1927a). *The future of illusion*. SE 21.

Freud S(1927b). *On humor*. SE-21.

Gay P(1989). *Freud: A life for our time*. London. Macmillan.

Greenacre P(1964). A study on the nature of inspiration. *J Am Psychoanal Assoc, 12:* 6-31.

Kay J(1990). Contribution of self psychology to psychotherapy: Foreword. In: *Review of Psychiatry Vol 9*. Washington DC: American Psychiatry Press.

Kohut H(1959). Introspection, empathy and psychoanalysis. *J Am Psychoanal Assoc, 7:* 459-483.

Kohut H(1966). Forms and transformations of narcissism. *J Am Psychoanal Assoc, 14:* 243-272.

Kohut H(1968). The psychoanalytic treatment of narcissistic personality disorders. *The Psychoanalytic Study of the Child, 23:* 86-113.

Kohut H(1971). *Analysis of the self: A systematic approach to the psychoanalytic treatment of narcissistic personality disorders*. New York: International Universities Press.

Kohut H(1975). The psychoanalyst in the community of scholars. *Ann Psychoanal, 3:* 341-370.

Kohut H(1977). *The restoration of the self*. New York: International Universities Press.

Kohut H(1978). *The psychology of the self: A casebook*. Edited by Arnold Goldberg. New York: International Universities Press.

Kohut H(1979). The two analyses of Mr Z. *Int J Psychoanal, 60:* 3-27.

Kohut H(1980). Selected problems in self psychology. In Ornstein P (Ed.), (1990). *The search for the self Vol 4*. New York. International University Press.

Kohut H(1982). Introspection, empathy and the semi-circle of mental health. *Int J Psychoanal, 63:* 395-407.

Kohut H(1984). *How does analysis cure?* Edited by Arnold Goldberg with the collaboration of Paul E. Stepansky. Chicago: The University of Chicago Press.

Kohut H, Seitz P(1960). Kohut's unpublished course P. 200, 300, "Psychoanalytic psychology." In Kohut Archives, located in Chicago Institute for Psychoanalysis. In Siegel A(1996), *Heinz Kohut and the psychology of the self*. New York: NY, Routledge.

Kohut H, Seitz P(1963). Concepts and theories of psychoanalysis. In Ornstein P (Ed.), (1978). *The search for the self.* New York: International University Press.

Kohut H, Wolf E(1978). The disorders of the self and their treatment: An outline. *Int J Psychoanal, 59:* 413-425.

Maj M, Akiskal H, Mezzich J, Okasha A(2005). *Personality disorders.* West Sussex: John Wiley & Sons Ltd.

Masson J(Ed.)(1985). *The complete letters of Sigmund Freud to Wilhelm Fliess.* Cambridge: Mass. Belknap Press.

Meissner W(2010). Some notes on the epistemology of empathy. *Psychoanal Q, 79:* 421-469.

Newman M(1988). Countertransference: Its role in facilitating the use of the object. *Annual of Psychoanal, 16:* 251-275

Ornstein P, Ornstein, A(1995). The function of theory in psychoanalysis: A self psychological perspective. *Psychoanal Q, 72:* 157-182.

Perron R(2004). Autoerotocism. *International dictionary of psychoanalysis.* Macmillan Library Reference.

Schlesinger H(1994). How The analyst listens: The prestages of interpretation. *Int J Psychoanal, 75:* 31-37.

Siegel A(1996). *Heiz Kohut and the psychology of the self.* New York: NY, Routledge.

Strozier C(2001). *Heinz Kohut-The making of a psychoanalyst.* New York: Farrar, Straus & Giroux.

Tansey M, Burke W(1985). Projective identification and empathic process: Interactional communication. *Contemp Psychoanal, 21:* 42-69.

Vincent M(2004). Narcissism. *International dictionary of psychoanalysis.* Macmillan Library Reference.

Wilber K(1983). *Eye to eye: The quest for the new paradigm.* New York: Anchor Books.

Winnicott D(1956). Primary maternal preoccupation. In: Collected papers: Through pediatrics to psychoanalysis. London: Hogarth Press.

Winnicott D(1971). *Playing and reality.* New York: Basic Books.

Wolf I(1996). Personal communication to Siegel. Cited in Siegel A (1996), *Heiz Kohut and the psychology of the self.* New York: NY, Routledge.

찾아보기

인 명

Aichhorn A 18, 20, 209
Balint M 54
Eckstaedt A 259
Eissler R 22, 93
Ellis H 31, 33
Elsa L 15
Fairbairn W 94
Freud A 209, 226
Freud S 31, 40, 52, 64, 98, 106, 139, 177, 212, 226, 231, 282
Goldberg A 26
Hartmann H 55, 71
Jones E 38
Klein M 53, 283
Kohut F 15
Mahler M 52
Marseilles W 20
Meier E 22
Morawetz E 18
Nacke P 31
Ornstein P 26
Rolland R 98
Strozier C 259
Wilber K 100
Winnicott D 54, 94, 155

내 용

mesaliance 67
Mr. Psychoanalysis 23
Z씨에 대한 두 가지 분석 258

가치와 이상의 극 129
갈등 25
강박적 자위행위(compulsive masturbation) 122
거세 공포 225
거세불안 199, 265
거울 욕구 117
거울 자기대상 63
거울 전이(mirror transference) 156 186, 188, 204, 215, 256, 274

거울 전이의 분류 186, 193
거울 전이의 치료과정 195
거울-갈망 성격(mirror-hungry personalities) 133
거울반응(mirroring) 63
거짓-흥분(pseudo-excitement) 122
건강염려증(hypochondria) 113, 114 175, 181, 227
결합된 부모상(combined-parent figure) 283
경계선 상태(borderline state) 112, 113, 120
경멸에 대한 과민성 114
경조증적인 흥분 상태 181
경험과 가까운(experience-near) 방법 40
경험과 먼(experience-distant) 방법 40
경험의 원근법 152
고소공포증 196
고전적 신경증 120
고전적 정신분석 232
고태적 과대 자기 196, 247, 250
고태적 이상화 욕구 253
고태적 이상화 자기대상에 고착 85
고태적 자기애적 구조 56
고태적 자기애적 대상 120
고태적 자기애적 욕구 145
고태적인 자기-대상 59
공감(empathy) 24, 25, 40, 75, 94, 96, 141, 142, 146, 152
공감의 기원 94, 147
공감적 근사치(loose empathic approximation) 148
공격성(aggression) 154
공격자 형상 154
공상(daydreaming) 64
공허 우울증(empty depression) 113, 122
과대 자기(grandiose self) 56, 63, 74, 80, 88, 166, 211, 253, 256
과대 자기 욕구 91
과대 자기 전이 213
과대 자기의 반동적 활성화 194
과대 자기의 해리-억압 195
과부담 자기(overburdened self) 130
과자극 자기(overstimulated self) 126
관음증 184
관음증적인 행동화 203
구조-갈등 신경증 112, 115
구조이론(structural theory) 140
기원적 설명 237
기원적 요소(genetic element) 236
긴장 호(tension arc) 81
긴장의 경사(tension gradient) 81

내재화(internalization) 68 71, 74, 75, 83, 85, 117, 118, 130
내재화된 형상(introjective configuration) 153
늑대인간(Wolf Man) 36, 282

대리 내성(vicarious introspection) 147
대상 통과(passage through the object) 69
대상관계이론 255
대상에 굶주린 사람(object hunger)

84, 167, 180
대양감(oceanic feeling) 98
도박 122
도착(perverse) 114
동일시 212, 213, 214

리비도 32, 34, 38, 39, 65, 72, 88, 103, 168

머리 받기(head banging) 122
무모한 행동 122
무의식 65, 66, 67, 68, 106, 136, 139, 140, 157
무의식의 자기애적 구조(unconscious narcissistic configuration) 54
미세-내재화(micro-internalization) 74
미세-좌절(micro-frustration) 74

발가락 세기 놀이 189
발현 퇴행(manifest regression) 64
변형 내재화(transmuting internalization) 69, 71, 72, 73, 117, 143, 159, 162, 166, 186, 204, 209, 213
부동 전이(Floating transference) 157
부모 통과 70
부분 자기 122
부인(disavowal) 250, 277
부정확한 해석 235
분석 중에 발생하는 전형적인 퇴행 흐름 182
분신 혹은 쌍둥이(alter-ego/twinship) 자기대상 전이 156
분신(쌍둥이) 자기대상 82
분신-갈망 성격(alter-ego hungry personalities) 134
비행(delinquency) 114
비행자(delinquent) 211
비행 행동 121

상처가 되는 좌절 66, 67, 68
상호 공감의 모체(matrix of mutual empathy) 54
설명(explaining)의 단계 236, 237
성 본능 38
성 욕동(sexual drives) 37
성도착 121, 122, 181
성숙한 이상화 전이 167
성욕화 176, 183
성인변용주의(adultomorphism) 148
성인의 자기애 42
성화(sexualization) 122
손상된 자기 133
수직분열(vertical split) 195, 196, 250, 251, 252
수치심 44
수평분열(horizontal split) 195, 196, 251, 252, 253
순수 쾌락자아(purified pleasure ego) 43
슈레버 사례 32, 37
신경증 139, 140, 158, 178
신체-자기(body-self) 124
실질 신경증(actual neurosis) 66
실질적인 자기(virtual self) 53
심리구조의 결핍 25
심리적 거대구조(macrostructure) 74

심리적 구조 60
심리적 미세구조(microstructure) 74
쌍둥이 거울 전이 186, 187
쌍둥이 자기대상 욕구 91, 219
쌍둥이 전이 210
쌍둥이(분신) 자기대상 63
쌍둥이(분신) 자기대상 전이 215
쌍둥이(분신) 자기애적 욕구 63

알코올 중독 122
야망의 극 81, 107
약물 중독 122
양극성 자기(bipolar self) 81
양심 37
어깨에 손을 얹는 것 220
어머니와 관계 모체(matrix of infant-mother relationship) 54
역동적 설명 237
역동적 요소(dynamic element) 236
역전이 153
열등자 형상 154
영감(inspiration) 93
오이디푸스 갈등 74, 161, 255
오이디푸스 갈등 구조 55
오이디푸스 경쟁 265, 269
오이디푸스 콤플렉스 36
우울증 114
우월자 형상 154
우주적 자기애(cosmic narcissism) 97, 102
원초경 282
원초적 이상화 전이 167
원초적 형태의 동일시 183
유머 102, 208
유사-종교 체험 181
유아신경증(infantile neurosis) 158
유아적 자기애 42
융합 94
융합 형태의 거울 전이 186, 187
융합-갈망 성격(merger hungry personalities) 135
음미 동일시(trial identification) 153
응집 자기(cohesive self) 57
의존적(애착) 대상-선택(anaclitic or attachment object-choice) 35
이드(id) 43, 74, 67, 106, 140, 153, 162
이드심리학 139, 140
이상 80
이상과 가치 251
이상과 가치의 극 81, 107
이상화 대상과 융합 176
이상화 부모 이마고(idealized parental imago) 43, 56, 74, 80, 82, 88, 166, 210, 211, 256
이상화 부모 이마고에 대한 고착 84, 167
이상화 부모 이마고의 자기애적 욕구 63
이상화 욕구 117
이상화 자기대상 63, 84, 86, 277
이상화 자기대상 장애의 세 시기 84
이상화 자기대상 전이 165, 168, 173, 179
이상화 전이(idealizing transference) 211, 213, 215, 273, 288
이상화 전이의 치료과정 176
이상화 전이의 형성과 훈습 단계 178

이상화-갈망 성격(ideal-hungry personalities) 134
이상화된 대상 129
이차 거울 전이(secondary mirror transference) 194
이차 자기애(secondary narcissism) 34, 39
이차과정(secondary process) 205, 206
이해(understanding)의 단계 236, 237
일요일 기수(sunday rider) 106
일차 거울 전이(primary mirror transference) 193
일차 결핍과 연관된 부수적인 정신 병리 174
일차 모성 몰입(primary maternal preoccupation) 54, 94
일차 자기애(primary narcissism) 34, 39, 41
일차과정(primary process) 67, 205
일차적 공감(primary empathy) 94, 95, 147
일차적 동일시 94, 187
일차적 정체성(primary identity) 98
일치동일시(concordant identification) 153

자가-성애(autoerotism) 32, 33, 52, 57, 181, 189
자극-결핍 자기(understimulated self) 121
자극-결핍 자기의 증상 123
자기(self) 55, 81, 82, 101, 104, 107, 117
자기 결손(defective self) 140, 159
자기 결손의 원인 143, 159
자기 장애(self disorder) 111
자기 해체의 불안(Self-disintegration anxiety) 225, 226, 227
자기 핵(self nuclei) 57
자기대상(selfobject) 25, 58, 59, 61, 62, 63, 74, 85, 121, 126, 141, 146, 166
자기대상 전이(selfobject transference) 25, 143, 155, 159, 160, 167, 181, 184, 207
자기대상 전이 명칭과 종류의 변화 156
자기대상 전이의 훈습과정 254
자기-대상(self-object) 54, 56, 60, 71, 80
자기변용적 기법(automorphic technique) 93
자기-병리(self-pathology) 117
자기-병리의 원인 117, 118
자기-상태 꿈(self-state dreams) 225, 227, 228
자기심리학 26, 140, 235, 256, 259
자기심리학 정신분석 161
자기심리학에서 말하는 공감 150
자기애(narcissism) 25, 31, 41, 57, 154
자기애의 발달단계 90
자기애의 변형(transformation of narcissism) 91, 107
자기애적 구조 55, 56, 79
자기애적 긴장 42
자기애적 대상-선택(narcissistic object-choice) 35

자기애적 리비도 71, 103, 168, 181
자기애적 분노 25, 180, 229
자기애적 불안 199
자기애적 욕구 63, 74, 117, 141
자기애적 인격장애(narcissistic personality disorder) 112, 115, 121, 144, 178, 198
자기애적 인격장애 환자들의 증상과 고전적인 신경증 환자들이 보이는 증상의 차이 120
자기애적 인격장애 환자의 행동화에 대한 개입 201
자기애적 인격장애와 행동장애 114
자기애적 자기(narcissistic self) 43, 44, 45, 55, 80, 82, 88
자기애적 전이(narcissistic transference) 115, 155
자기애적 전이에서 나타나는 행동화 200
자기애적 정신 병리 120
자기애적 행동장애(narcissistic behavior disorder) 112
자기의 기원 51
자기의 발달과 퇴행 116
자기의 분석 25
자기의 이차장애 116
자기의 일차장애 112
자기의 장애 117
자기의 정상 발달과정 141
자기의 정신 병리 121
자기의 정신 병리와 증상론 133
자기의 형성 63
자기의 회복 25
자기-자기대상 161
자기-자기대상 관계 161, 162
자기주장-야망의 극 126
자기-진정(self-soothing) 131
자기-표상 154
자신의 유한성을 수용할 수 있는 능력 96
자아(ego) 43, 55, 67, 74, 103, 104, 106, 140, 153, 157, 162
자아 본능 38
자아 욕동(ego drives) 37
자아 이상(ego ideal) 36, 37, 43, 45, 82
자아심리학 140
자아의 기본 구조(basic fabric of the ego) 86
자아-이상 70, 210
자위행위 184
자율 자기(autonomous self) 114
자율적인 자기 69
자존감 88
잘못된 연결 67
재능과 기술 82, 107
재성화(re-sexualization) 87
저항(resistance) 177, 231, 233
전/초 오류(pre/trans fallacy) 100
전반적인 자기애적 취약성 174
전의식 65, 66, 139
전이(transference) 67, 157, 162
전이신경증 158, 161, 168, 177, 255
전이신경증에서 보이는 이상화와 이상화 자기대상 전이의 차이 168
전이해석 177
전체 자기(total self) 122
전통(고전적) 정신분석 161, 259

전통적인 분석가의 공감 150
절충 형성(compromise formation) 66
점진적인 중성화(progressive neutralization) 68, 73
접촉 기피 성격(contact shunning personalities) 136
정신병(psychosis) 112, 120
정신분열병(schizophrenia) 113
조증/죄책 우울증(mania/guilty depression) 113
종교 27
죄책감(guilt) 44
죽어 감(Dying) 26
중독(addiction) 114
중성화 68
지형학적 이론(topographic theory) 139
지혜(wisdom) 104

참 대상(true object) 60
참된 퇴행(regression proper) 64
창조성(creativity) 92
천지창조 93
청소년 비행 환자들의 행동화 209
초기 자기(rudimentary self) 51, 57, 69, 74
초자아 37, 43, 44, 74, 86, 87, 105, 140, 153, 157
최적의 좌절 42, 64, 66, 68, 72, 73, 117, 142, 238
치료자의 이상화 195

쾌락원리 67, 140, 255

타자-성애(allo-eroticism) 33

파편화된 자기(fragmenting self) 124, 189

해석 62, 160, 161, 163, 182, 233
해석의 두 단계 236, 237
해체 불안(disintegration anxiety) 280
핵심 과대감(nuclear grandiosity) 80
핵심 야망(nuclear ambition) 80, 81
핵심 이상과 목적 81
핵심 자기(nuclear self) 57, 58, 69, 81, 114, 251
핵심 프로그램(nuclear program) 115
현실원리 100, 140
협의의 거울 전이 186, 188
협의의 초자아 37
황홀경험 181
흥미의 결핍 114, 121
희생자 형상 154
히스테리 환자의 행동화에 대한 개입 201

저자 소개

최영민

서울대학교 의과대학교를 졸업하였다. 정신건강의학과 전문의이며 의학박사이다.

설리반의 이론과 현대 인간관계 정신분석을 지향하는 인간관계분석치료회에서 수련을 받았으나(1992~1995), 특정학파에 소속하지 않고 정신분석 각 학파의 개념들을 비교분석하는 작업을 계속해 오고 있다. 궁극적으로 기독교 신앙 안에서 정신분석 개념들을 통합하는 것을 목표로 연구하고 있다. 「정신분석의 역사–분석이론의 진화를 중심으로」「정신병리적 종교성에 대한 정신분석적 고찰」「상호주관성–정신분석 패러다임의 변화」「자아심리학과 대상관계이론의 비교」「기독교 신앙이 외래 정신분열병 환자에 미치는 영향」 등 55편의 논문이 있으며, 『영성지향심리치료』『새로운 나를 여는 열쇠』 등 10권의 저서 및 역서가 있다. 2010년에 출판된 『대상관계이론을 중심으로 쉽게 쓴 정신분석이론』은 대한민국학술원 기초학문육성 우수학술도서로 선정되었다. 현재 인제대학교 의과대학 정신건강의학과 및 상계백병원 정신건강의학과 교수이다.

쉽게 쓴 자기심리학

2011년 11월 15일 1판 1쇄 발행
2025년 3월 25일 1판 9쇄 발행

지은이 • 최 영 민

펴낸이 • 김 진 환

펴낸곳 • (주) 학지사

04031 서울특별시 마포구 양화로 15길 20 마인드월드빌딩 5층

대표전화 • 02) 330-5114 팩스 • 02) 324-2345

등록번호 • 제313-2006-000265호

홈페이지 • http://www.hakjisa.co.kr
인스타그램 • https://www.instagram.com/hakjisabook

ISBN 978-89-6330-782-4 93180

정가 14,000원